2021年度教育部人文社会科学规划基金项目『从表征到实验：计算政治学的空间范式演进研究』（21YJA810002）研究成果

计算政治学理论与实务研究

计算政治学的空间范式演进研究

褚尔康◎著

山西出版传媒集团
山西经济出版社

图书在版编目(CIP)数据

计算政治学理论与实务研究. 2，计算政治学的空间范式演进研究 / 褚尔康著. -- 太原：山西经济出版社，2023.1

ISBN 978-7-5577-1066-8

Ⅰ. ①计… Ⅱ. ①褚… Ⅲ. ①计量政治学—研究 Ⅳ.①D0-05

中国版本图书馆 CIP 数据核字(2022)第 215854 号

计算政治学的空间范式演进研究

著　　者：褚尔康
出 版 人：张宝东
责任编辑：解荣慧　赵　娜
封面设计：赵　娜

出 版 者：山西出版传媒集团·山西经济出版社
社　　址：太原市建设南路 21 号
邮　　编：030012
电　　话：0351-4922133（市场部）
0351-4922085（总编室）
E-mail：scb@sxjjcb.com（市场部）
zbs@sxjjcb.com（总编室）

经 销 者：山西出版传媒集团·山西经济出版社
承 印 者：山西新华印业有限公司

开　　本：787mm × 1092mm　1/16
印　　张：16.5
字　　数：262 千字
版　　次：2023 年 1 月　第 1 版
印　　次：2023 年 1 月　第 1 次印刷
书　　号：ISBN 978-7-5577-1066-8
定　　价：89.00 元（全二册）

序 言

党的二十大报告指出，要加快建设“网络强国、数字中国”，到 2035 年“基本实现国家治理体系和治理能力现代化”。政府作为国家治理体系建设的重要组成，在推进“数字中国”建设过程中要有效发挥作用，以高水平数字化能力支持和引领数字中国建设。而这种“支持”和“引领”作用，将在运用互联网、大数据、人工智能等技术手段，建立健全行政管理制度规则及加强顶层设计的思路下进行。近年来，在政治学和行政管理科学理论研究中，正出现以大数据、人工智能和区块链为标志的智能革命重塑政府治理模式的趋向，并催生了基于数字化技术形态的行政管理范式。这种范式不仅从新的视角和观察维度赋予了政治学研究，特别是数字政府治理体系研究等以新的认知模式，更重要的是成为新的技术革命条件下现代政治行为运行方式的必然选择。因此，该项研究将对相关学科理论体系和运行模式产生重要影响。

作为 20 世纪 90 年代随着信息技术发展而兴起的计算社会科学理论和方法，及其在政治学理论研究中的适用和发展，计算政治学研究不仅在政治学理论方法论层面推动了定量与定性研究的深度结合，而且在研究体系层面实现了从传统本质主义到行为主义，进而实现机制主义的系统性重构。而对于计算政治学这个新兴学科而言，如何从一个科学的视角，对学科自身的内在逻辑体系做出清晰的分析和解读，是一个重要问题。从历史发展维度看，计算政治学并非是凭空而出的分析范式，而是根植于政治学研究的历史土壤，具有悠久历史传承的思想方法，是随着数学科学和技术发展不断进步的理论分析范式。从古希腊时期柏拉图“经验世界”与“共相世界”的形式逻辑分析工具的创立，到毕达哥拉斯学派“万物皆数”理念对政治学理性传统的影响；从配第“政治算术”将政治学研究对象由静态的“存在研究”扩展为动态的“演化研究”，到边沁“幸福和快乐”的政治正义、利益、苦乐、权利与义务量化探索；从乔姆斯基基于自然语言系统构建完成的数学模型，通过数学符号和规则描述社会语言现象成为可能，到近年来西方政治学研究领域大量引入经济学博弈分析、社会学模型构建等一系列量化分析方法，计算政治学研究经历了文本形式逻辑、数字统计分析和数理逻辑方法应用三个发展阶段，清晰展现出形式逻辑层面的抽象概念“文本”表征空间、统计学意义上行为人行为模式“数字”模型空间、信息技术时代个体信息特征“数据”实验空间的逻辑体系和脉络发展进程，并在现实政治学问题研究中最终实现了从单纯“逻辑分析”、复杂“量化分析”到宏观“系统分析”研究空间范式的历史性跨越。

可以看出，计算政治学属于政治学科与计算科学的交叉研究领域，并从属于计算社会科学的研究体系范畴。这种跨学科、多维度的交叉融合研究，不仅拓展了政治学研究的视域，而且为其他学科研究提供了方法论启示。

当前计算政治学研究的兴起与发展，为我国计算政治学理论构建提供了重要机遇，对于进一步完善我国政治学科建设、推进国家治理体系和治理能力现代化都具有较强理论意义和现实意义。褚尔康同志能敏锐地抓住机遇，迎接挑战，选择难度较大的学术前沿问题开展研究，勇气可嘉，成果可赞。褚尔康是我的优秀博士生，他善于思考，思维敏捷，兴趣广泛，有较强创新意识与科研能力，擅长运用文理科交融的方法研究问题。看到他研究成果的不断推出，我非常高兴，甚为欣慰。这本学术专著的出版，希望是尔康同志计算政治学研究的一个起点，期待他有更多更好的后续成果面世，为丰富和深化马克思主义政治学理论研究做出努力。

山西大学马克思主义学院　赵宇霞　教授

2022 年 10 月 24 日于山西大学文瀛楼

目　录

导论

政治学自古希腊亚里士多德时期伊始作为一门独立的学科初步形成，但在其后的漫长历史发展进程中，政治学思想长期处于政治哲学的范畴。政治科学与政治哲学研究的根本区别在于，能否采用规范体系化的方法论对政治现象做出科学回答与解释，即政治科学的形成过程本身即政治学研究方法论的形成和完善过程。政治学方法论对于政治学特别是政治科学研究而言，不仅仅是一种工具性价值存在，不仅仅是一种新的理解“方式”、一种探索的“艺术”或“方法”、一种“工具”，更为重要的是涉及政治学研究重大的“元理论”问题，其自身的发展为政治学科学化发挥了重要的推动作用。政治科学的研究方法将在某种程度上影响对政治科学的看法，“采用的方法论在某种程度上决定了政治科学能够研究什么和不能够研究什么”[①]。其本质原因在于政治学方法论不仅体现于政治研究中的基本原则和假设的应用，更重要的意义在于分析如何收集和分析政治现象的资料，如调查研究、内容分析和统计学研究技术等方法的有效使用。而对方法论的讨论必然涉及方法对象的内容和领域，以及概念体系、模型框架与案例分析等如何运用的问题。特别是随着方法论共享程度的不断拓展和延伸，政治学各子学科之间相互交流和渗透也变得更为方便与灵活。随着整个学科的不断综合，方法论的整合使得某一特定的子学科与其他子学科之间实现融合与渗透，从而不断地推动跨子学科的理论创新。而基于方法论的整合功能，政治科学发展表现为学科的分化程度越来越高，在各个子学科内与其他学科之间实现了研究成果的互通。方法论的整合使得所有子学科之间的整合力度也越来越大，以此为基础

① 艾萨克. 政治学：范围与方法[M]. 郑永年，胡谆，唐亮，译. 杭州：浙江人民出版社，1987:16.

进行跨学科边界的理论创新目前也正变得越来越普遍。

所谓方法论，是关于“方法”的方法，从本质上理解，它是一系列有关方法的理论与学说，是关于抽象的、概括的方法哲学问题。社会科学研究方法论的核心是研究方法选择的价值、规范和标准问题。它是涉及什么问题是值得研究的，其理论根据是什么，资料获取的方法和原则是什么，以及如何进行解释，如何确定众多具体方法的评价体系等社会科学的研究方法。从方法论构成和特征角度看，某一学科传统所具有的结构，通常提供了一个分析框架，这一框架不仅聚焦于研究，也促进了学科的形成和发展。选择的任何特殊假设在它前面都将经过一些观察——诸如它打算解释和观察的对象。这些观察反转过来又预先假定已经采纳了一种参考框架，一种期望的框架、一种理论的框架。这种过程体现了方法论的转换性特征，正是通过一个被学科体共享的方法论而构建学科框架，能够凝聚学科发展的要素和体系，从而在学科构建和实践领域取得不断的发展和进步。

一、计算政治学研究范式的基本逻辑起点

计算究竟是什么？从词源上看，它无疑是一个数学用语。英语中的“计算”（compute）一词出自拉丁文“com+putare”，意指用数学手段确定或得出某些东西。《现代汉语词典》（第7版）将“计算”定义为“根据已知数通过数学方法求得未知数”。由此可见，从一般意义上理解，计算的本义是用数学的方法求值。但作为一般性的解释，上述概念不能包括计算机科学和技术中所使用的计算概念的深刻内涵，更不能满足“普遍计算”思想对于自然科学、社会科学和哲学领域特别是信息技术发展的需要。

在17世纪近代科学的产生和发展初期，虽然数学在物理科学中得到普遍应用，但对于自然界究竟是由什么构成的这一基本问题的回答，在自然科学家和主张唯物主义的哲学家中，主流的观点更倾向于认为是由物质实体或粒子以及它们之间的相互联系或相互作用构成的。基于这样一种物质的实体观，加之受控实验方法的普遍使用和运用数学对具体事物之间的相互联系或作用的形式表征和推演，以数学为方法的近代科学在揭示自然界的基本组成

和结构方面取得了极大的成功。自此开始，计算的观念和方法已经改变了我们认识世界的视角，并正在形成一种关于实在本质的新观点。与20世纪计算理论的出现密切关联，随着电子计算机的问世和广泛应用，伴随着控制论、信息论等技术的发展，计算概念的内涵已经发生了根本的改变，外延也极大地扩展了。可以说，从广义上理解，计算的含义已经脱离数值的范畴而成为一种来看待人类所赖以生存的世界的新视角，即计算在自然界和人类社会内部同样无处不在。当代科学家在认识世界的过程中，普遍运用计算或信息的语言来描述、解释和预言自然现象。这种变化已经出现在对量子引力论、量子理论的诠释和宇宙学、分子生物学、系统生物学、生物信息学、神经科学和认知科学等自然科学的前沿领域。同时，随着人工智能、人工生命和虚拟实在技术等计算机科学和技术的出现，在信息经济学、认知社会学等新兴的社会科学中，也广泛出现了基于计算为认知模型和方法的论证，体现在计算本体论、计算哲学和信息哲学等哲学的蓬勃发展过程中。

借鉴自然科学的分析方法，社会科学以经验性研究模式和证据为依据，以严密的逻辑论证为过程，以量化分析为主要手段，具有较为成熟的方法体系。其含义和意义在于表明抽象的必然联系的数学关系的规律，能解释不同的使用工具状况的历史表现和预言在未来出现的那些状况的规律。而在社会科学领域中，实证主义长期作为量化分析的代名词，通过寻找新的量化分析方法和建立新的测量性工具，获得相关数据和信息。获取规范化数据，并用统计学的方法对数据进行分析，目的在于观察干预是否对实验组造成了影响。工具性方法指的是政治学研究用来收集处理和分析有关政治现象和政治活动的数据和资料的方法，以使政治学研究能在精确计算的基础上解释和说明研究对象。这与当代政治学从定性研究转向定量研究的过程是适应的。工具性方法主要来自统计学、数学运筹学和计算机科学等学科。工具性方法包括定量分析、个案分析、实验分析、模拟分析、调查研究、形式理论、未来分析、内容分析、要素分析、手段—目的分析、实验室方法等。这一部分方法的发展，使政治学研究掌握了较多的收集和分析材料的手段。因此，继承了实证主义的传统，从一般意义上理解，所谓计算政治学，是指运用数学形式和模型方法对政治现象进行定量、模型化分析研究的社会科学学科。通过上述概念的分析可以看出，计算政治学研究以计算社会科学的方法论研究为切入点，通过对政治学科研究的分析范式的重构，进而带动对学科基础理论问题研究思维的转变，并引发了政治学学科发展思路的转向。可以说，以“行为的规范刻画、建模和可计算”[①]为特征的计算政治学研究已经成为政治学研究的重要领域和方向。但从其影响力来看，计算政治学研究没有在学术界产生重大影响。究其原因，在于作为一门具有交叉特征的新兴学科，计算政治学研究过程中不可避免地需要数学方法的深入应用。这对于广大适应于传统形式逻辑分析范式的政治学研究学者而言，无法在短时间内适应新的变化。同时，作为一种新的方法论，学者就如何破解定量分析的价值有涉与价值无涉的问题还有待进一步明晰，对于如何深化数学方法在政治学研究中的应用有待进一步明晰。

（一）计算政治学的历史与发展

哲学社会科学研究应该在概括当代科学技术革命和社会生活实践的基础上形成具有当代特点的新概念、新范畴，抛弃那些失去了学术生命力的旧概念、旧范畴，对那些仍有学术生命力的旧概念、旧范畴做出适当的改造，使它们具有新内容、新含义。概念、范畴作为人类的认识成果和认识工具都不是不变的，但作为哲学社会科学的概念、范畴，由于研究对象的历史性质，更具有新陈代谢不断变化的特点。各个时代的哲学社会科学都具有富含时代特点的概念、范畴。形成一批新概念、新范畴，对旧概念、旧范畴做出新的理解和解探，而是否形成具有自身学科特点的概念范畴体系是一门学科成熟与否的标志。一门学科的概念、范畴长期得不到更新，在一定程度上正反映了这门学科的停滞状态。因此，从科学的发展来看，并非对象的变化产生了科学思想的进步，更多的是基于方法论的工具性发展和进步对于构成真实世界的、更加分化的一系列有规则的物质进行系统性的探索和建构发挥了决定

① 王国成. 计算社会科学引论：从微观行为到宏观涌现[M]. 北京：中国社会科学出版社，2015:9.

性的作用。而随着政治学科的发展和政治科学体系的研究深化，以方法论为模式的科学范式构建正在成为学科发展的共识。

从学术热度和学科发展角度看，计算政治学作为一种学术研究方向出现的时间并不太长，而从学科溯源层面看其发展却经历了漫长的历史积累，并非凭空而出的分析范式，而是深深根植于政治学研究历史土壤、具有悠久历史传承的思想方法。正如徐大同先生在论述西方政治思想史的特点时认为，西方政治思想史的发展经历了由抽象理性思维向实证理性思维演变的过程，经历了由着重关注政治制度向着重关注政府运作转变的过程，因此它的历史发展线索是“变中有不变”[①]。在这种变与不变的辩证统一中，理性主义传统则是希腊哲学与政治哲学的鲜明特点。[②]正如费希特所认为的，西方政治社会发展按理性在人类生活中的重要性分为五个主要的时期，即蒙昧理性时期、权威理性时期、无理性时期、理性科学时期、理性技艺时期。而这五个时期，也是西方政治思想史发展的重要历史阶段。古希腊哲学所构建的精致的理念论哲学体系，扩展了研究全体存在的知识，以客观唯心论与理性主义的知识论反思了当时希腊的科学文化知识，深化了希腊古典文明的理性传统与人文精神。

早在古希腊时期的柏拉图政治哲学中，尽管神和来世依然被强调，但神并不干扰人的现世生活，政治是人的事务，人的价值实现与否，取决于人自己的选择，即一种理性的选择。柏拉图的思想旨在探索并解答自然、社会与人生现实中的问题，他还提出多种别具一格的学说，包括伦理政治型的城邦国家学说、吸纳当时前沿科学知识的宇宙论、法哲学思想、艺术哲学思想等，几乎论及当时的全部精神文化。其实，从古希腊时期柏拉图“经验世界”与“共相世界”的形式逻辑分析工具的创立，到毕达哥拉斯学派“万物

---

① 徐大同，王乐理. 西方政治思想史（第 1 卷）：古希腊罗马［M］. 天津：天津人民出版社，2005：总序 7.

② 徐大同，王乐理. 西方政治思想史（第 1 卷）：古希腊罗马［M］. 天津：天津人民出版社，2005：119.

皆数”理念的确立，都对古希腊乃至西方政治学理性传统产生了重要影响，不仅强调政治、哲学研究的自然科学基础，强调自然科学与社会科学的交融与交叉，更强调治国的自然科学知识基础对计算政治学的理论发展所具有的传承意义和现实价值。受这种传统的影响，从格劳秀斯开始，到霍布斯、斯宾诺莎、普芬道夫、洛克等 17 世纪一大批重要思想家均进行了大量的思想实验和分析研究。正如孔德指出的，实证哲学的首要特征就是它把所有的现象看作是受永恒的自然规律支配的。我们的任务就是准确地发现这些规律。实证主义政治思想在 19 世纪的出现绝非偶然，它既是解释新的现实问题的新方法，也是政治思想趋于实际的新需要，更是科学发展合乎逻辑的结果。孔多塞创造了“社会数学”一词，这是社会科学脱离形而上学的一个标志性概念。人是社会的，要由数学或科学的态度加以衡量。数学或自然科学与人或社会科学之间的差异是明显的：前者往往分析可以重复的自然现象，即一定的条件一定会产生一定的结果，通常可以做到清晰精确；后者的分析对象是人和人在社会中的活动，比前者要复杂得多，因为社会是由有无数复杂意向的人构成的。可以看出，“社会数学”的概念是“社会科学”概念的雏形，这种数学思想并不是纯粹逻辑的或者先验的观念，因为它面向人的社会本身——从数量方面分析社会的事实性与历史性。这里的“分析”概念与康德所称的“分析判断”并不相同，后者并没有超出同义反复，而孔多塞所说的“分析”是从复杂的观念中一层层剥离，一直追溯到最简单的事实因素。而配第“政治算术”将政治学研究对象由静态的“存在研究”扩展为动态的“演化研究”，到边沁“幸福和快乐”的政治正义、利益、苦乐、权利与义务量化探索，再到乔姆斯基基于自然语言系统构建完成的数学模型，使用数学符号和规则描述社会语言现象成为可能。特别是随着越来越多的政治学家发现传统政治学定性研究导致“分析与理解往往禁锢在狭隘世界里，晦涩而难以言喻”[①]。因为数学是唯一精确演绎的科学，所以人们才常常把一般理论

① 加里·金，罗伯特·基欧汉，悉尼·维巴. 社会科学中的研究设计[M]. 陈硕，译. 上海：格致出版社，上海人民出版社，2014:6.

的数学公式作为最合适的表达方式加以运用，甚至在一些看似不可能做定量分析的地方也在进行不懈的探索。例如，罗尔斯在论述正义问题时，运用一种借鉴经济学量化的分析方法，使政治哲学的一些基本内容与历史的和分析的研究相分离，从而区别于政治哲学家以往那样关切研究正义和更高的道德性等实质性问题。

马克思主义认为，在研究事物的数量关系方面，数学为自然科学也为社会科学提供了有力的科学工具。一门科学的完善程度，可从它成功地运用数学的状况反映出来。自然科学成功地运用数学，给社会科学提供了先例。数学在计量科学领域的应用，不仅限于计量的职能，即对数量进行计算，更推进到模拟的阶段，即用算法进行数学模拟。数学、自然科学与哲学、社会科学的密切结合，是当代科学发展的趋势，重视数学、自然科学与哲学、社会科学的结合是马克思列宁主义的优良传统。在现代科学技术工程和社会管理中，定性分析必须借助定量分析才能技术化、工程化、实用化。计量已成为思考和决策的根据，没有计量就不可能有精确的思考和决策。客观世界任何事物都是质和量的统一，因此在原则上都可以进行定量分析，用数学来描述。有些对象暂时不能用数学处理，只是说在现今条件下还没有描述这些对象的数学工具。思考、计量、决策的不可分特性是我们这个时代思维方式的一个重要特征。

这种基于理性的模式使得政治哲学与经济学一样具有了特殊的逻辑性和精确性，也开创了近年来以西方政治学研究领域大量引入经济学博弈分析、社会学模型构建等一系列量化分析方法的先河。对于这种发展趋势，伊斯顿认为这种发展变化已经导致政治学研究理论的任务和功能在观念上的根本转变，即一种基于方法论转向所带来的研究体系的转变。在他看来，这种变化并不意味着排斥或抛弃一切传统意义上从历史角度研究理论的方法，也并非开辟了完全特殊的研究领域。他认为，这种变化只不过是对那些在传统理论中已经有一席之地，只是因为人们疏于关注和它们本身不合时宜而一直无人问津的方法和问题，即广泛存在于政治学研究传统中的理性思维的一种继承和复兴，是计算量化思想得到了新的和较密切的重视的结果。行为主义的一项基本原则是，政治学最终可以成为一门能对政治现象加以解释和预测的科学，因此研究资料应经过严格的定量分析，以便精确地说明政治活动中的各种关系和规律。对这些关系和规律的分析，应当采用数学处理方法。因此，在1975年出版的《政治科学手册》中，有学者就提议称这个研究领域为“计量政治科学”。这个名称包含了（像“计量心理学”中的“心理”一样）对古希腊“城邦”（Polis）的一种明确指涉——这是一个简明但有力的象征，标志着以理性和规范化为特征的政体类型，即通过这种研究方法实现对这些政体的“计量化”目标。而从现代意义的计算政治学学科构建初期基于统计数字拟合方法应用，到将社会现象作为复杂属性组合并按照集合关系进行分析的定性比较分析（QCA）方法的使用，以及将研究对象“多重并发因果关系”特征分析技术方法运用不断得到深化，可以说计算政治学研究范式从雏形到成熟，伴随着政治学科发展的整个历程。长期以来，政治学研究往往更加注重定性分析的原因，主要在于在相关研究中“都把已有数据和问题当成了给定的因素”，使得相关研究“把精力集中于如何进行有效的推论以及数据修正方面，却在很大程度上忽视了研究设计本身”[①]。从而有学者提出，计算政治学的存在不可避免地会出现“阻碍政治学者探讨政治活动的重大历史意义和社会意义，使研究人员把注意力集中在对繁多和具体的数据的分析上，热衷于设计精巧的公式和模式，结果陷于大堆的具体数据中不能自拔”[②]的问题。

（二）计算政治学的本质特征

为什么计算政治学研究经历了漫长学科发展积累，而只有在近年来才形成了稳定发展的研究范式呢？其实可以从空间形态的角度在计算政治学理论发展的历史梳理中寻找答案。正如前文所述，传统政治学一般采用“本质主义”的研究范式，主要是运用形式逻辑的演绎和推理，通过不断提出问题和解决问题，锲而不舍地追问政治学的本质性“元问题”，从而实现“定性”

① 高奇琦. 比较政治学的质性与量化之争[M]. 北京：中央编译出版社，2015：155.

② 王沪宁. 当代西方政治学分析[M]. 成都：四川人民出版社，1988：24.

研究范畴的体系化构建。这种分析范式，其依据在于文本空间的形式逻辑特征，即通过命题和论证，探讨政治学运行的基本原则，并以此构建逻辑严密的政治学研究理论体系。此时数学因素的介入使得对物的规定的设定就是基于这样一种要求。这种对物的规定并不是以经验方式从物那里抽取出来的，而是对物的一切规制的基础，为其研究和探索创造了空间，其学科发展的逻辑脉络呈现出在不同空间形态中“量化性”不断深化的基本特征。即通过形而上学注重理性的作用，在这种理性的作用下，抽象的能力、逻辑论证以及数学得到了发展，这种能力成了政治科学客观性的基础。因此，这种思想方法深受把改革社会作为其学说的主要任务的实证主义影响。孔德明确提出：实证哲学的使命就其本质而言主要是组织，而不是破坏，并将这种社会科学冠以“社会物理学”。在他看来，科学在于追求确实、可靠和对于经验事实或经验现象的描述和记录，知识只有靠观察和经验才能探求和发现。因此，哲学和社会科学也要像自然科学一样，只追求事实。在孔德的推动下，实证主义以更加趋于理性化的方法论形态，构筑起自身的理论形态和哲学体系。这不仅继承了法国启蒙运动把理性和科学结合起来解释人类社会发展的传统，同时也开启了政治学方法论研究的新的历史篇章。

随着人类社会进入工业化发展阶段，政治学“行为主义”研究范式的兴起，使得基于理性的模型化的统计方法被广泛应用于相关问题研究之中，实现了定性研究与定量分析不断融合的研究路径转换。①“数据是系统收集到的

① 行为主义催生了许多新的政治研究方法和研究模式，一些学者在行为主义的鼓动下，纷纷借助自然科学的方法和原则，建立理论体系。例如，卡普兰运用系统理论建立分析框架，把整个政治生活和政治过程视为一个系统。阿尔蒙德在系统理论的基础上提出了“结构—功能主义”，把一切政治体都分解为结构、功能、多功能、政治系统、社会文化环境等因素，分析考察结构及其功能以及多种结构和多种功能之间的相互关系。而系统分析方法认为“输入—输出分析”也是系统分析的产物。这种分析把政治系统当作一个“黑箱”，研究需要、支持、反馈、处理能力等因素。卡尔·多伊奇则运用控制论和传播学的原则、理论来研究政治，他的目的是运用控制论的原理来解释政治系统的成长，预测政治结构变化可能造成的后果。（王沪宁. 比较政治分析[M]. 上海：上海人民出版社，1987：308.）

关于世界的信息要素”[①]，上述分析范式的改变，突破了传统基于“文本空间”的政治学研究视角，更加强调对于采集数据的分析和整理，力图通过对统计学样本的分析，挖掘其背后蕴含的运行规律，从而开启了政治学研究的“量化”路径探索。而近年来计算政治学研究思想的发展，则更加侧重于基于动态运行的“机制主义”视角，在方法论层面将复杂的政治关系“化约”为清晰、严谨、确定的“数量关系”，通过对收集到的数据的“量化”分析、判断，以达到更加清晰认知和把握政治行为主体规律的目的。特别是受行为主义影响，越来越多的定量分析方法和测量方法得到采用。这些研究方法与生物学和生理学等学科的方法相结合，使当代政治学的研究方法和手段发生了很大变化。它要求人们具有历史学、统计学、数学、社会学、心理学、语言学等各个学科的知识，这一要求促进了各个学科之间的合作与沟通。[②]

从整体上看，目前我国科学研究方法论整体处于落后局面，特别以社会科学为甚，而社会科学中又以政治学为尤[③]。缺乏学科方法论统一性范式，导致其学科特点往往被认为是“经验性”而非“科学性”。从本质上理解，“政治”以社会权力在约束条件下的行使为基本特征。因此，有关政治的研究，无论是从学术还是从实践的角度而言，都是对政治系统要素间约束条件的本质、来源以及在既定的约束条件下行使社会权力的实现方式所进行的分析与思考。正如拉斯韦尔把政治看作是“谁获得什么，什么时候获得，如何获得权力”的一般范式。而对于政治权力的认定，则被认为是 X 拥有对 Y 的权力可表示为：①X 有能力通过某种方式让 Y 采取行动；②这些行动遵循 X 的意愿；③如果没有 X 的意愿，Y 则不会采取这些行动。而伊斯顿则认为“整个社会科学，包括政治科学中的主要趋势是致力于基础性研究。以往的

---

① 加里·金，罗伯特·基欧汉，悉尼·维巴. 社会科学中的研究设计[M]. 陈硕，译. 上海：格致出版社，上海人民出版社，2014：21.

② 王沪宁. 当代西方政治学分析[M]. 成都：四川人民出版社，1988：124.

③ 皮尔斯. 政治学研究方法：实践指南[M]. 张睿壮，黄海涛，刘丰，等译. 重庆：重庆大学出版社，2014：序言 1.

研究遭到了抨击，因为它们缺乏科学的精确性，过分执着于研究即时的社会问题而舍弃了基础理论，不能在‘是什么’和‘应该是什么’的种种述陈之中缜密甄别，忽略了理论作为悟彻之主要工具的意义”①。这是因为与其他社会科学相类似，传统政治科学研究与其他诸多学科情况基本相同，无法有一个单一的普遍适用的方法论工具模式，并以这些方法论工具范式体系作为界定学科的标准。换言之，作为一门学科而不是科学形态，政治科学的科学性被质疑的关键，是因为它是从它所关注的核心领域、在种类繁多的形式中对“政治”对象的角色认知和方法论层面来进行界定的。从西方早期基于制度分析与选择的行为主义对政治科学的制度、组织机构、法律等逻辑主义的批判，到基于理性选择所形成的与数学方法严密性充分结合起来加以综合利用，其理论发展的本质是基于方法论层面“实证精神”的传承与神化，即在抽象虚幻逻辑概念的解构基础上，对行为个体“理性选择”因果关系的分析与解读，进而从个体行为关系的联结主义出发，获得社会发展共同性的价值性判断。随着社会学方法的广泛使用，以统计量化模型为特征的分析模式正在成为政治科学理论研究的共识，并在所有政治科学研究者对制度框架和机会结构所设定的参数范围内对分析某一特定的行为过程发挥着关键性作用。与其他传统意义上基于逻辑分析方法的政治哲学研究者相比，掌握和接受基于结构—功能主义、系统论、理性选择等现代化分析方法的政治科学家所接受的方法论训练，使得其对社会学、行为心理学、数量模型等工具的应用从自发转向了自觉，进而影响到其对政治学理论研究的观察与分析的视角与模式，进而传承了政治学学科内研究的方法论传统，并不断增强他们借鉴和吸收其他成果的意愿和能力。而自 20 世纪 90 年代随着信息技术的发展，计算社会科学理论和方法逐渐兴起。作为其在政治学理论研究中的适用和发展，计算政治学研究日益受到国内外学术界的重视。这不仅体现在政治学理论方法论层面，计算政治学研究推动了定量与定性分析研究的深度结合，同时也在研究对象体系层面上实现了从传统本质主义到行为主义进而实现机制主义

① 伊斯顿. 政治生活的系统分析[M]. 王浦劬，等译. 北京：华夏出版社，1999:4.

的系统性重构。那么，对于一门具有交叉学科背景的新兴理论学科计算政治学而言，如何从历史发展脉络和现实理论研究需要两个相互交织的维度中，剖析其学科理论特质、明晰学科方法体系、夯实学科发展根基具有重要的理论意义。而从马克思主义基本理论出发，对计算政治学学科自身的内在逻辑体系做出清晰的分析和解读，则是解决上述问题的重要思路。

(三) 大数据时代计算政治学新的特征

数学方法和电子计算机的应用和完善，不仅改变了包括自然科学在内的一切科学的表达方式，而且改变着科学分析的性质本身及其能力。数学方法提高了对问题研究和分析的精确性、严密性，而电子计算机成为对社会系统复杂而大量的数量关系进行计算的有力工具，不但大大提高了研究的效率和质量，而且使得社会科学逐步变成像自然科学一样的“硬”科学。关于社会生活、精神生活的理论不再仅仅是一些观念和定性的说明，而是开始表现为一些可以用经验和可检验的形式加以阐述的命题。在一些领域和问题上利用数学模型模拟社会生活的过程，在电子计算机上进行“模拟实验”，根据实验结果，选择实施方案，使得包括政治学在内的社会科学研究领域也获得了“实验”手段。受上述思想的影响，自 20 世纪 20 年代开始，包括逻辑实证主义、逻辑原子论、语义哲学、分析哲学等实证主义的各种现代形式分析方法影响了政治思想方法的研究。这种新的实证主义是科学主义的一种形式，反对用人本主义的观点来认识和解决现代化发展带来的一系列问题，主张把科学的方法和手段应用于人类活动的各个领域，以便帮助人们摆脱虚幻的和主观妄想的思想方法，进而实现对社会生活的合理安排。① 这种分析方法的突出特点是数理逻辑方法的广泛应用。正如福格尔所言：“通过语言描述的模型有可能和通过数学方法描述的模型一样抽象。”② 从政治分析技术的角

① 徐大同，马德普. 西方政治思想史（第 5 卷）：二战以来[M]. 天津：天津人民出版社，2005:271.

② 福格尔. 政治算术：西蒙·库兹涅茨与经济学的实证传统[M]. 胡永健，译. 北京：机械工业出版社：101.

度看，在此期间出现了各种采用现代技术手段的方法。例如，为了搜集事实，社会调查的形式得到了极大的丰富，主要有实地调查、信函问询、资料卡资料分理、受控实地试验、抽样问卷等。同时，为了确保得出的结论具有普遍性，能够以科学方法加以检验或证实，许多政治分析的手段开始借鉴统计模型的分析方法对观察、内容和群组分析，量图和因素分析，心理测定进行计算机量化分析，从而迈入了计算信息时代。

而随着政治学研究定量分析和模型化分析方法的不断深化，以数据编码形态的析取、分析及建模为特征的定量研究思路不断拓展和延伸，政治学研究逐渐走向以"精细的（量化）数据"[①]为研究对象，进而识别出特定现象背后本质特征的发展方向。正是基于这种通过更加精练的方法呈现数据并对实证对象进行综合性分析的研究范式转变，计算政治学的发展呈现出信息视域下数据化理论研究的模态转变。信息能够被编码并传输，但信息独立于编码和传输过程而独立存在。随着信息和网络化技术的不断发展，一种新的社会生活空间即信息空间在酝酿发展。这不仅成了获取世界信息的方式，同时也成为重构客观世界的重要模式。特别是随着大数据信息技术的跨越式发展，政治学研究呈现出信息手段不断渗透的新趋势，从而更加呈现出从"样本空间"到"数据空间"转换的趋势。对于计算政治学这个新兴学科而言，计算政治学研究经历了从文本形式逻辑到数字统计分析，再到数理逻辑方法应用的发展阶段，清晰地展现了从形式逻辑层面对抽象概念的"文本"表征空间，到基于统计学意义上行为人行为模式"数字"模型空间，再到信息技术时代基于个体信息特征"数据"实验空间的逻辑体系和发展脉络，并在现实政治学问题研究中最终实现了从单纯"逻辑分析"、复杂"量化分析"到宏观"系统分析"研究范式的历史性跨越。也正是依托于信息技术手段的不断发展进步，计算政治学研究实现了从传统政治学研究体系中渐进独立的发展过程，经历了从线性演绎推理、非线性量化分析到系统模型构建的方法论历

① 伯努瓦·里豪克斯. QCA 设计原理与应用：超越定性与定量研究的新方法[M]. 杜运周，译. 北京：机械工业出版社，2017：14.

史进程。

二、计算政治学研究范式的基本逻辑结构

现代计算政治学发展围绕着国家的权力和权威性决策这个核心内容，观察分析同个人、团体、政党等政治行为体相关的政治活动或政治参与现象，产生了从微观到宏观不同层次的一系列概念、理论和分析模式。同时，它还重视吸收现代社会学、心理学和文化人类学的研究成果，借用统计学和计算机技术等先进的数量分析和信息处理手段，为政治学引进了一套崭新的思维方法、分析路径和解释模式。所有这些，都使政治科学迥然不同于过去偏重于价值观探讨和抽象思辨的政治思想或政治哲学。[①]它们总是与政治背后的一系列因素相互联系的，很多非政治因素被用来解释政治。这也是政治科学同其他社会科学相互交织的一个主要原因。因此，作为一门形式科学，政治学在不断地取得各项主要成果（概念化、理论化、建模和数学化）的同时，诸多学科研究领域已经被基于量化分析的工具和方法所占领。特别是随着行为主义的发展，政治科学处在一个发展的十字路口，通过方法论的继续扩展和渗透，进入更多的政治学研究领域，以纯粹化、严格的方法论为工具形式，不仅体现在概念、理论和方法在不同的学科和子学科之间的交换，也体现在信息、物质、指标、统计数据以及实证研究的日常实践之间的深度整合，从而实现重组和整合政治学研究体系，进而获得学术发展的结构化成果。计算政治学领域中，这种空间形态的转换，从传统政治学理论体系可以清晰地分析出“计算范式”形成和发展的历史脉络，同时更加明晰了基于量化简约处理的模式，从而构建起其学科体系的坚实根基。但长期以来计算政治学发展受到一些学者的质疑，其核心观点在于对现实社会现象价值分析的“可计算性”持怀疑态度，普遍认为复杂的社会现实是一种基于复杂系统形态的“混沌”状态，“忽视了模型对理解政治世界可以起到的其他重要作

---

① 徐大同，马德普. 西方政治思想史（第5卷）：二战以来[M]. 天津：天津人民出版社，2005:619.

用”[①]。因此，如何从理论层面处理好复杂性世界与差异性数据之间的关系问题，成为构建完善计算政治学研究范式基本逻辑的重要切入点。

（一）量化分析范式

古典政治科学充斥着大量规范层面的感性概念（公正、民族、权利、爱国主义、社会、美德、暴政等）。[②]在行为主义分析模式中，基于结构功能主义、系统分析方法，将政治过程的解释简化为社会、经济或文化等变量，使得对于政治生活的制度形式和组织形式的分析以量化的形态进行处置和解读，从而使分析的过程尽可能避免受到研究者个人主观思想的影响。这种基于理性选择分析范式的学者根据其理性效用最大化的行为假设，能够证明个体不可能自动选择通过合作解决公共问题的行为。其认为理性的、追逐自我利益的个体不可能通过合作行动寻求公共目标的达成。而在现代政治分析方法适用中，获得信息、处理信息及回溯信息的图式，是在环境提供的输入信息流范畴内起作用。也就是说，必须从环境供应的角度来理解人们根据自身的倾向选择信息源，同时从信息处理角度看，他们的看法和意见成为环境偏见信息和自身预先存在的倾向性的复杂产物。依据将问题转向其源头得以解决的思路，考察了公民有意识地努力控制获取和处理政治信息的成本的方式。集中在个人受自然环境、社会环境和他们所处群体影响的程度方面，考察了公民的目的在特定的时间、地点和环境组合中被实现或被阻挠的方式。公民选择并没有将个人行为视作外部决定因素的直接产物，而是将其视为与其环境相生相伴的产物。在偏好受到环境信息供给左右或影响的同时，公民也将其偏好通过自己的信息取样标准施加给环境。简而言之，政治信息建立于个人化定义的公民目的和由环境决定的信息供应之间相互关系的基础之上。

---

① 臧雷振. 政治科学分析的艺术：方法论的分野、实验及融合[M]. 北京：中央编译出版社，2018：15

② 克林格曼. 政治科学新手册 [M]. 钟开斌，等译. 北京：生活·读书·新知三联书店，2006：203.

因此，从计算政治学发展的历程看，定量分析方法的应用就是其鲜明的学术特征和符号，在学术界有学者又称之为计量政治学或政治计量学。发表于 1985 年《马克思主义研究》的《计量政治学》一文开启了我国计算政治学研究的历史篇章。李瑛教授也认为现代政治计量学方法是以某种政治关系学说为假设，运用数理统计方法，根据统计数据对一定政治关系进行计量，并通过计量结果对相关理论进行检验和修正的分析方法。[①]上述文章的诞生背景是从 20 世纪 60 年代开始的西方政治学界对政治学定量分析的研究的重视。正是在拉金（Ragin）等教授的推动下，政治学研究领域中定量分析与定性分析融合发展，成了政治学研究量化转向的重要发展时期。而加里·金（Gary King）等教授撰写的《社会科学中的研究设计》一书所开创的 KKV[②]分析范式，则成为计量政治学研究发展的重要标志，构建了学科研究的基本范式体系。计算社会科学发展的本质特征是抽象化成为社会系统运行与控制的基本趋势。拉金教授等开创的布尔代数模型分析方法的引入，使得计算政治学研究模型介入从基于概率统计学方法延伸至基于个体行为的特征量化分析模式。在这个过程中，数据抽象并没有消除实体的信息内容，而是通过标准化的抽象，更加突出事物实证要素信息，从而进一步摆脱具体空间场域的实体性限制。量化分析的方法，使得数据信息成为解释学意义上的重大理论转变，从而为认识世界提供了丰富的观念体验，以及更为新颖和独特的方法和模式，并且将传统意义的概念进行了格式塔转变，赋予其新的视角和观察维度。这种特定的量化处理模式，“以一种具有形而上学有效性和数学形式的概念体系的形态达成的一种纯粹性的认识”[③]，实现了政治性研究从定性分析到定量分析模式质的飞跃。在这种量化分析范式体系中，计算政治学研究突破了传统意义上对现实空间宏观对象的整体描述，更加倾向于基于量化结果的个体要素之间相互关系的论述，注重由个体要素到结构要素的结构体

① 李瑛. 现代政治学计量方法[M]. 天津：天津人民出版社，2002：序言.

② KKV 指加里·金、罗伯特·基欧汉和悉尼·维巴三位教授。

③ 韦伯. 社会科学方法论[M]. 韩水法，莫茜，译. 北京：商务印书馆，2012：40.

的研究。而大数据分析工具的使用，使得计算政治学的发展更加有利于通过数据处理中心实现信息流在多维层面的系统性传递，研究方法从功能主义分析到结构主义分析模式的转变。这种基于量化描述研究对象的方法，成为数据空间特殊的观察模式和方法。即通过对政治学主体行为表现出的信息流和数据流为基础构建结构模型，能够有效实现分析对象从宏观整体特征到微观行为模式分析的转换，从而达到政治学研究科学性的重要目标。

（二）模型分析范式

从现代分析哲学视角看，“计算”已经不再是数学的一个专门概念，而已上升为一个具有普遍方法论意义的哲学分析范畴，成为信息时代认识事物、研究问题的一种新视角、新观念和新方法。这种新的社会研究范式不仅对自然观、生命观、科学观和科学方法论产生了重大的影响，同时也对社会科学研究领域产生了更加深远的影响。正如前文所述，随着计算机的问世和广泛应用，计算已经不再限定于计数和数值运算的范畴，实际上操作任何种类的符号或信息的过程均是计算的对象。从现代信息哲学角度看，普适计算的形成使得计算不再被视为从最基本的层次上而言的一个物理装置，即只要能够运行各种软件来处理信息就是计算本身。由于在计算机的软件层次上发生的基本过程就是数据（或信息）的表征和对这些表征实施的操作，因此，从计算认知哲学的角度出发，以计算的普适性为认知的科学理论得到了深化和发展。在现代哲学研究视域中，“计算”已经被定位于探究人的认知系统的具体的表征类型和操作机理，是在这些具体研究的基础上建构认知理论或模型的过程。

因此，在计算政治学发展进程中，基于政治学的“可计算性”分析其理论渊源可以溯及皮亚杰结构主义和吉登斯结构主义思想在政治学研究的具体运用。而从计算社会学研究角度，萨尔加尼克（Salganik）、谢宇等教授提出了社会学定量分析研究的基本方法与实际运用的范例，明确了计算机模型方法在社会学研究中的实际范例。模型作为对现实世界的一种简化和近似性认知方法，在政治学研究中已经逐步获得了广泛应用。卢卡斯（Willam F. Lucas）教授的《政治及有关模型》一书，则是从应用数学和模型构建的路径出发，强调通过政治模型“选择数学要素与相关元问题及结构的对应关系”[①]，以便对数据加以组织和处理。该著作提出了近20个经典的政治学数学模型，从而成为计算政治学研究的奠基著作之一。虽然这些著作还不能算作完全意义上的计算政治学的专业性著作，但在研究方法和内容层面均对计算政治学的形成产生了积极的影响，成为聚焦学科发展的重要研究基础。随着大数据分析和建模技术的不断发展，大数据的抽象将不再完全消除实体的信息内容，而是通过抽象的过程去刻画面向虚拟特征事物的实证内容。在此过程中，政治学家的研究方法是获得并掌握更为丰富的实质性对象特征，并且具备包含相关变量条件提取的基础性知识体系，从而有效实现政治模型的构建与完善。这种数据关系模型的引用，通过实体化、具体化以及实证化，便于形成分析的模型框架；另外，其重要价值在于以模型化的建立为导向来进行政治学研究对象的建构，从而实现计算政治学研究向实验政治学发展的重要转向。

在此过程中，最为广泛使用的是统计分析方法，其目的和意义在于通过统计分析对事实间数量关系进行因果解释，在于通过工具的中介作用在量化指标和分析对象之间建立合理的表征途径和方式，也可能依据其他研究已经得出的判断和变量间关系促使认知模式的发展。因此，在这种政治学分析范式中，模型分析方法分解信息是方法多元论的一个重要补充，是不再依靠去社会背景化和集合化的数据。分析者会设法尽可能地从对一组人的理解上开始他们的调查研究工作，并围绕着个体及个体经验的组织构成层面来进行研究。对于任何问题而言，这种探求的目标是在一个单方程中嵌入一组数量有限的变量，并设定这组变量的相对影响，而相对影响需要解释的变化比其他任何竞争变量和方程都要多。同时在许多研究中，对理论理解的象征性关注被数据稀释和回避，因果关系方法的分析研究也被驱逐到了边缘。实际上，它们只有成为潜在自变量，才能由少数分析人员操纵计算机简单运用，进而成为分析指标。这些指标，一些是预先设计好了的，一些是作

① 卢卡斯.政治及有关模型[M].北京:国防科技大学出版社,1996:4.

为可能的构想脱离数据分析而反复出现的，其他的则是通过计算机和合理化推论从反应模式中挖掘出来的。研究的特征取决于将每个学术学科的概念、假设和研究方法作为整体研究设计的每个组成部分的内部逻辑来运用的程度。而提高运用社会科学新方法、新技术的能力的目的，在于获取研究者研究需要的数据。

（三）实验分析范式

20 世纪 90 年代，实验政治学的研究蓬勃发展正是基于信息技术发展带来的计算范式的广泛应用。正如皮亚杰所言，“没有逻辑—数学的框架，就不可能达到实验的事实”[①]，其基本原理强调，尽管社会生活各种复杂现象和复杂系统形成的条件千差万别，但它们可以通过一定的抽象和模拟，可以与某种数学结构通过算法或规则加以模拟、描述和表达计算。也就是说，对于抽象的政治学研究对象是无法直接予以测量的，必须以特定的指标来表征和替代，并将特定指标与抽象概念之间的关系进行明确界定。在此基础上借助于这种表征关系，在不影响客体行为性的基础上，达到合理分离和研究客体行为的目的。“实验研究的本质特点是数据生成过程中研究者的干预”，并明确将政治实验对象界定为“研究数据来源。”[②] 从本质形态上理解，实验改变了被经验物与经验过程，显现出一种结构或常量的技术是具体的，是与人类实践相结合的各种人造物。实验手段又是一种中介物，是人类建构客观实在的居间调节者。随着当代计算主义思潮的兴起和泛化，我们就能够从更深的层次上来把握抽象的计算概念的实质，并通过把逻辑看作形式的演绎系统，使推理的有效原则可以明确地表示为演绎的规则，这样，一旦推理的原则以这些规则的形式表达出来，我们便可以把它们直接应用到表征，而不用知道表征究竟代表的是什么，也不用人为地担心结论是否有效。基于这种实验方法，政治学研究“通过从给定的观察整体中收集相关数据来检测他们的

① 皮亚杰. 人文科学认识论[M]. 郑文彬，译. 北京：中央编译出版社，2002:28.

② 臧雷振. 政治科学分析的艺术：方法论的分野、实验及融合[M]. 北京：中央编译出版社，2018:205.

理论”，并实现“案例可控”。[①]从这个意义上理解，计算政治学研究范式的构建本质是对特定政治学对象携带有用性信息资源的系统性构建，是从人们认知的世界中抽取信息并使之数据化和符号化，进而通过储存、组合和加工实现基于信息化的政治学研究过程。通过“直接考虑数据中不存在的条件组合……将促进研究者面对更多一般因果关系的理论假设”[②]，在此过程中，数据成为进行统计制度建设和运行机制设计的核心对象和焦点内容。以数据为中心的统计要素分析模式，利用了对数据的获取、加工、处理、开发。这种研究范式取代了传统以实体为物质特征的模型化研究模式，更加突出强调在抽象数据对象中所蕴含的信息价值，这种分析方法的应用更加有利于对个体政治行为的立体化描述，更加有利于以实验性的方法对政治活动进行研究。对研究对象的模型化与数据化处理，可以实现对实验变量的介入性操作，进一步达到政治学研究从描述性到验证性学科属性的根本性转换。这种基于实验分析方法的应用，从计算性思维的角度对政治学研究对象进行解构分析，并且从计算模型的规范尺度对研究对象做出解释和改造。虽然计算科学的基础是数理逻辑，但是在形式化逻辑基础上能够实现现实社会在数字空间里的“实验方法”构筑。因此，进一步彰显计算政治学作为一种实验性科学的属性特征，成为当前计算政治学研究的关键领域和方向。

三、计算政治学研究的基本逻辑运行模式

科学理论研究能够认识世界的基本前提是我们拥有一种能模拟许许多多对象或系统的能力，即通过表征的形态进行模拟和分析的能力。对于认知科学而言，这种认知的模拟观打开了一个充满着有待探索的问题域。而从认识论和认知科学的角度来看，这一认知过程蕴含着非常重要的科学意义。马克

---

① 拉金. 重新设计社会科学研究[M]. 杜运周，等译. 北京：机械工业出版社，2019：中文版序 1.

② 里豪克斯，拉金. QCA 设计原理与应用：超越定性与定量研究的新方法[M]. 杜运周，李永发，等译. 北京：机械工业出版社，2017：130.

思主义基本原理认为，客观世界中的事物都是质与量的对立统一，世界上不存在任何无量的“纯质”和无质的“纯量”。计算政治学研究方法是建立在系统论、信息论等基础之上的一种整体性的科学研究方法。正如伊斯顿开创的政治系统科学研究方法，强调以系统方法对政治学研究问题进行分析和探讨，这也为计算政治学研究范式的发展提供了重要的思路。从学科发展角度看，一项传统理论进行加工和改造，应当为研究方法与研究对象的结合找到切实可行的基点或接口。对于政治学研究而言，从系统论角度着重分析政治系统内部各要素组合的协调配合、系统与环境之间的相互影响等运行机制，也成为计算政治学研究逻辑体系运行模式研究的重要切入点。

正如马克思主义所认为，“如果事物的表现形式和事物的本质会直接合而为一，一切科学都成为多余的了”①。从哲学角度看，认知系统具有模拟任何有限可实现的系统的能力，如果进一步假定这种能力就是人的基本认知能力，则可以推断出人的认知过程实际上是一种从表征到规范的空间演进过程。因此，从认知过程的模拟观出发，我们能够很好地理解认识世界的过程是如何进行的，我们运用自然的感官或测量仪器获取关于认识对象的信息；我们通过模型建构理论构建一个能够产生具体信息的计算结构和过程，并以此来模拟认识对象的结构和过程。一旦这种模拟输出的结果与运用感官或仪器所测得的信息在允许的误差范围内相一致，就可以认为我们已经获得了关于该对象的认识。所以，在科学研究过程中，计算政治学研究原理能够给我们提供富有启发性的思想。

（一）表征维度

现代系统科学认为，现实的政治系统运行是一个复杂的灰色系统，不是一个简单的自主自足的封闭体系，具有非自足性，依赖与之配套的各项制度与国家政治权力和社会权利体系相衔接的复杂系统。对于复杂系统而言，分析其基本运行规律的前提在于对系统本身的抽象和模拟。因此，计算政治学研究的价值首先在于表征，即通过模型和数学工具的引入，实现对政治学对

① 马克思恩格斯全集(第25卷)[M]. 北京:人民出版社,1974:923.

象的编码和模型分析，产生出新的抽象和符号化再生信息，从而满足信息结构与外部客观世界物质结构的耦合化分析研究路径，并最终达到“对任何政治情境都能以无限多种方式、多样性的目的进行建模”①的目标。换言之，就是将现实社会的主体内容以逻辑信息的方式，过渡到数字空间层面进行处理，从而达到政治学研究实验性的价值取向的量化分析可能性探讨的目的。在模型的构建过程中，这种编码的抽象程度越高，对现象的因果关系的分析和判断将有着越为深刻的理解，通过编码和抽象可以去掉更多通过语言描述所无法清除的无效干扰数据，可以在更高的维度发现符号逻辑和语言无法形式化和清晰表达的隐含逻辑，从而实现“一个运算结构过渡到另一个运算结构”②的过程转变。而从认知哲学理解，人们之所以需要借助计算机算法来解决现实性社会问题，是因为需要借助认知模型将认知负担控制在符合目的的范围内。正是因为现实世界包含了太多变量，所以在全面把握这些变量的基础上进行决策是无法实现的，基于现实这种复杂逻辑关系的存在将大大超出自然人有限的认知能力允许的范围。这种计算模型体现了系统化、整体化的思维方式，可以直接根据复杂系统的微观作用机制设计局部演化规则来模拟复杂现象。

具体来说，从表征角度看，所有的这些比较研究活动都涉及一个双向往复的过程。一种简化的动态模型或者是一系列中性化的概括，是由基础理论归纳而成的，将注意力引向那些被认为是变革动力的基本变量。经过一些筛选和判断过程，这种模型能够识别出系列示范案例，并且以基础模型或框架中的关键变量为线索，将体系化的模型架构进行整合。但由于宏观政治过程都很复杂，存在着不确定性和价值冲突，因此不能从对宏观政治过程的描述中判断模型的对与错。变量关系分析被认为比变量自身的质量和信度还重要。因此，从政治学系统视角理解，当各种制度性因素、政治性因素及其操

① 臧雷振. 政治科学分析的艺术：方法论的分野、实验及融合[M]. 北京：中央编译出版社，2018：169.

② 皮亚杰. 人文科学认识论[M]. 郑文彬，译. 北京：中央编译出版社，2002：209.

作性指标日益被优先考虑时，这种问题显得尤其严重。因此，在实际运用模型过程中，应获取准确的数据，从而对指标体系进行系统完善。无论统计学和方法论如何完善，不管其理论原理和体系如何宏大，实际应用的数据本身均为表征要素的目的。只有在这种情况下继续推进对比较数据的系统收集，才能使这些描述政治要素变量的数据都能经得住考验。

（二）建构维度

在人文社会科学中如何实现研究对象变量的精准分析，其原理也是实现人为操纵改变因变量因素来研究变量之间因果关系的实验性核心思想。因此，所谓建构性本质，就是“获得良好调整逻辑—数学特征的结构”[①]。由于传统人文社会科学研究对象是人的社会性行为，在有限实验空间中基本不可能模拟出对应的现实性社会环境，更难以实现变量间的对应关系。特别是政治对象涉及社会各个方面，其能否实现对现实空间包含存在于其间数量庞大的主体及其形成的复杂关系网络进行计算化分析成为关键问题。计算政治学研究的一项重要目标，在于探索采取“数字化”设计，通过原型模拟系统的开发，探索将实验对象行为的实验环境以数据空间的形式展现出来，力争实现通过数据之间的衔接性关系，在数据空间环境中实现变量间因果关系的实验“模拟”，用抽象化机制来诠释社会系统，以新的结构化联系模式内生出抽象和虚拟的空间特征，从而形成一种新的表现形式，最终实现计算政治学研究体系构建的目的。同时，从建构性的视角对信息和知识进行分析，从各种真实实体中抽离产生的信息重组后的结构体系成为一种新的实体性存在。通过参数的表征达到对社会总体性把握和认识的目的。[②]这不仅体现为一种主体与环境的相互作用，更体现为一种基于过程的互动性，其重要意义在于揭示现实政治学研究的各种可能性。通过对这种数据空间运行规律的分析和处理，做出更加科学的选择。由于计算方法结构和运作程序的高度复杂化，能够以充分的“数据化场景”以及更为先进的“计算算法”实现对政治

① 皮亚杰. 人文科学认识论[M]. 郑文彬，译. 北京：中央编译出版社，2002:28.

② 谢宇. 社会学方法与定量研究[M]. 北京：社会科学文献出版社，2006:17.

运行过程的虚拟分析，从而实现“在受控比较中，研究者对两个或更多案例中现象进行配对考察”①的目标，即通过建模等抽象化研究工具运用，对政治学运行复杂现实进行抽象，进一步深入把握各要素运行之间的本质联系，实现对系统整体与各种要素、不同层次和结构功能之间相互联系，以及系统与外部环境之间相互关系的探讨。特别是随着大数据技术的发展，以数据为中心的计算政治学研究面对的复杂系统性问题，强调简单要素无法直接经过简单相加而成为一种功能复杂的整体。根据复杂系统的微观作用机制，通过在政治学系统中元规则的选取和设定，设计算法和演化规则来模拟复杂现象。这种自下向上的计算模型，从政治学意义上理解，体现了系统化、整体化的思维方式，即实现了可以直接根据复杂系统的微观作用机制设计局部演化规则来模拟复杂现象。

（三）规范维度

基于数据结构和形式呈现多样化的特点，即包括文本等结构化和多媒体等非结构化，如何把这些数据耦合为政治空间所需要的数据集合体，成为计算政治学研究的重点内容。这是基于计算政治学研究的规范语句和规范诠释的文本，同时也是一套基于调整现实社会关系的行动规则。正如现代社会科学研究认为“无论语言描述的模型还是数学模型，抽象的模型本身并不是终点”②，通过规范化结构化处理模式、数码和信息的“压缩”技术来实现对复杂社会的规约化处理，不仅是如何实现计算的函数，更为重要的是发现其中的算法。“通过运用模糊集合的相关算法或计算软件进行计算”③，在此基础上通过相应的转化机制的运行获取最终对客观世界的解读。具体而言，就是在计算模型层面预设将来可能出现的一些具体事实或者事实类型，使得受到预设该事实的规范体系得以有效调整。通过对评价指标的定性设定，政

① 范埃弗拉. 政治学研究方法指南[M]. 陈琪，译. 北京：北京大学出版社，2006：54.

② 福格尔. 政治算术：西蒙·库兹涅茨与经济学的实证传统[M]. 胡永健，译. 北京：机械工业出版社，2015：101.

③ 高奇琦. 比较政治学的质性与量化之争[M]. 北京：中央编译出版社，2015：23.

治系统之间复杂性和非线性关系降维成简单和线性的可模型化体系，从而有效提升政治运行系统适应运行环境的能力。可以说，上述政治学研究方法的应用，从形式上看已经脱离基于传统、基于个体关系的社会分析模式，更加凸显通过构建“精密”的运行机制、原型模型设计和具体计算机软件环境实现对输入系统信息的有效处理。而在社会系统运行中，这种以算法为特征的政治实验结果，能够“还原”为社会关系系统，通过算法自身空间规范化构建，达到“算法治理”的耦合性介入，实现规范化运行、规范化预期与现实性效果的科学与价值维度的有机统一。这就意味着，基于计算政治学的发展路径，通过自身内部的体系化和模型化，正确描述外部世界基本特征，从而可以通过规范化的结构来反映外部社会行为作为现实真实世界复杂性社会关系的抽象和映射，规则体系的形成带有鲜明的非量化性色彩。在外部环境内化为政治主体行为影响因素的过程中，外部环境的复杂性被映射到规范内部空间，通过规范系统空间要素的简单性运行（或可以称之为运算），并将自身系统的规范性特征反馈“投射”到外部空间，使得政治行为能够有效调整社会关系。

综合上述分析可以看出，作为学科体系不断完善和发展的一种新兴交叉学科，开展相关问题研究应当以计算政治学研究历史的梳理为切入点，以学科发展的重大理论问题作为研究着力点，着重以范式转换和价值判断两个层面为分析要点，在纵向与横向逻辑交织的结构中实现对研究目标和内容的逻辑体系进行构建。在历时态层面纵向分析计算政治学学科发展历程，通过对不同计算政治学学科发展具有影响性的思想观点进行梳理，从历史发展的模式角度提出思想发展内在的规律性认知，从而为学科理论体系构建提供理论支撑。在共时态层面，重点围绕横向分析计算政治学研究的基本领域，通过对计算政治学当前重大理论热点问题的剖析，着重研究在大数据时代数字技术对政治学研究的深入影响，提出政治学研究从表征到实验范式的理论结论，并从理论与实践相结合角度对相关问题进行深入分析。在方法论层面，综合分析计算政治学研究的基本方法。正是在上述逻辑基础上，未来学科发展将围绕政治系统基本规律性问题，就不同系统规模的计算方法和模型特点，着重分析当前主流分析模型的特点和适用规律，并就复杂模型环境下政治行为分析方法的引用进行分析，从而为信息时代特别是大数据技术背景下的计算政治学发展的新规律研究和探讨构筑坚实的学科发展根基。

四、计算政治学研究的基本逻辑空间体系

伴随着20世纪70年代西方学术界后现代主义思潮的兴起，在哲学思想领域掀起了一场以“空间的转向”为标志的重要思想革命。以怀特海（Whitehead）、海德格尔（Heidegger）、福柯（Foucault）、吉登斯（Giddens）等为代表的西方后现代主义诸多思想巨匠，敏锐地捕捉到当时正在不断发展的科学技术所带来的巨大技术进步，以及在此背后所蕴含的哲学思想研究范式的重大转变。他们认为，在对世界的体验中，空间性比以往任何时候都更加突出，这种时代发展和社会存在所带来的社会意识的变化，具有必然的客观规律性运行轨迹。这些思想者的研究思路从传统意义上亚里士多德开创的“本体—认识”古希腊哲学认知传统逻辑，逐步转向以“语言—情境”为特征的现代空间系统哲学研究范式。这种技术发展的路径体现于对哲学方法论研究的重大思维转换，同时也成为改造客观世界的重要模式。这种研究范式的转换，不仅在于将社会的分析视作一个由各种复杂的功能空间结构相互耦合、彼此渗透在一起的空间结构复合体，同时在这种结构认知框架构建的基础上，从空间外化功能和建构性的角度，对人类认知体系的外部性特征做出了科学的论证，从而诞生了西方现代哲学研究举足轻重的空间哲学体系。随着上述思潮的不断深化和影响，以波普尔（Popper）、列斐伏尔（Lefebvre）、苏贾（Soja）等为代表的思想家将空间的概念体系从现实性物质领域逐步深化至抽象的空间领域之中，剥离开附着于其上的诸多定语和限定修饰，其本质就是空间化的文化范式的转变，从而实现了从新的研究视角对人类活动的现实空间、抽象空间等关系方法论的转变。

（一）空间性与政治性

空间哲学认为：“不能将空间的社会建构性固化，看成是一成不变的。相反，只有从人类物质生产实践过程的动态性出发才能准确把握空间的社会

建构性的具体性与内容性。”[①] 因此，以苏贾为代表的空间理论研究学者提出根据空间的不同属性将空间截然划分为物理空间（自然界）、精神空间（逻辑的和形式的抽象）和社会空间三种并列存在的空间。在空间政治体系中，“我们所关注的领域是：第一，物理的，自然，宇宙；第二，精神的，包括逻辑抽象与形式抽象；第三，社会的”[②]。社会空间并不是在自然空间基础上创造了社会空间，而是把自然空间打上了社会的烙印，具有了社会规定性、社会属性。而且，社会空间的自然性并没有丧失。因此，社会空间只是指社会性的空间或者社会化的空间。

在空间与政治关系的构建中，空间建构“某种总体性、某种逻辑、某种系统的过程中可能扮演着决定性的角色，起着决定性的作用”。[③] 空间的政治性没有得到很好地认识，所以没有将空间以及空间规划当作一个批判的对象，出现了批判视域的空场。随着社会的发展，人们逐渐认识到了空间的政治性。但是，空间仅仅被认为是政治过程的产物，是被动的、消极的，只是政治活动的舞台、剧场。“我们生活的空间维度，从来没有像今天那样深深关牵着实践和政治。”[④] 同样，政治也充斥着空间的维度。空间性与政治性相互渗透、相互融合，不仅政治影响空间，而且空间也反作用于政治。空间是一种政治性的构建力量，因而空间问题也是一个政治问题。由此推论，空间问题与空间重构过程的分析，必然会被摆到当代政治和理论的重要维度，具有十分重要的意义。因而，列斐伏尔所谓的“空间政治学”在这种理论体系中，“空间的重组就始终是社会权力通过其得以表现的框架的重组”[⑤]。也就是说，权力不断通过空间的重组实现自身的重组。空间的生产与权力的

---

① 哈维. 正义、自然和差异的地理学[M]. 胡大平，译. 上海：上海人民出版社，2011：29.

② 苏贾. 第三空间：去往洛杉矶和其他真实和想象地方的旅程[M]. 陆扬，等译. 上海：上海教育出版社，2005：79.

③ 列斐伏尔. 空间与政治[M]. 李春，译. 上海：上海人民出版社，2008：23.

④ 苏贾. 第三空间：去往洛杉矶和其他真实和想象地方的旅程[M]. 陆扬，等译. 上海：上海教育出版社，2005：1.

⑤ 哈维. 正义、自然和差异的地理学[M]. 胡大平，译. 上海：上海人民出版社，2010：318.

重组之间具有内在的逻辑生成关系。在这种体系架构中，权力与空间彼此是双向建构、双向生成的，“权力被建构在我们组织空间的方式中，而空间的组织结构正表达着权力的行使、分布和存在”[①]。从政治学角度看，空间的存在本质上标志着同时存在的事物的一种秩序。从本质理解空间的组织形式、结构、意义与功能都不是空间所固有的，而是社会建构的、社会赋予的。社会并不创造空间，而是改变了空间的组织形式、结构、意义与功能。空间生产就是重塑空间的组织形式、结构、意义与功能。不同的社会建构必然产生不同的空间组织形式、结构、意义与功能。空间因为其共存性，成为人类生存秩序的维度。但从实践角度看，空间秩序思想不止停留在一种逻辑构造。这是因为“作为一种工具来进一步研究实际时空秩序安排——这种安排是在不同的生产方式和社会构型之中和之间进行的——差异”[②]。也就是说，要寻求不同的空间秩序安排，需要探索替代性的生产方式。

（二）空间性与计算性

在空间理论中，波普尔的三个世界理论在空间性划分中具有重要意义。“如果不过分认真地考虑‘世界’或‘宇宙’一词，我们就可以区分下列三个世界或宇宙：第一，物理客体或物理状态的世界；第二，意识状态或精神状态的世界，或关于活动的行为意向的世界；第三，思想的客观内容的世界，尤其是科学思想、诗的思想以及艺术作品的世界。”[③]其核心认为世界由三种空间形态构成：世界一，物理世界或物理状态的世界；世界二，精神世界或精神状态的世界；世界三，概念东西的世界，即客观意义上的观念的世界——它是可能的思想客体的世界，即自在的理论及其逻辑关系、自在的论据、自在的问题境况等的世界。波普尔认为，世界三是世界二即人类精神活动的产物；世界三是自主的、有本体论意义的客观实在；世界二是世界三

① 肖特.城市秩序[M].郑娟，等译.上海：上海人民出版社，2011:454.

② 哈维.正义、自然和差异的地理学[M].胡大平，译.上海：上海人民出版社，2010:291.

③ KARL POPPER. Objective knowledge: an evolutionary approach [M]. Oxford: Oxford University Press, 1983: 106.

和世界一之间发生相互作用的必然中介，世界三不可能对世界一发生任何直接作用。广义的世界三，包括人类精神活动的一切产品，例如工具、机构和艺术品，也可以包括所有的人工制品和人工自然。按照波普尔的广义理解，世界三的领域几乎得到了无限的扩张，并且是对未来完全开放的，随时准备好接纳人类所创造出的任何新的精神产品，包括人类创造的理论、概念、问题，还包括人类所创造的语言，以及使用这些语言所表述的文本、程序和其他编码形式的作品，如交响曲、雕塑和绘画等。信息编码(如比特) 本身虽然不属于世界三，但是它所包含的内容属于世界三。计算机表现出的潜能和智慧，应当而且必须理解为有关技术和思想，即信息时代世界三自主性和超越性的表现。

从计算空间角度看，当计算机程序被人按照某种意图编写出来后，就已经是世界三的成员了，完全可以以一种标准的文本形态呈现在波普尔和所有人的面前，供人们改进、批判。而当这样的“文本”存储到磁盘上输入计算机后，就会出现波普尔断然否认的情况：它会操纵和控制计算机运行，世界一会因为受到程序的支配而动作，使得我们的意图“算得出”。在这里，并不是世界三作用于人，人再作用于机器，而是相反，是人作用于世界三，而世界三再作用于世界一。在数字化世界里，文本只是一系列的 0 和 1 的编码。它们之所以获得意义，是因为关键有：一是符合某种编程规则，它与其他文字符号遵从某种语法规则而获得语义并没有本质区别；二是它的能动性来源于计算机的驱动，如果在此方向上追根究底，能动的根源在于计算机中央处理器之中的晶体振荡器，在此意义上，数字化信息存在的基本特征与此前的模拟信号相比，并没有本质的改变。

综上分析可以看出，空间的本质就是人与空间、社会与空间之间的一种关系。空间的本质是人在认识与改造空间之中建构起来的，是人所赋予的。进而言之，空间的本质是人的本质的呈现与映照。空间是人的对象化产物，是人的本质力量的体现。空间的复杂性源于社会的复杂性。“去除了空间的物质性，使其成为纯粹的思维过程和表征，这是思维的一种直观方法，同样使得我们无法看见各种情感地理的社会结构。”[①]因此从本质上看，空间“属于数学、技术的范畴，而且毫无疑问，属于空间逻辑的范畴”[②]。空间范畴和空间逻辑主宰着后现代性。空间成为当代社会理论建构的重要维度。从空间的分析形态和建构意义角度来看，带有特质性的空间独立性特征和研究视域问题是原来空间形态作为某种场域与语境性的客观环境意义的传统空间哲学思想，提升为建构主义方面具有特殊组织构建意义和结构分析范式，以及解构主义方面从社会构成因素与外部空间结构复杂互动关系角度对上述问题进行社会问题分析和阐述的重要哲学研究思路，从而成为后现代主义社会批判理论的重要思想和方法来源。其所倡导的基于符号化和代码化的抽象空间结构与现实物质世界的交往性关系体系，成为现代信息技术发展背景下人类思维方式与经验分析模式的重要切入点。而这种范式理论与空间哲学的结合，使得现代学科发展的研究聚焦于分析对象域的变化，以研究方法的代际提升和对象的范式转化作为学科发展的重要标志。

（三）计算政治学方法论网络空间拓展

随着 20 世纪六七十年代以信息技术为特征的第四次工业革命的蓬勃发展，在以芯片硬件和算法软件为技术特征的数据空间时代，社会经济的发展在数字计算机技术的引导下，人与自然之间、人与人之间的相互关系从直接现实联系向代码数据中介联系的方式转变。由此，越来越多的思想家开始意识到，在传统客体与主体的思想两分法领域中，一种带有相对独立性的“数据空间”正在形成，并伴随着数字互联网技术的发展更加深入地影响到现实每个个体的思想和认知，成为一种改变人类认知方式和思维形式的重大思想范式。尤其是随着数据空间的指数级增长，空间属性的特征出现了新的发展趋势，数据空间自身结构或语法创造了不同信息之间的诸种关系，能够以更加有效的思维模式和方法分析外部世界。现代社会成功地通过功能系统来满足人们的各种需求，但是在快捷、方便地满足人的需求的同时，不得不将这

① 苏贾. 后现代地理学[M]. 王文斌，译. 北京：商务印书馆，2004：前言 11.

② 列斐伏尔. 空间与政治[M]. 李春，译. 上海：上海人民出版社，2008：44.

种需求满足和依赖关系加以模式化、端口化。只有模式化、功能化的处理方式，才可能实现这种批量的、集中的满足，以及满足现实技术发展的需要，并通过立法将其上升到法律高度，各种法律关系经过组合，形成有机法律空间。立法者的任务是通过抽象将各种有机关联予以隐藏或“离析”，而政治行为适用时则需要将这种有机关联补充回去，形成一个从直观到抽象，再回到直观的空间生成过程。对规则的适用而言，适用者需要将抽象的规则补充回被抽象掉的有机联系，从而使得能够以整个直观作为规则适用的基础。

随着网络信息技术革命的深入，网络信息技术成为经济社会发展的主要因素，网络组织成为新的社会—空间组织形式。首先，网络组织方式为社会—空间组织的变革提供了可能。网络技术的变革是全方位的，其中，影响最大也最为深远的就是网络组织模式的诞生。网络技术的意义不仅仅局限于网络技术自身。进而言之，网络不仅是一种技术，而且也是一种新的组织形式。网络不仅仅是普通类型的网络，更是通过信息技术运作的特殊类型的权力网络。这种权力网络将改变我们理解、组织、管理、生产、消费、斗争与反抗的方式——实际上包括了社会生活的所有维度。网络组织成了政治、经济、文化与空间等新的社会—空间的组织模式。所以，网络组织方式的历史变革也实现了人类社会—空间组织方式的革命。这是网络技术变革的深层意义所在。平行组织是网络社会的组织形式，也是与官僚组织的根本区别所在。网络组织仅仅包含节点，是无中心的。所以，网络组织的运作呈现分散化、去中心化的趋势，具有多元性、多中心的特征。进而言之，网络组织是一种平行、分散的组织方式。

从空间形态角度看，网络社会的兴起必然带来政治学方法论的变化。从传统意义上理解，地点主要体现为一种场所。这种空间性场所指的是社会活动的物质环境在地理上的分布。因此，传统上讲，地点是具体的、地方化的、境遇化的，而空间是建构在地域性活动基础之上的。所以，吉登斯认为，正是因为空间和地点总是一致的，社会生活的空间维度都是受在场的支配，即地域性活动支配的。因此，空间也是静态的、具体的、地方化的、境遇化的。“信息时代的支配性功能与过程日益以网络组织起来。网络建构了我们社会的新社会形态。”[①]从信息空间角度看，信息和知识确实是重要的，在经济和社会中普遍如此。但是它们不像我们社会的主要组成部分一样具体。具体来说，在新技术范式（信息主义）的基础上出现了一种新的社会结构，一种由电子通信技术组成的结构——具有发展动力的社会网络。网络看作是一种社会结构。这也是网络化社会结构和蕴含在网络化逻辑中的具体的关系组合。因此，卡斯特主要把握的就是社会的结构及其内在的逻辑关系。正是从这一意义上讲，这种基于技术形态所延伸的形态多样的新社会的基础是新的社会结构网络社会。所以，网络社会就是指网络组织形式之下产生的新的社会结构。同时，卡斯特提出使用“网络社会”这一概念的主要目的还在于将全球的与本地的制度、组织和社会参与者联网的能力置于政治分析的中心位置。也就是说，网络社会也融合了全球化与地方化之间的内在互动关系。“随着控制与反控制的进行，网络社会概念转而强调组织变革以及全球相互依赖的社会结构的出现。”[②]因此，从某种程度上讲，网络社会概念是对全球化与地方化之间内在张力的一种揭示。

空间组织形式与结构也不是一成不变的，而是具有流动性与多变性的。空间的组织形式随着社会的发展与技术的变革不断发生变化。从本质上讲，生产方式决定了空间的组织方式与结构。不同的生产方式之下具有不同的空间组织形式，产生了不同的空间形态。所以，在网络社会，信息技术革命与资本的重构不仅导致了社会的转型，而且导致了空间的转型与重组。社会的转型也必然伴随着空间的重组和网络社会的空间转型。随着工业社会向网络社会的转换，网络信息技术成为组织与塑造空间的主要手段。网络作为一种组织形式不断建构空间，最终导致空间组织形式的变化，由此形成了网络化

---

① 卡斯特. 网络社会的崛起[M]. 夏铸九，王志弘，等译. 北京：社会科学文献出版社，2003:569.

② 卡斯特. 网络社会：跨文化的视角[M]. 周凯，译. 北京：社会科学文献出版社，2009:48.

的空间组织方式与结构。对此，从政治形态角度看，空间通过信息、交通和远程通信体系的转型而不断被重构。因此，从新的空间形态角度看，空间的组织形式越来越受到信息技术与网络组织的控制。由此，空间的组织形式及其形态也发生了根本变化。更为重要的是通过技术和组织的变迁，空间关系也能发生革命。这种革命改变了地方之间的关系，并且影响了地方建构、维持和瓦解的内在化过程。因此，网络组织重塑了空间和地方的关系。这种基于空间与政治相互影响的运行机理，本质上是一种网络形态与实体结构的耦合性过程，即基于网络空间的秩序性和规则性对政治行为产生的作用，进而带来了政治空间形态的组织建构改变。

在这种空间形态中，信息、知识、技术的空间生产带来了巨大的历史变革，但不是“技术决定了社会，而是技术、社会、经济、文化与政治之间的相互作用，重新塑造了我们的生活场景”[①]。因而，网络技术的基础性作用并不能简化为技术决定论，网络技术只是在社会转换过程中起到了很大的推动作用。因此，信息、知识、技术成为重要的社会变革力量。流动空间蕴藏着巨大的整合能力与解放的力量，甚至通过流动空间的整合，力量分散、薄弱的一方也可以与强权抗衡。在这种基于信息形态所存在的空间范式中，不仅有虚拟的信息空间、网络空间，而且整合了地方空间，将地方空间编码进行了重组。所以，在流动空间之中，空间的意义不会消失，反而由于高度的流动性、跨越性与扩展性，会更加强烈。“通信网络是基本的空间样貌：地方并未消失，但是地方的逻辑与意义已被吸纳进网络。建构网络的技术性基础设施界定了新空间。”[②]由此，空间重组主要建立了一个新的空间结构，构成了新空间的基础。网络组织改变了人与人之间的交往方式，产生了新的社会组织与交往形式。社会关系得到重构，社会交往形式也从垂直的等级交往

① 卡斯特. 网络社会：跨文化的视角[M]. 周凯，译. 北京：社会科学文献出版社，2009：46.

② 卡斯特. 网络社会的崛起[M]. 夏铸九，王志弘，等译. 北京：社会科学文献出版社，2003：506.

方式向平行的网络交往方式转换。对此，信息时代占支配地位的功能和过程均是围绕网络逐渐构成的。因此，人们的社会生产与生活的一切方面基本上是在网络空间里组织的。随着网络组织的深层发展，整个社会的组织形式与结构都在走向网络化。技术不仅仅是一种工具，还是一种中介，一个社会结构。所以，不同于传统的社会结构，网络技术产生了网络社会结构，赋予社会全新的性质。社会形态也随着社会结构与组织形式的变化而变化。网络组织形式与结构构成了新的社会形态。因此，网络再造了社会，社会发生了转型，网络社会崛起。虚拟空间没有位置，完全是一个虚拟空间。但是流动空间不是没有固定位置的，而是由节点和网络组成。也就是说，它是由电子推动通信网络连接而成的地方，通过它，信息流才能流通和交互，以此保证共享实践在这样的空间中得到执行。

第一章　计算政治学理论空间域

在西方政治思想研究传统中，自古希腊时期起，就存在着一种与自然科学研究方法同根同种的“数学思想”传统。近年来，这种以数学理性思维和数学工具为方法开展的社会科学领域研究，在我国方兴未艾。例如，在我国社会科学研究领域兴起了将“客观、定量、超验”数学“理性”思维与“确定、合理、预测”的“价值”分析相结合的研究热潮，学术界称之为“计算社会科学思想”。但是，由于长期以来自然科学和社会科学领域存在的思想、方法的鸿沟，对于这种社会科学“数学思想”，研究理论界还有很大的质疑声，认为这种研究方法背离了法律价值判断的基本属性。这种观点的实质依然是自然科学与社会科学的“科学主义”与“人本主义”之间的争论在社会科学研究领域思想研究方法中的具体体现。所以，如何在思想认知层面实现“形式理性”与“实质理性”的辩证统一，是开展政治方法论研究必须首先处理的关键问题。从学术思想史的发展角度看，实证主义在知识领域内对实证性价值的阐明和维护实际上直接预示了其两个最为基本的前提预设，即事实与价值的分离。那么，在传统社会科学研究领域中挖掘数学思想和方法，通过数学工具，准确把握社会关系中本质联系，进而开启在相关领域的观念、制度、体系产生和运行机理的“计算化”之门，对于政治学及其他社会科学发展领域具有重要的理论意义和现实价值。

一、社会科学研究计算分析方法的历史传承

“计算”不再是一个数学的专门概念，而是早已根植于西方政治思想历史中的一种思维传统观念，并已上升为一个极为普适的哲学范畴，成为人们认识事物、研究问题的一种新视角、新观念和新方法。这不仅对自然科学自

然观、生命观、科学观和科学方法论产生了重大的影响，更为重要的是在人文社会科学领域中也有广泛体现。在西方政治思想研究历史中，传统研究方式采用的是“本质主义”的视角，即运用语言逻辑的演绎和推理，锲而不舍地追问社会发展的本质问题。在不断提出问题和解决问题过程中，实现社会发展研究范畴的体系化。而另外的思想观点则侧重于“机制主义”的视角，围绕如何将复杂的社会关系“化约”为清晰、严谨、确定的“数量关系”。在此基础上，通过“量化”的分析、判断，以达到认知和把握未知规律的目的。伴随着西方科学技术文明的发展，政治思想的量化研究方法和工具经历了从线性演绎推理、非线性量化分析到系统模型构建的历史进程，实现了从单纯“逻辑分析”、复杂“量化分析”到宏观“系统分析”的历史性跨越。

（一）“量化分析”时代

在古希腊时期，形式逻辑代表了西方自然科学和社会科学共同的方法论渊源。它在精神文化上已有从哲学、科学思想、人文社会知识到文学艺术的多样式的整体发展，贯穿其中的基本文化精神是崇仰理性和人自身的本质力量，表现为热爱智慧，发挥理智能力探求关于宇宙、社会与人生的知识，人的自我意识觉醒。希腊民族的理性思维能力达到了较高的程度，希腊古典哲学的长足发展尤其突出。它是以科学文化的整体发展作为知识基础的，体现了希腊古典文明的基本文化精神就是科学理性与人文精神，这成为贯穿西方哲学的优秀传统。这种基本文化精神集中表现在哲学理论形态的进展中，并通过它的影响渗透在科学、人文社会知识和文艺、宗教等其他文化样式中。柏拉图的理念论哲学体系，则包含着大量从感知认识到理智认识的不同阶段的细致研究，灵魂上升“转向”、把握数理理念直至最高理念的认识之途。亚里士多德的知识论和灵魂学说，更切实地剖析人的求知过程，强调经验和理性都是知识的本源，具体分析了人的各种认知形式。特别是他的“辩证法”和逻辑学，是自觉反思人的理性思维及其形式结构所结出的硕果，为求获真知、建构证明的知识体系提供了科学的方法论，他的形而上学也是水乳交融、内在联结、互渗互动的。

古希腊哲学与自然科学思想是交融在一起的，到亚里士多德时各门科学才开始从哲学中分离。科学思想是孕育早期希腊自然哲学的温床，而东方先进的科学知识是希腊科学思想的源泉。许多希腊先哲都到过西亚和埃及游学或熟悉两地的科学成果，在此基础上发展起自己的数学、天文学思想，并凭借理性自然观将东方实用型的科学思想发展到理论的高度，升华为探求自然本原的哲学。[①]柏拉图认为，宇宙中有两个实在的世界，即具体、暂时、偶然的“经验世界”和抽象、永恒、必然的“共相世界”。只有通过“理性”才能由“经验世界”到达“共相世界”。因此，与自然界的“二元性”世界观相对应，在现实的“人定法”之上，存在一个以人的“理性和良心”为象征的“自然法”空间，这就是西方法学研究中历史最为悠久、影响最为深远的“自然法学”理论。亚里士多德在学科上划分出伦理学与政治学，探讨了柏拉图没有涉及的一系列重要的政治学概念。他的分科方法分门别类地确定了各门学科的对象、基本概念和理论体系，将对个人道德的研究归为伦理学，将对神的解释归于天象学和宇宙学，并将对理性的探究归为形而上学。通过分类，他认为应当由理性遂行其统治，这就有如说，唯独神祇和理性可以行使政治统治；让一个人来统治，这就在政治中混入了兽性的因素。面对这种缺失理性为约束的欲望特性，往往在执政的时候引起偏向。所以，亚里士多德才将“与自然相一致的正确理性”的规范称为真正的政治规范。由于政治规范行为的过程是在固定的规则之内展开的，所以它与数学和逻辑演算具有某种类似性，这种与“自然”理性特征相符的法律，就可以通过“公理”根据演绎推理获得一些“未知”的定理。正是在这种形式逻辑的推理过程中，体现了政治学研究的科学属性。而在希腊文明时期，将“理性”与“价值”统一性发挥到极致的是毕达哥拉斯学派。正是这一学派坚持的“万物皆数”理念，直接宣告了政治理性主义思想传统的诞生。该学派认为，和谐均衡是宇宙事物运作的最佳状态，数学上的完美运算则是这种运作形式的直接反映，包括法律现象在内的万事万物都可以用数学关系来表达、推理。例如，他们主张平方数是和谐完美的体现，是均等组成的整体。国家的正义

① 叶秀山，王树人. 西方哲学史(第 1 卷)[M]. 南京：江苏人民出版社，2004:32.

也是建立在相互平等的各部分基础之上的，正义就是维护这种平等的力量。他们理解的本原已不是万物生于斯、复归于斯的某种具体物质，不是本原通过物态变化衍生万物，而是事物与世界内在固有的一种原理。毕达哥拉斯及其学派认为这种本原即原理是万物和世界内在固有的、体现空间几何形式结构的数，是这种“几何数”决定和支配了万物的运变、规定性以及世界的结构与秩序，并力图用这种数的哲学来解释伦理与社会生活。稍后的爱利亚学派正是凭借更高度的哲学抽象超越了毕泰戈拉学派只从数量关系与空间形式结构寻求本原或原理的传统，强调靠理智的思维去把握全部自然即世界全体的普遍本质——“存在”。

古希腊时期，这种基于“形式理性”与“实质理性”相统一的思想元素，深深扎根于西方政治思想研究传统和规范制定过程。这种思想传统，长期影响着西方政治学发展的进程。正确的理性与宇宙的本性是和谐的，因为宇宙的理性是现存的理性，它规定了宇宙的正当秩序。人们自然期望理性是正确的，神圣的理性就是正确的。人们只有用这一理性塑造自己，理性才能指导我们的行为。虽然早在古希腊时期，政治思想研究就将以逻辑和概念的计算作为社会规则研究的切入点，但在政治实践中，三段论的形式化则是用现代逻辑才实现的结果，通过形式语言和演算系统来计算三段论的思想最早来源于莱布尼茨的重大贡献。从 14 世纪开始的文艺复兴和宗教改革运动，使神学和哲学的多样化，降低了理性传统的重要性。但是，早期资本主义的发展则使知识的实际应用的多样化，提高了经验传统的重要性。这种变化促成了理性传统与经验传统在 17 世纪的决定性整合。在培根和笛卡儿那里，这种整合已经开始出现但不充分，因为他们虽然承认双方的作用，却过分注重其中一方，如培根强调观察和归纳的重要性，而笛卡儿则强调数学和演绎的重要性。只有当伽利略把受控实验和数学方法有机地结合起来，并由牛顿运用这一方法建立起严密的科学体系，才宣告经验和理性整合的完成。从此，科学知识体系兼具可检验性和抽象性，它们分别体现为经验和理性的传统，而这样的体系被视为具有理性传的统科学理论。在 17—18 世纪，科学发展的最大成就是物理学与数学的发展，物理学与数学的成果不仅促进了唯物论与辩证法的发展，而且使几何学的逻辑分析方法成为当时政治思想家广泛接受和使用的方法。正是在此背景下，莱布尼茨认为应该建立起一种普遍的语言，这种语言没有歧义。其思想的核心问题始终是探寻“如何将任何复杂的事务还原化约为清晰、严谨、确定性的‘量化关系’”，并在此基础上，研究如何通过对这一系列“数量关系”的分析、判断，以达到认知和把握未知规律的目的。有了这种近乎完美的数学分析，任何一个有理性的人，只要了解了数学或逻辑符号的意义，理解了它们的运算规则，并掌握了运用方法，在面对同样的数学或逻辑问题时，就不可能得出与他人不同的结论。这些作为数学理性在政治实践中的投影成果，其体系形态以及对演绎推论的仰仗，都不亚于几何学。

要以“数量的形式”来研究政治问题，必须首先得到纯粹的、形式的量，在这种无差别的“量和数”对比中说明事物发展规律，并通过数学的演算来建构一个从概念、判断到推理“无冲突、无矛盾”的封闭理论体系。但是，与任何复杂系统一样，法律是建立在严密逻辑基础上的庞大系统。法律系统必须有自己的元理论、基本概念体系、逻辑推演规则以及用于司法的实体和程序的法律规范。这些都是用自然语言陈述的真命题系统。政治活动的逻辑性要求概念、规范体系之间必须具有无矛盾性、完备性和可证明性，要求政治系统的建构过程必须遵循严密的逻辑基本规律和规则。这种准确性，适用上只有达到高度的统一性和完整性，才会形成良好的法治状态。一个逻辑上混乱的政治系统会带来统治的混乱，特别是政治系统的混乱必然弱化统治的权威，而无权威的政治系统要实现社会的公平和公正是不可能的。而形式化的逻辑则将形式理解成一个符号体系，这些符号根据一定的运算程序规则可相互连在一起。不同于形式逻辑依靠逻辑常项和自然语言进行推演，形式化的逻辑则是借助形式对客观领域的描述和运算程序规则，使从形式的表达过渡到另一个不考虑表达的“指称”的表达，从而使在内容上对命题进行计算成为可能，也就是说，形式化的逻辑不仅关涉表达的形式化，而且还通过符号体系和程序运算规则计算内容，使政治学研究能够立足于已知探求未知、从已知推导出未知，并在相同的条件下必然会得出相同的结果，从而做出行为上的准确预测和判断。这时，正如莱布尼茨所言，当出现政治学家为了一个问题争论上千年还各执一词的局面时，彼此可以像学者一样坐下来，通过抽象的数学演算，验证彼此的结论正确与否。为此，莱布尼茨认为可以构造一种形式语言，并且用这种形式语言建立一个一阶谓词演算系统，这标志着现代逻辑的诞生。后来历经逻辑学家的不断发展和完善，形成了现代逻辑的成熟体系。形式化语言不同于单纯的符号化，关键是存在一定的运算程序规则。形式化的语言，即现代逻辑学中的命题公式和谓词公式，使得社会规范化能够被翻译成考虑到政治行为规范性可能修正命题公式和谓词公式。命题公式的演算可以保证规范命题的正确证成，而谓词公式与司法三段论的结构描述具有相似性，可以用来支持三段论中从前提到政治行为结果的演算。因此，莱布尼茨认为政治科学与数学、逻辑学、形而上学、伦理学、神学一样，属于必然真理。这些学科的特点在于可以由理性自身来确定真理性，而不用参照具体的外界存在。通过这种数学方法的应用，霍布斯认为政治学方能摆脱激情和偏见，从而使得政治学第一次被提升到科学的高度，成为理性知识的一个部类。

但也正是在这种高度抽象化的逻辑话语体系中，出现了一种对科学的盲目崇拜与科学主义的泛化。这不仅使国家政治制度运行科学化，而且使得社会运行也科学化了。在那个时代的人看来，理性无所不能，人只要有了理性，就可运用其理性的能力，预测社会生活的方方面面，而无挂一漏万之忧。政治家往往把社会政治系统运行视为一个人们根据理想内容和条件的预设而不断反思现实社会的体系。从社会性整合的角度来说，政治形态要素的活动是在各系统之间、在生活世界和系统之间输入和输出信息，在这种交流的过程中，政治形态运行不断地适应新的环境，而且还对外在环境起着一种直接的影响作用，在系统整合和社会整合的要求同时存在的情况下，系统整合依靠系统内部自身的逻辑和规范性要求实现整合，政治权威系统则通过权威自身的逻辑和规范性要求实现整合。但在这样的情景下，人们往往也以一种绝对的科学观对待人类的社会生活，将一切非科学的因素（例如经验、习惯、情感等）排除在社会系统之外，使政治体系成为一种完全的理性建构，从而割裂其与其他人类正当秩序（例如宗教、道德等）的血脉联系。[①]例如，在功利主义影响下，边沁对快乐和痛苦所进行的划分，虽然在量化体系中设计了不同类型的快乐和不同类型的痛苦，并提出人们在计算痛苦和快乐时必须要考虑的几个重要的因素，但这种基于量化人为思想的观点在传统政治学视野中被深刻质疑，即政治生活的目的是否如其所言，就是让人们通过这些方面的计算去实现最大的快乐、减少痛苦。同时通过这些方面的计算，可以帮助政府从实际中收效，而不是从任何虚构的价值中看其政治决策效果和统治的好坏。正是基于这种思考，“边沁在对功利计算上所提供的这些措施和方法相当具体、相当现实，然而又相当斤斤计较，带有浓厚的市侩作风和庸俗习气，因此他被马克思斥之为‘庸人的鼻祖’”[②]。

（二）“模型分析”时代

随着西方自然科学技术的发展，以线性逻辑推理为特点的古典数学研究进入了以微积分、解析几何、数学模型为代表的“非线性”量化分析时代。此时，社会科学的模型化思想研究可以看作是近代以来数学分析范式发展的必然结果。随着数学与物理学划时代的进步，自然科学领域中数学思想的广泛应用与影响对于政治理论的量化转向产生了重大影响，而这一影响最主要的体现也是在政治思维方面。诸多政治思想家开始对社会现象，特别是各种政治关系与自然现象进行比对，认为社会规律运行本身就是自然秩序的一部分，因此应当利用研究自然的方法来研究人类社会与政治。正如对自然现象的研究可以通过观察、逻辑分析和推理一样，政治现象、政治关系也被思想家们以同样的方法来对待。这些思想家所主张的这种将政治学当作自然科学一样来研究，以及他们所提出的对事实进行无偏见的研究的“科学”方法，对霍布斯的利维坦思想的形成产生了重要影响。在此期间，最著名的模型隐

---

① 伯尔曼. 法律与革命——西方法律传统的形成[M]. 贺卫方，高鸿钧，张志铭，等译. 北京：中国大百科全书出版社，1993：44—45.

② 徐大同，吴春华. 西方政治思想史（第4卷）：19世纪至二战[M]. 天津：天津人民出版社，2005：27.

喻是霍布斯把“国家”看作是跟自然人一样的“人造的人”或虚拟人，看作是像钟表一样用发条和齿轮运行的“自动机械结构”。霍布斯认为，从自然和社会统一性角度看，“政理”“人理”与“物理”一样可以用物理学与几何学的方法来探求，就是一个突出的例子。“自然法则或自然规律论证方法的盛行、自然状态的预设、人性自然的实验观察，纷纷被思想家们运用于政治学研究之中。”①

配第在表达其“政治算术”的观点时提出，社会科学研究不仅仅可以“利用漂亮的辞藻”，而且可以像物理科学一样“用数字、重量、测量”量化处理。通过将研究对象由静态的“存在研究”扩展为动态的“演化研究”，以此达到对现实政治问题进行科学的“模拟”实验的目的。运用“量化分析”解决现实社会问题的先驱者是功利主义的代表者边沁。他认为，“幸福和快乐”是理性逻辑演绎的基础，可以将社会生活中的正义、利益、苦乐、权利与义务等都量化为可计算的规范“数量关系”。一旦实现了这些抽象数量关系的均衡，就可以协调和控制公民之间的冲突，并促使社会实现和谐。所以，在这个层面上，基于“量化”之后的政治学，立法可以转化为代数问题，以集合论、图论、泛函分析、离散数学为代表的非线性量化分析被广泛应用于法律运行规律定量分析等领域。此时，在分析法学研究视野中，“整个体系的精心建构旨在从几个公认的前提出发，以欧几里得般的精确性，推演出人类全部的道德义务和法律义务”。“从一个符号系统独立于被指派的对象那一刻起，这一符号系统自身服从于那种并不是由逻辑学家可以计算的变化。”②因此，这种“形式理性”与“实质理性”疏离，胡塞尔反思，是人类数学思维的“技术化”发展趋势，使得数学逐渐转变为符号化的思维“游戏”。“数学”本身孕育的“艺术”思想和“人本”意义在理性的“抽象”

① 徐大同，丛日云. 西方政治思想史（第 2 卷）：中世纪[M]. 天津：天津人民出版社，2005:108.

② FERDINAND DE SAUSSURE. Cours de liguistidue generale [J]. Rudolf Engler，1983(2):23.

中被舍弃。因此，“数学”的生命只有通过“直接、细微的内省分析”，才能获得各种不同的具体经验间的不变部分，即 “现象本质”。因为作为精神科学的法学从根本上不同于传统意义上的科学，所以源于科学主义方法论的逻辑涵摄过程无力担负法律适用过程的基本范式的重任。正如怀特海所认为，科学的基本是逻辑，科学的概念之间的关联，是一种逻辑的关联，没有逻辑就没有科学。可以看出，科学主义方法论所推崇的是逻辑演绎与实证主义的结合。这里所谓的逻辑机制，是一个集形式逻辑与非形式逻辑于一体的有机整体，该机制不仅具有静态的、内在的结构性，而且具有动态的、外在的实践性。

因此，正如孔德指出，实证哲学要关注人类思想的研究，最终是要达到对人类社会的阐释和构建。因此他把对社会现象的研究也放到可观察的科学体系之中，称其为“社会物理学”，并把它看作是实证哲学中最为重要的应用领域。密尔开创的政治学逻辑分析方法强调，一切经验知识都只能通过两种方式得到，一种是直接由知觉或意识得到的，另一种是通过对直接知识的推理得到的。只有符合科学的归纳原则得到的推理，才能使我们得到真正的知识。社会科学是一门演绎性的科学，但不是仿照几何学的模式，而是仿照更为复杂的物理学的模式，通过考虑所有那些共同影响结果的原因，并把它们的规律彼此结合起来进行推导。而在现实行为中，统计学的经验规律有时候可以被追溯出来，出于科学的需要，我们暂时尽可能地在所有时间里逐渐对它们全体的基本运动进行抽象。因此，接近数学规则的那种程度把大量数目的情况考虑进来的时候，这些事情就会发生。在构造了与要实现的目的有关的最全面的可能概念，以及以同样全面的方式决定了那一结果所依赖的环境集之后，还有待通观一下用来实现这套条件所能获得的资源。① 因此，基于上述分析，皮亚杰认为，计量科学家视域中，专家强调在他们看来依然存在数学模式与实验图式之间的差距，因为一个与具体没有充分关系的模式只是一种数学关系的游戏，而一个实验图式细节结合在一起的模式却可以被认

① 密尔. 精神科学的逻辑[M]. 李涤非，译. 杭州：浙江大学出版社，2009：105.

为达到了真实结构的行列。[①]

（三）“系统研究”时代

在这个时期，对于数学思想的迷恋和崇拜充斥于政治思想史的整个阶段，正如黑格尔所言：“自从太阳照耀在天空而行星环绕着太阳旋转的时候起，人们还从未见过人用头立地，即用思想立地并依照思想去构筑现实。阿那克萨哥拉第一个说，‘奴斯’（即理性）统治世界；但是直到现在，人们才认识到这个原则，知道‘思想’应该统治精神的现实。全世界都浸透了一种精神的热忱，仿佛‘神圣的东西’和‘世界’的调和现在首次完成了。”[②]但是，在这种繁荣和信心背后却充斥着理性的危机。因为从数学分析角度理解，用数学术语的进一步精练能否有用取决于最初的非数学陈述的正确性。如果数学精练本身是错误的，即使它可以从正确的陈述出发，也将得出错误的结论，但数学分析绝不会揭示不正确的陈述中的错误。因此，当“数学像磨盘一样，把撒在它下面的东西磨碎，撒下蒺藜，就不能得到面粉，同样地，写下整页整页的公式，也不能从错误前提中得到真理”。由于现实的社会运行是一个复杂的灰色系统，而采用数学模型是对社会现实进行高度抽象，就必须首先设定假设和理想状况。在这种理想化的构建模型过程中，极易造成系统模型与实践环节的失真情况出现。同时，在现实政治体系运行环境中，从理论上讲几乎不可能存在任何“单因素重复试验的样本”，也不存在包括各种现实可能情况的“足够大的样本”。基于部分样本“计算”所得的模型构建结果的普适性被严重质疑。与此同时，数学发展史上的“三次危机”使得数学科学自身都产生了“数学大厦的基础是否巩固？它的非常严密的结构是否还有内在缺陷？数学对于自然、社会能发挥这样重大的作用，其根据又何在？在解决各项实际问题时，数学是否可以无条件的信赖”[③]的质疑。因此，当“数学这个号称可靠性和真理性的典范里，每人所学的、教的

① 皮亚杰. 人文科学认识论[M]. 郑文彬，译. 北京：中央编译出版社，2002:176.

② 黑格尔. 历史哲学[M]. 王造时，译. 北京：商务印书馆，1963:493.

③ 张绥. 数学与哲学[M]. 上海：学林出版社，1988:序言 2.

和应用的那些最普遍的概念结构和推理方法竟会导致荒谬，如果连数学也失灵的话，我们应该到哪里找寻可靠性和真理性呢”①。

在模型化分析的范式中，基于一种机械性的思维模式，人们往往认为一切自然现象可以微分方程式来加以描述，甚至幻想着寻找能够描述一切自然现象的方程式，描绘出一幅基于机械性的决定论图景。因此，从本质上理解经典数学倾向于把事物理想化孤立起来，甚至可以不考虑客观模型，只根据一定的假说就可以推出严密精确结论的特征。但随着不确定性、模糊性、偶然性的非决定论思想和以模糊数学为研究方法的理念发展，计算政治学研究呈现出新的发展特征。特别是随着近代模糊数学工具的诞生，以模糊集合为方法，采取相对简单的模型和运算，可对复杂系统做出拟合，使得人们对复杂社会系统的数学研究产生了质的变化。正是受益于此，在社会学研究领域，法经济学分析、博弈分析、系统研究等一系列现代分析方法运用得以迅猛发展。当西方文明进入 20 世纪之后，乔姆斯基基于自然语言系统构建完成的数学模型，使得通过数学符号和规则描述自然语言成为可能。他认为，在不涉及语言符号具体含义的前提下，可以实现自然语言的“数学化”。在此基础上，图灵提出了人工智能思想。从理论上讲，利用计算数学的理论，通过使用“机器”执行逻辑代码，可以“模拟”人类的各种逻辑思维过程。只要具有“极大的记忆”和“艰苦的计算”，人类行为的模式和价值分析就可以进行数学的“理性”分析。但在现实中，复杂的法律问题在“图灵机”上却是“无解”的。因为，理论上任何人类事物都可以转化为数学问题，可即使“上帝是按数学方式设计了大自然”，也“并不意味着天气是上帝个人计算机中软件的一部分”②。这就是说，理论上可计算的东西，都是数学工具能够计算的。但是，现实社会法律现象的价值分析“可计算性”却超越了现实的人类计算能力，是现代计算机技术无法承担和达到的“巨量运算”。庞

① 张景中. 数学与哲学[M]. 长沙:湖南教育出版社,1990:79.

② 塔西奇. 后现代思想的数学根源 [M]. 蔡仲，戴建平，译. 上海：复旦大学出版社，2005:117.

加莱认为，复杂的社会现实是“混沌”的状态，不能完全被“化归”为纯粹的逻辑。而面对“价值分析”无法“定量分析”的理论难题，钱学森教授率先提出了“从定性到定量综合集成方法”。他从系统论角度，成功地解决了社会法律这个复杂的大系统进行数学分析研究的难题。作为复杂大系统环境之中的社会政治行为及其关系，同样可以经过一系列转换，变为系统研究对象，可以被视为由若干要素以一定结构形式联结构成的具有某种功能的有机整体，并能够从系统和要素、要素和要素、系统和环境之间的相互联系和相互作用的研究中进行综合、精确的考察。

近代自然科学的飞速发展极大地增强了人们对自然界的认识能力，更不容忽视的是，自然科学的发展越来越对社会科学的研究产生着重要影响，社会科学领域里兴起了一股科学主义的思潮。作为科学主义的一个重要表现，在政治学研究的领域里，科学的态度在一定程度上得到了发扬，这更多地体现为政治学同其他学科的综合。政治学分析方法往往不直接引入逻辑学、数学或是统计学的有关方法，而通常是心理学、经济学或社会学这些领域对政治科学方法论的发展和完善起了关键性的作用。“数表显示、图解演示、合计、可变性测量、比例、等级、抽样分布、统计推理、区位谬误、二元加速、多元回归、线性关系、概率、因子分析等，政治科学家从未设想过这些方法。所有这些都是从外面引进来的，其中的一些方法经过改良后还以精确的形式被引入政治科学中。”[①] 在此期间，作为诞生于20世纪50年代在西方尤其是在美国蓬勃兴起的一种政治学研究的理论和方法论，政治学中的行为主义的主旨在于取代具有悠久历史的传统政治学研究方法。它对当代西方政治学有着举足轻重的影响。在这种思想体系中，借鉴统计方法和技术不仅使得许多运用定量分析方法的政治科学家扩大了政治方法论的适用对象和范畴，同时也在思维底层影响了政治学研究的走向，从而将行为主义研究从定性分析引向定量分析的时代。“社会学家的最基本的自变量（即原因、决定

① 古丁，克林格曼. 政治科学新手册[M]. 钟开斌，等译. 北京：生活·读书·新知三联书店，2006:157.

因素）是社会结构，而政治科学家最基本的自变量则是政治结构”，换言之“政治社会学是一个跨学科的杂化领域，旨在把社会和政治的解释变量（即社会学家和政治学家所提出的各种输入因素）综合起来”。[1]

特别是随着现代计算数学的发展，在信息技术不断发展的推动下，从赛博空间、文字本体论的转移所带来的超文本现象以及人机互动界面三个方面对虚拟现象进行了认识论研究，认为由于虚拟现象的出现，人类传统的认识模式出现了重大变化，在赛博空间里人们是以全身心沉浸的方式通过界面去感知对象，从而主客体之间有了新的关系，实践有了新的特点，而这一切是因为人类的认识出现了技术化倾向。传统的社会科学研究者的思维模式是基于数据规模有限的狭义信息空间，根据统一化的数据提取规则体系来分析各种小概率出现的社会事件，通过系统空间的结构性原理，人为地简化和收敛了各种复杂场景，调整并规范社会沟通复杂的事物、社会和时间维度，以更好地实现社会模型适用的目的。但在数据空间时代，智能化的机器学习则开始从海量的“大数据”中根据特定的场景、语境和实用的需要，随机提取特定的法律规范来形成对行为的反馈机制。无论是这种信息空间的构建和再现，还是虚拟性的重构，都需要基础性的平台作为运行基础，衔接和构建世界信息和数字化的投影形式。这种信息空间的构建和再现，通过基础性的平台作为运行基础，实现了政治系统要素间的衔接和构建，并在计算空间体系中实现数据信息可视化的投影及虚拟性的重构，从而通过一种算法模式实现信息空间中各个要素结构的相互交错，不断推动社会科学研究范式的重大转换；通过分解现实而获取最终对物质世界的解读、表征集合概念和关系的描述特征。空间结构和时间意识的变化会形成相互激荡之势，转变为一种依据想象的未来或者预测性的模拟仿真来引导政治系统有效运行的规制模式。

---

① 古丁，克林格曼．政治科学新手册[M]．钟开斌，等译．北京：生活·读书·新知三联书店，2006：165.

二、量化分析的“形式理性”与“实质理性”之争

从上述分析可以看出，计算方法在社会科学特别是在政治学上的研究历史悠久，具有深刻的社会背景，随着现代技术发展，虽然契合了科学技术发展背景下对于社会科学领域研究思维的影响，也有大量学者开始思考计算主义对于法学问题研究的重要意义，但专门针对这部分属性展开的研究依然为主流学术界所不容。在社会科学研究体系中，政治学被视为研究关于正义与非正义等人类根本伦理价值等问题的学科，千百年来政治哲学思想处理的都是自由、尊严、公平、道德等带着浓厚价值意味的对象。对于人类历史上传承千年的政治哲学思想研究范式、领域及相关对象，并不能简单地因为某种量化对象或者计算方法的引入而发生根本性改变。计算能够告诉我们如何实现目标，却很难告诉我们目标是什么，更无法告诉我们目标应该是什么。特别是在传统政治学研究视野中，公平正义本属于更高层次价值体系的一部分，其基于价值判断问题是难以像狭义算法那样始终完全被量化或被算法化的，现实中也并不能使众多利益衡量的问题在量化操作层面迎刃而解。价值越难，客观化的对象在计算中越难处理，针对伦理、公平等道德难以衡量的对象，计算者固然可以采取近似、估算等诸多手法，但难免给人回避道德难题的印象。因此，将所有社会问题都转化为计算问题是一个应当被证伪的概念。特别是对于形式化色彩更为浓厚的法律数学化思想研究，由于刻意把政治系统与其他社会领域区分开来，在一定程度上忽视了政治与经济、文化等系统间的紧密而复杂的联系，在人本主义者视野中无法回答法律系统如何在维持自身独立性的前提下与其他社会功能系统展开互动这一问题。

在西方科学思想发展史中，伴随着科学技术的长足发展和进步，如影随形的是“科学主义”与“人本主义”之间根深蒂固的芥蒂与矛盾。“科学主义”始终坚持“自然科学的方法可以有效地用来追求知识的信念”[①]，认为自然科学的研究方法可以适用于一切人类文明的研究领域，通过“科学理

① 魏屹东. 科学主义的实质及其表现形式[J]. 自然辩证法通讯，2007(1):10.

性”的实证研究达到精确分析的目的。与之相对应，“人本主义”则将人的价值判断作为理论研究的出发点和落脚点，始终强调人作为主体的创造作用。正是由于自然科学和人文科学研究者之间语言系统、思维方式、价值判断和研究方法的根本分歧和相互对立，才引发了“一场古老的、持久的、顽固和难以好转的战斗”①。“科学主义”研究者过于突出强调科学理性的重要意义，在量化分析的抽象过程中，忽视了现实社会中人的复杂价值判断带来的“非理性”因素影响。而“人本主义”研究者则过分强调人的价值判断的主观能动意义，忽视了科学理性对于推动生产力发展和促进社会全面进步所起的积极作用和存在价值。因此，在政治社会发展历程中，这种“形式理性”与“实质理性”的争论，本质还是“科学主义”和“人本主义”之间的分歧在计算政治思想理论研究中的具体体现。那么计算政治学研究中，这种“形式理性”与“实质理性”矛盾的产生原因究竟何在？

（一）问题的根源：“科学主义”与“人本主义”的分野

“形式理性”（又称“工具理性”）与“实质理性”（又称“价值理性”）是韦伯在划分社会学发展类型和价值追求时提出的一对重要范畴。他认为，“形式理性”强调“法律体系能够像机器一样运行”，这种“精确性会使法律结果的正确预测最大化”②。而“价值理性”强调法的目的是能否实现社会的公平、正义等根本价值目标，强调法律运行的终极目的是人，而工具只是手段。随着社会科学领域量化思想研究的蓬勃开展与计算方法的广泛应用，在社会科学发展领域一个根本性的问题始终困扰着这些研究者。即随着现代技术手段的不断更迭，由于工具理性的日益膨胀，在一些学者眼中，工具理性随之主宰交往理性，系统借助基于计算性工具的“外壳”与“装置”不仅进行社会规范体系的系统化，同时进一步实现了社会发展现实性的系统整合。面对这种工具理性思维对实质理性的不断侵蚀与渗透，以卢卡奇为代表的西方马克思主义学家进一步阐释，认为如果在社会学思想研究追求“形式

① 霍尔顿. 科学思想史论集[M]. 许良英，译. 石家庄：河北教育出版社，1990:87.

② 韦伯. 论经济与社会中的法律[M]. 张乃根，译. 北京：中国大百科全书出版社，1998:62.

理性”的同时，放弃了社会发展的“实质理性”，将会导致整个社会运行被“看成是一种形式上的计算体系，借助于此，一定行为的必然法律结果就可以尽可能精确地计算出来”[①]。而马尔库塞也认为，在开展政治学等研究的过程中，数学工具高度的抽象性运算规律，必将对现实社会关系做出过于理想化的假设，使得“现实同一切内在的目的分割开来，从而把真与善、科学与伦理分割开来”[②]。

逻辑就像数学一样，它探讨的是概念间的关系，而不是概念与事实的对应关系。实证主义研究方法特别是在社会科学理论研究中，始终强调基于相对独立性的社会规范系统，将最终不再参照外界的各种地位、关系、信息、参数进行反馈式调整，不会简单考虑当事人的情感或道德诉求，也不会参照当事双方的具体经济状况和社会状态，其基本路径在于通过采取逻辑的形式和推理的方法模拟法律结果，这就必须“照章办事”，严格按照社会规则与条文来进行社会行为的调整，体现出“价值无涉”的背离趋势。这种实证研究方法的突出特征，在于它们都坚持社会运行是基于一个逻辑自足的体系，规范的自主性联结是无须再与现实世界发生物质性的联系，规范自身就可以达致一个封闭性的联结。这样就使得其社会政治生活的现实运行基于一个封闭的规范性的系统体系所调整，而这个规范体系自身的系统性则是其数学性以及计算性的最佳体现。正如实证主义观点所认为的，未来社会科学研究的人是掌握了统计学和经济学的人，使得在社会生活领域中算法性质和调整更加明显，特别是功利原理的运用，使得在价值判断中更多依据量化分析的维度，按照看来势必增大或减小利益相关者之幸福的倾向，亦即促进或妨碍此种幸福的倾向，来赞成或非难任何一项行动。也就是说，在科学主义视域中，人文科学的任务就是画好社会福利的坐标系，写好加减幸福的算法，导入参数、代入变量，得出最大幸福的结果。而这种形式化的趋势使得包括政治学在内的社会科学的研究最终把语言理解这个智能问题“降格”为计算

---

① 卢卡奇. 历史与阶级意识[M]杜章智，任立，燕宏远，译. 北京：商务印书馆，1992：174.

② 马尔库塞. 单向度的人[M]. 张峰，吕世平，译. 重庆：重庆出版社，1998：124.

问题。

（二）问题的本质："价值有涉"与"价值无涉"的判断

分析上述现象可以看出，在社会科学领域中价值性与工具性的隔膜不仅由来已久、根深蒂固，而且社会科学研究对计算理念的排斥感，是传统政治学研究难以像狭义算法那样始终保持对计算方法本身高度自觉的重要原因。"每一个人按其本性所固有的东西，对他来说就是最好的和最甜美的东西。因此，如果人性在最大限度上在于人的理智，那么，按照理智而生活是最为幸福的。"①所以，无论是从理论层面，还是从实践运用，法律数学思想都不能做到"价值无涉"。正如杜尔凯姆认为，社会科学（主要是社会学）只有在摆脱研究者主观偏见和价值判断的前提下，才能成为真正意义上的科学。在方法论层面上，他提出应当运用逻辑的判断和推理，杜绝主观的价值判断对客观世界的影响，这就是所谓的"价值无涉"。与之相对应的"价值有涉"则认为社会科学不仅是一门理性科学，更是一门人文艺术。在维柯看来，数学的这种"艺术"性蕴含在其"普遍想象力"的思想内核之中。正是这种带有"普遍的诗意般的想象控制着所有的思想，才秩序化人类的经验"②，正是数学"模型"，才把复杂的现实世界经过抽象的概念和逻辑推理，综合成为人类的知识和经验。也正是在这个过程中，人类文明才能从野蛮无序走向人道法治，从而实现神的时代、英雄时代和凡人时代的更迭。克莱因也认为，脱离了人文基础的数学，只能被看作是一种玄学和思维技巧。只是由于数学自身学科体系高度逻辑化、系统化、符号化的发展，其"艺术"的文化特性才逐渐消退，才会让社会科学者对使用数学方法研究社会科学问题望而却步。

正如韦伯所言，理性化并不意味着人对生存条件的一般知识也随之增加，然而，理性化却打开了这样一个通道："从原则上说，再也没什么神秘莫测、无法计算的力量在起作用，人们可以通过计算掌握一切。"这就是韦

① 洪堡. 论国家的作用[M]. 林荣远，冯兴元，译. 北京：中国社会科学出版社，1998：28.

② 克罗齐. 维柯的哲学[M]. 陶秀璈，王立志，译. 郑州：河南教育出版社，2009：178.

伯所谓的“除魅”。这一过程的实现使“人们不必再像相信这种神秘力量存在的野蛮人那样，为了控制或祈求神灵而求助于魔法。技术和计算在发挥着这样的功效，而这比任何其他事情更明确地意味着理智化”。①

在这些学者看来，数学是一种工具，确实也只能是一种工具。规则和正义是法律的两个关键要素，是法律这个大厦中的两个顶梁柱，只有把规则和正义统一在法律之下，法律才会具有精确性、客观性、稳定性和确定性，才能反映公平正义的法治理念，才能为法律的具体适用、贯彻和实施提供保障。所以，如果在政治学研究中一味模仿数学研究的思想，以高度抽象的数学公式去剪裁层出不穷的生活事实，结果可能只能陷入“形式主义或机械主义”的泥淖，其结果“无异于一种超现实的法律炼金术”的形成。如果无法妥善处理好“形式正义”与“实质正义”之间的关系，那么法律的数学分析充其量只是数学的劳工，不辞辛苦地把未知数当作已知数来演算，就像一个中学生做代数题，只能与现实历史了无相干。数学把人们联结起来，而社会科学把人们分开。以凯尔森为代表的实证主义，尤其是现实主义法学派看来，法的确定性依系于由法律条文、习惯、政策、原则等规则形成的法律制度，各个规则之间的排列组合并不是任意的、随机的，而是按照各自效力层次所构成的稳定系统，任意一个规则的援引必须经过“上位法优于本位法”考量，同时适用且相互冲突的规则，通过析理法律体系内在的整体性与系统性要求，必能摆脱何去何从的迷茫。所以，数学科学自身的发展，其逻辑性依然依赖于社会交往中建立起来的传统及标准。因为，高度符号化的数学语言游戏依然需要基于生活形式的一致性，并且脱离不了各种社会因素的影响。怀特海进一步提出了数学研究与现实社会的结合问题。在他看来，虽然从形式上看，数学是一种“脱离现实而进入抽象思维的最高层次”的思维工具，但是当运用数学工具对具体事实分析时，最抽象的东西却成为解决现实问题最有力的思想武器。

---

① 徐大同，吴春华. 西方政治思想史（第 4 卷）：19 世纪至二战[M]. 天津：天津人民出版社，2005：742.

（三）问题的批判："工具理性"的"价值回归"路径

面对理性化可能存在的结果就是形成一个弥漫于社会各个领域的权力统治体系。在这样的一种体系中，"每个工作的行动都可以准确地测量，每个人都成为机器上的一个齿轮"①。在西方文明中存在着"科学主义"与"人本主义"旷日持久的争论，依然有孜孜不倦的探索者，试图跨越和弥合两者之间的天然屏障。其实并没有把法律适用简单地看成是层层推理和演绎的逻辑操作，也没有试图建立一个类似数学或者几何学那样的法学体系，而在相当程度上承认主观意志在规范决定中的作用。正如萨科所说："科学是我们精神的中枢，也是我们文明的中枢。它是我们智慧和力量的源泉。"为了避免这种人类的智慧力量成为一种纯逻辑的"贫膺"方法，就应当在数学研究中找回失去的"人文精神"内核，实现科学主义与人本主义的互补。卢曼采用了结构耦合这一概念来说明在各个社会功能系统之间，通过某些特定结构的媒介，不同的功能系统能够在维持自身独立性的同时保持较为紧密的联系，从而形成了法社会学研究的基本思路。他认为，政治行为通过规范与政治系统形成结构耦合，即从系统性构成角度看同时扮演了对于法律系统和政治系统加以限制的结构的角色。结构耦合这个概念为我们理解社会功能系统之间的互动提供了基本的分析工具，说明了各个功能系统如何在维持自身同一性的前提下回应相互之间的影响。

那么对于社会科学研究"形式理性"与"实质理性"问题，马克思主义又有着什么样科学、明确的回答呢？资产阶级政治思想家以权力分立和权力制衡为原则，以"自由、平等、博爱"为追求，猛烈地抨击了封建专制主义，提出"天赋人权""主权在民""宪政"等为内容的具有历史进步性的资产阶级法律思想，也"是由量化的理性精神为其指明的"②。辩证唯物主义理论认为，客观世界中的任何事物都是质与量的对立统一。世界上不存在任何无量的"纯质"和无质的"纯量"。"如果不把不间断的东西割断，不

---

① 尚杰. 西方哲学史(第5卷):启蒙时代的法国哲学[M]. 南京:凤凰出版社,2005:420.

② 桑巴特. 奢侈与资本主义[M]. 王燕平,侯小河,译. 上海:上海人民出版社,2000:232.

使活生生的东西简单化、粗糙化，不加以划分，不使之僵化，那么我们就不能想象、表达、测量、描述运动。”[①]所以，马克思才提出社会根源是对法律规范的社会存在基础、运行逻辑及其效果的分析的重要论述。近年来，在马克思主义政治经济学研究中，已实现了对生产力、生产方式、生产关系等范畴数理分析，并已经取得阶段性成果。正如马克思所言：“人的理性最不纯洁，因为它只具有不完备的见解，每走一步都要遇到新的待解决的任务。”[②]从马克思主义唯物史观出发，数学作为人类文明的重要成果，必将能够为社会科学的研究注入新的理性力量。法律数学思想的研究，应当坚持马克思主义的立场和方法论原则，并以此为指导，对研究中的理论进行检验、补充和发展，从而在研究新情况和新问题中，提出新的理论和新的观点，用发展着的马克思唯物主义方法指导新的实践。“随着自然科学领域中每一个划时代的发现，唯物主义也必然要改变自己的形式。”[③]因此，正如马克思主义基本观点所认为的，在一个物化和异化占了上风的生活世界中，争取自由和幸福依然是哲学的神圣使命，也是马克思及其辩证法传承给现时代人们的一把锋利的批判之剑。而马克思的历史唯物主义基本理论始终将人的解放和人的自由全面发展作为其思想体系的出发点和最高宗旨。共产主义的实现目的就是对人的自我异化的积极扬弃，其本质就是由异化状态向人的本质的复归，其中自然包含着人类社会的创造产物——法律制度。在马克思看来，人不仅是法的主体，更是法的主人；人既是法的实践主体，又是法的价值主体。所以，由人创设的法必须应当反映人的意志和利益。因为离开人的需要和活动，离开对人的价值和命运的深切观照，以法律为特征的上层建筑必将视异化为敌人甚至残害人的工具。这里的人不是统摄在神威之下的人，不是对物依赖的人，不是孤立的个体，而是独立自主、有个性的、社会性的人；这里的人也不是单向度的、片面发展的人，而是自由的、全面发展的人。所以，

---

① 列宁全集(第 55 卷)[M]. 北京:人民出版社,1990:219.

② 马克思恩格斯选集(第 1 卷)[M]. 北京:人民出版社,1995:149.

③ 马克思恩格斯选集(第 4 卷)[M]. 北京:人民出版社,1995:228.

根据马克思的人类解放理论，通过对异化现象的批判，最终目的是创造出一种新的生产形式和社会组织。在这种形式和组织中，人能够复归他自身，并以他自身的力量掌握世界，从而使人能够彻底摆脱对物的依赖性，最终实现每个人的自由解放和全面发展。

三、计算法学方法论研究的借鉴性

正如前文所述，行为主义政治学分析方法的核心强调以“行为”为中心的研究模式，适用于“政治哲学（包括历史的和规范的）、实证个案研究（包括历史上的和当代的）、系统的比较研究、与调查和定量研究相关的统计分析，以及涉及数学模型和试验的（包括真实的和模拟的）其他相关研究。这个意义上说，这是一个折中的、非等级、非整合的标准”[①]。而随着理性分析方法的发展，社会科学在自己辩证的发展过程中不断揭示自我。理性选择理论反对折中主义，主张把政治科学看作是一个等级模型。而这个模型目前正朝着建立一套适用于整个社会现实（包括政治）的精练、正式的数学理论不断发展。而在西方传统人文社会科学领域研究视野中，同样对法律数学思想长期予以质疑和抵触。为了弥合上述两种思想的冲突，计算法学研究从方法论与实践运行体系整合性的角度，实现了方法论的理论创新。它既不是抽象地分析法律规则本身，也不是抽象地分析法律本质，谈论法律与其他要素之间的关系，而是把法律放入特定的社会现实生活中予以考察，即立足于基于计算主义思潮所提出的量化分析思维，试图从社会进化的角度挖掘法律与社会的内在关联，凸显法律的社会整合功能。哈贝马斯强调法律建制的规范性地位，目的在于指出法律建制过程就是主体实现对道德自主（个体私人性）的不确定性的超越，同时在法律自主性（公共性）层面，获得自我确定性的实在形式。这种创新方法论，弥合了法学计算体系趋向与现实法学社会学价值之间的背离趋势，从而为计算社会科学研究，特别是计算政治学研究

---

① 古丁，克林格曼. 政治科学新手册[M]. 钟开斌，等译. 北京：生活·读书·新知三联书店，2006:68.

提供了借鉴。

(一) 计算法学思想的理论基础

考夫曼说："如果没有一个普遍的规范，自由的法官的法律发现将不是法律发现，而只是恣意行为。"法律秩序是基于一套逻辑严谨的规则体系之上的秩序，在实证主义法学，特别是概念法学最为发达时期，法律规则还被奉为是人类理性最为高峰的产物。这套规则体系，不仅调整着普通人的日常行为，同时还以一套逻辑自洽的体系规范着自身的运行。通过此种设定，法律秩序在调整人类性的同时，也为自身设定了相应的程序标准，使得"被规制者"和"规制者"双方都处于被监督状态，而不至于恣意妄为。但仅凭直接简单地利用某个单一的法律条文，将难以满足法律推理大前提对命题的形式性要求。其原因在于，每个法条未必都是完全法条，亦即不能单独完成某一行为的具体评价，而必须通过诸多相互指涉、彼此交织的法律条文形成一个规整。法哲学家施塔姆勒（Smmler）对此曾指出法律文本隐含着内在的逻辑关系，一旦有人适用一部法典的一个条文，就等于他适用了整个法律体系。法律人"找法"的目光应投注于更广阔的视域——法律体系。在这个体系中，人们不仅认为一切自然现象可以微分方程式来加以描述，甚至幻想着寻找能够描述一切自然现象的方程式，描绘出一幅拉普拉斯决定论的宇宙总图景。因此，经典数学把事物理想化孤立起来，甚至可以不考虑客观模型。受理性主义思潮的影响，成文法国家普遍用数学式即形式逻辑的科学方法处理法律，追求客观与精确性，力图制定概念精确和体系完备的法律，在应用时只需对应体系找到相应的法律概念，进行涵摄推理即可。法官所面临的所有诉讼都在法律的规定中有了预先的答案。从法律体系的涵盖能力的角度而言，现有的法律体系是"无缝之网"，涵盖了社会生活的方方面面，人类的所有活动都能从中找到法律上的根据；从法律适用导致的后果的角度而言，现有的法律体系是正义的体系，它的适用结果也是正义的，从而避免了为实现个案的正义而诉诸其他非法律因素的可能性。正是基于这种传统思想，这种基于纯粹理想思维的法学研究思想，拿破仑在制定法国民法典时，将法律化成简单的几何公式是完全可能的，因此，任何一个能识字的并能将两种思想融合在一起的人，就能做出法律上的裁决。

法律系统的逻辑性要求法律概念、法律条文、不同法律之间必须具有无矛盾性、完备性和可证明性，要求法律系统的建构过程必须遵循严密的逻辑基本规律和规则。法律高度的准确性与适用上高度的统一性、完整性才会形成良好的法治状态。一个逻辑上混乱的法律系统会带来司法的混乱，司法的混乱必然弱化法律的权威，无权威的法律系统要实现社会的公平和公正是不可能的。但是实在法是一种静止的、封闭的体系，而它所要应付的是人类关系中最为复杂的方面。由于人的认知能力的限制，即使在较为简单的社会中，人类也从来没有创造出能够预测一切可能的纠纷并事先加以解决的、包罗万象的、永恒不变的法律。正如亚里士多德所指出："法律只能订立一些通则，不能完备无遗，不能规定一切细节，把所有的问题都包括进去，而一个城邦的事务又是非常复杂且经常变幻的，法律绝不可能及时地适应这个需要。"一旦抽象的法律面对具体案件时，规范的冲突、法律漏洞以及如何确定价值评判的标准等问题都不时出现，预先规划的"完美"体系也很快不复完美。正如伯尔曼所言："20 世纪的法律越来越不被看作是一个连贯一致的整体、一个体系和一个法令大全了，而越来越被视为一盘大杂烩，一堆只是由共同'技术'连接起来的支离破碎的特殊判决和彼此冲突的规制。旧的超然法已被一种玩世不恭的哲学取代。"法律的规范性、体系化所带来的计算化，不仅同生活世界中旨在社会性整合的理解功能得以实现的日常语言媒介相联系，而且是赋予来自生活世界的信息以一种能为权力的控制模式。

（二）当代计算法学思想的研究进展

那么为什么在诸多社会科学领域特别是在政治学相关领域中，法学研究的"数学化"研究发展最为突出呢？这与相关学科发展背景紧密相连。在社会系统论看来，法律系统是法律行动、法律规范、法律程序与法律学说所形成的复杂循环，法律系统内部法律行动与法律规范的交互性运作成就了法律的实证性。但是，法律是调整人们行为的社会规范，要发挥其规范作用，本身必须内含评价标准，而作为法律构成要素的法律基本概念也必然包含价值评判因素，想完全通过逻辑推理的方式运用法律概念，明显是不现实的。因此被概念法学奉为圭臬的法学概念，本身就是根据某些评价标准形成的，这些标准先于概念而存在，并以法律思想本身或者其他基本价值为标准。而计算法学是指通过理论假设、数据收集与整理、参数评估、建模型验证，以关系论证和证伪思想来研究法律现象，具体包括立法的科学性研究、法律实施效果评价、法律对经济社会发展影响评价三个领域。与计量法学不同，计算法律学是以研究法律推理和理解法律文本为中心展开的。其核心在于将法律通过计算机语言进行形式化的表达，旨在通过代码的方式表达法律条文。计算法律学包含法律的可视化、实证分析、法律条文的计算化三大内容。法律数学思想研究在我国具有一定的历史传统。作为一门独立科学的系统论，是美籍奥地利人、理论生物学家贝塔朗菲于 1937 年创立的。最早使用系统理论分析法律问题的是德国社会学家卢曼。我国法学界研究和使用系统论始于著名经济学家马洪等人将系统论的科学方法引入法制建设和法学研究中，探讨系统论在法学领域适用的可能性。在苏联时期，关于数学方法在法律科学中的应用问题研究已经蓬勃发展。当时的观点认为，社会科学与自然科学相互渗透这一趋势也是马克思主义“国家理论”和“法学”学科的特征。在法律研究中采用数学方法，可以有效提高法律研究结果的准确性，实现科学研究成果再现和重复的原则，对法律过程做理论的阐述，进行严格的有逻辑论据的思维，扩大法的概念结构，对法律过程做预测。而我国法律数学思想研究肇始于改革开放初期的“法制系统化研究”热潮。1985 年 4 月召开的全国首届法制系统科学讨论会上，以中国政法大学熊继宁教授为代表的学者率先提出了系统法学研究的概念、方法①。随之，以系统论为代表的现代科学方法和以计算机为代表的现代科学技术被引入法学研究领域。近年来，以中

① 成果可参见熊继宁、李曙光、王光进、覃桂生的《新的探索——系统法学派的崛起》(《政法论坛》1985 年第 3 期)，熊继宁的《系统法学在中国——纪念全国首届法制系统科学讨论会召开 15 周年》(《政法论坛》2000 年第 6 期)、《系统法学面临的挑战与机遇》(《首都师范大学学报(社会科学版)》2002 年第 5 期)、《法制/法治系统工程与系统法学》(《中国政法大学学报》2009 年第 4 期)。

南大学法学院陈云良教授为代表的学者则以“法的模糊性”问题为切入点，通过引入“模糊集合理论”等模糊数学工具，将复杂的法律关系（事实）进行量化之后，按照模糊数学理论建立分析模型。上述观点基于一种法学研究思维，即认为自法诞生之日起，法的模糊性便如同幽灵一般在其周围飘荡，法的确定性只是表象，模糊性才是法的灵魂，通过对法律和事实进行模糊逻辑分析，以达到法律运行趋于精确化的目的。目前，模糊数学在法律自然语言等研究领域已经取得了一些研究成果。[①]而以湖南大学屈茂辉教授[②]带领的研究团队，则以“计量法学”为研究课题，通过收集大样本数据，对具有数量变化关系的法律现象进行数字建模，并以统计回归分析等“数据挖掘”的方法，以达到发现符合法治社会的规律性，解决传统法学研究中由于缺少定量分析工作所产生缺陷的目的。这些法律数学化思想研究成果，通过尝试在传统法学研究中引入数学思想和工具，迈出了跨越横亘在数学自然科学和法学社会科学之间的天然鸿沟的第一步，这将对现代法律观念、法律制度、法律体系产生深远的影响，对中国法治现代化建设具有非常强的现实意义。但是，作为一种“颠覆”传统法学研究话语、范式、思维的理论研究模式，法律数学思想自诞生之日就饱受各界质疑。其中，最大的质疑是这种建立在

① 模糊法学的研究成果主要有陈云良的一系列研究成果，包括:《法的模糊性之探析》(《法学评论》2002 年第 1 期)、《法律的模糊问题研究》(《法学家》2006 年第 6 期)、《消费者概念之模糊分析》(《法学》2006 年第 10 期)、《法的模糊性之存在论分析》(《河北法学》2006 年第 12 期)、《模糊法学的初步叙事》(《政治与法律》2009 年第 5 期)。其他研究成果包括刘立霞、张晶的《以模糊视角审视性侵犯案件中被告人的品格证据》(《中国刑事法杂志》2009 年第 7 期)、李琦的《法的确定性及其相对性》(《法学研究》2002 年第 5 期)、栗峥的《司法证明模糊论》(《法学研究》2007 年第 5 期)、周力的《法律的模糊性分析》(《西南政法大学博士学位论文》2008 年 3 月)等。参见吴亚辉，桑本谦. 论模糊法学的后现代性[J]. 政治与法律，2010(4).

② 屈茂辉教授关于计量法学的相关研究成果主要包括《计量法学本体问题研究》(《法学杂志》2010 年第 1 期)、《民法实证研究中的计量方法》(《法学研究》2012 年第 1 期)、《计量法学基本问题四论》(《太平洋学报》2012 年第 1 期)、《论民事法律的科学性问题》(《当代法学》2012 年第 6 期)。

“量化”“科学性”基础上的研究范式，彻底牺牲了法的“价值判断”功能。因此，在抽象的数学模型和真实的法律世界之间，如何实现数学方法的“一致性、精确性和严密性”与法律问题的“复杂性、模糊性和随机性”相互匹配，从而达到“形式理性”与“实质理性”的辩证统一是开展法律数学研究必须首先回答的问题。

法律系统是一个受多因素、多变量影响的复杂大系统，各因素、变量之间相互影响：案件纠纷的发生数直接受社会行为和法律规定的影响，社会行为和案件纠纷的发生数也影响着法律的修改和制定。受案数和结案数相互影响和制约；如果结案率低于某一常数，司法系统就会自动降低受案数，以提高结案率。结案率受到人员（数量、素质）、设备（辅助系统、运输通信工具）和经费（来源、数量）的影响。经费的数量和来源（国家拨款、地方筹资、罚款提成），影响受案数、审结速度和人员（数量、素质）。受案数、审结速度和审判质量反馈影响社会对法治系统的依赖程度。系统中所含信息，既有白色（已知信息，如受案数、结案数、结案率、部分经费和人员数量），又有黑色（未知信息，如社会行为、法律人员素质以及其他不易获取和确定的信息量）。因此，通过以“数量的形式”来研究法律问题，必须首先得到纯粹的、形式的量，在这种无差别的“量和数”对比中说明事物发展规律，并通过数学的演算来建构一个从概念、判断到推理“无冲突、无矛盾”的封闭理论体系。因此，数学语言的明确性、数学推理的严格性、数学分析的规范性，能使我们以最快的速度从一组假设（出发点）出发，得到一组结论（目的地）[①]，从而使得人们能够立足于已知探求未知，从已知量推导出未知量，即相同的条件、相似的原因必然会得出相似的结果，最终确保人们在认知上能够准确地预测和判断。以可计算性和精确性著称的数学，既是近代法律体系的建构指南，也是现代形式法治的哲学支柱。这恰恰契合了现代社会科学研究中严谨、规范的时代主题，正如熊继宁教授所称，当传统法学正在为其建立和完善呕心沥血时，系统法学（法律数学）研究开始崛起。法律活

① 蒋中一. 数理经济学的基本方法[M]. 北京：商务印书馆，2003：前言 6.

动都重点围绕着创制法律（立法），使得法律就像立法机关按照一定的制作程序或工序制做出来的产品。这样的国家法律，单从生成进路而言，体现的便是工具理性的思维。即为了实现特定目标，创制立法者所期望的秩序被置于一种技术路径的实现方式之中，并通过数字量化的方式对制定的法律与社会的期望之间函数关系进行量化的调适。

（三）计算法学方法论工具性与价值性的统一路径

那么作为以“脱离价值”（Value Freedom）为特点的数学与“自始至终都无法排斥价值判断”的社会科学真的彼此水火不相容吗？如何才能将数学的一致性、精确性和严密性与现实法律问题的复杂性、模糊性和随机性相匹配呢？[①]计算法学认为法的合法性应当从合法律性，即从法律系统自身逻辑去寻找。这些法律代码提供的选择包含着显而易见的价值指向，法律主体只能够根据法律当中表达的交往权利与参与权利来确定自己行为的自由，以及是否或者在怎样的程度上运用这些权利。其实，早在法律数学化问题研究提出之时，就有学者对这种研究方法存在的价值判断方面的局限性（即从抽象出的理想数学模型中分析出的结论是否和如何能够反映出真实的法律现实世界问题）提出了疑问。因为，法律不光要追寻理性、抽象、统一性和形式正义，也需照应到经验、具体、差异性和实质正义。在开展法律数学化研究的过程中，由于数学工具高度的抽象性运算规律，必将对现实法律关系做出理想化的假设，“根据数学结构来阐释自然，把现实同一切内在的目的分割开来，从而把真与善、科学与伦理分割开来”[②]。正是基于法学数学可能存在的“唯数学主义”和“唯逻辑方法论”局限性，数学在法学领域的运用长期以来也备受争议，一些学者不惜以各种理由来捍卫法学的模糊性，甚至只要

---

① 陈林林教授在文章中引用了逻辑学家和法学家佩雷尔曼的观点认为，一个形式化的公理体系必须满足三项必要条件：一是消除了所有符号表述规则及其适用领域方面的模糊性；二是该体系内部是和谐一致的，不允许既肯定又否定一个命题；三是该体系是完备无缺的，对于这个系统所表述的每一个命题，必须能够证明其真或者假。所以法律的数学化也必须经过这个条件的检验。参见陈林林. 法律中的数学理性[N]. 光明日报，2008—09—09.

② 马尔库塞. 单向度的人[M]. 张峰，等译. 重庆：重庆出版社，2001：124.

一提到量化、科学性就认为已经牺牲了法的价值。

对于上述问题，其中西方马克思主义给出了较为合理的解答。他们认为资产阶级政治思想家以权力分立和权力制衡为原则，以自由、平等、博爱为追求，猛烈地抨击了封建专制主义，提出了天赋人权、主权在民、法律面前人人平等等为内容的具有历史进步性的资产阶级政治思想。但是，这些资产阶级法学观点归根结底最终都要为经济基础服务，追求以最小的成本（或所谓浪费）获得最大的利润（或利益最大化）。其实质是将法律作为资本的一种形式，“如果没有某种法律对机器的生产和使用活动予以规定，就没有人生产机器，机器就不会从生产者转移到使用者手中并予以使用，它的使用价值和收益也就不会获得。这样的法律调整本身就是资本的一种形式”①，而“数字成了启蒙的规则。同样的等式也支配了资产阶级的法律”②。资本主义商品经济以高度抽象“量化”的货币为基础，形式理性的数学思维恰恰与“量化”的世界相契合。因此，“建立所有由分析所获得的法的原则的联系，使它们相互之间组成一个逻辑上清楚的、本身逻辑上毫无矛盾的和首先是原则上没有缺漏的规则体系”③是资产阶级法学研究最终的追求目标，此时的社会的“规范体现出一般抽象法的逻辑完美形式”④。法兰克福学派认为，由于资本主义的生产方式和生活方式使主体的人被完全异化，原来基于野蛮力量的统治让位给一种更巧妙、更精致的统治，即借助技术手段，统治者的意志和命令被内化为一种社会及个人的心理，技术已经控制了社会生活的各个领域。⑤此时资本主义社会的交往关系完全被货币化或物化，资产阶级法学思想在本质上“放弃合乎理性的论证，放弃法律在内容上的合理性；他们

---

① 伯尔曼. 法律与革命：西方法律传统的形成[M]. 贺卫方，译. 北京：中国大百科全书出版社，1993：64.

② 阿道尔诺，等. 启蒙辩证法：哲学断片[M]. 渠敬东，译. 重庆：重庆出版社，1990：26.

③ 韦伯. 经济与社会（下册）[M]. 阎克文，译. 北京：商务印书馆，1997：16.

④ 周立斌. 卢卡奇的物化理论及其演变[M]. 北京：中国社会科学出版社，2012：25.

⑤ 马尔库塞. 单向度的人[M]. 张峰，等译. 重庆：重庆出版社，2001：345.

只不过把法律看成是一种形式上的计算体系，借助于此，一定行为的必然法律结果就可以尽可能精确地计算出来”[①]。这种社会现实“则具有抽象的特征，每个人都成了抽象的人，所有的劳动都成了抽象的对社会有用的劳动，每个主体都成为抽象的法律主体”[②]。一旦开始对制度进行测量和比较，其可靠性就有些摇摆，但与此同时，“硬”数据(就是在任何背景中都能得到的相同的数据）往往又难以获得。结果，我们总是在无休止地寻找合适的指标，在极端的情况下甚至会出现对计算指标的崇拜。此时，“人类注定要成为计算、再计算的牺牲品，注定要为理性的牢笼所困 。我们寻求理性的目的是想使我们自由，但我们反而成了它的奴仆，被囚禁在它的幻影和它认为合逻辑的结果之中 ”[③]，“人的内在本质的这种充分发挥，表现为完全的空虚，这种普遍的物化过程，表现为全面的异化，而一切既定的片面目的的废弃，则表现为为了某种纯粹外在目的而牺牲自己的目的本身”[④]。而“政治、经济、文化、艺术等社会生活的各个领域中，一切与意义和价值相关的‘实质理性’都逐渐为‘形式理性’所消解，人们只问如何以最有效的手段来达到可计算的行为目标，而不再顾及任何意义或价值问题”[⑤]。因此，在这种社会条件下，没有技术化、形式化、可计算化的法律，资本主义难以有进一步的发展 。哈贝马斯进一步提出，为了弥合这种基于人本主义和科学主义的耦合性，社会规范既不是如实证主义哲学认为的那样仅仅具有“事实性”，也不是如规范主义法哲学或自然法理论认为的那样仅仅具有“有效性”，真实的社会规范乃至民主法治的整个规范体系都是在事实与规范“之间”存在的。也就是说，在实践中不存在纯粹的“事实”，也不存在纯粹的“规范”，存在

---

① 卢卡奇. 历史与阶级意识[M]. 杜章智，等译. 北京：商务印书馆，1992:174.

② 周立斌. 卢卡奇的物化理论及其演变[M]. 北京：中国社会科学出版社，2012:6.

③ 韦伯. 新教伦理与资本主义精神[M]. 于晓，译. 西安：陕西师范大学出版社，2002:176.

④ 韦伯. 新教伦理与资本主义精神[M]. 于晓，译. 西安：陕西师范大学出版社，2002:189.

⑤ 冯刚. 马克斯·韦伯：文明与精神[M]. 杭州：杭州大学出版社，1999:导言 7.

的只是事实与规范之间的“张力”。

那么，基于第二次世界大战后国际政治形势的重大变化，作为计算政治学研究的集中体现，与计算法学研究基本同步的行为主义从诞生即迅速席卷全球，成为 20 世纪最具影响力的政治学研究的理论和方法。这种研究方法的背景既与西方社会在内政外交上矛盾重重的情况息息相关，又与当代科学技术的突飞猛进，促使西方政治学家检讨传统的研究方法密切关联。正是在“纯科学”观念的主导下，行为主义政治学应运而生。行为主义学派坚持认为，古典政治学理论的方法，如历史分析方法、法律分析方法和机构分析方法，带有浓厚的道德和哲学色彩。因此，行为主义强调，政治学要成为一门“科学”，必须彻底抛弃这种方法，对政治现象做“系统的、经验的和因果的解释”，使政治学成为一门“经验科学”，而计算政治学尤其强调规则性、验证、技术、数量确定、价值、系统化、纯科学和一体化，这也成为本书后续章节研究的重点与难点问题。

第二章　计算政治学对象空间域

现代科学技术发展所产生的科学革命带来的不仅是世界观的转变，而且是科学家们认识自然的视角以及基本立场的改变，更是影响客观对象世界认知方法论的转换。即通过“改变共同体长期熟悉的实体概念”来“改变涉及世界的理论框架之后才有这样的结果”，并达到“专业共同体对传统的实验程序做出重新评价”的目的。[①]因此，受以库恩为代表的科学哲学研究中所强调的“范式”转换思想核心观点的不断影响，以“范式革命”为特征的科学革命所带来的认知冲击，使得自然科学与社会科学领域研究者所面对的是完全不同的世界。这种转变不仅是分析方法和经验结构的转换，更重要的是这种观察视域和视角的改变所带来的对认识对象观察角度和以往观察经验的重新审视。也就是说，对于一个学科的研究者来讲，接受一个新范式一定会以与以往完全不同的方式去形成新的观察维度，这种变化的结构就是研究对象域空间形态的转换。从范式变化角度看，现代社会科学的主要任务之一便是发现社会系统如何维护它的“结构”形式。这是因为，一定特定系统的社会结构是“由一切个体在特定时刻的一切社会关系的总和构成的”[②]，而一个系统的结构形式是由一个现实的社会结构中显示出来的各种“类型”的社会关系构成的。在一个社会中，即使能够有不同的个体参与到社会关系中来，“保持不变”的正是这种结构形式。也就是说，从结构等价性角度理解，“当我们发现了对象和对象类型的构造形式，从而认识到它们在构造系

① 库恩．科学革命的结构[M]．金吾伦，等译．北京：北京大学出版社，2003：6．

② 内格尔．科学的结构——科学说明的逻辑问题[M]．徐向东，译．上海：上海译文出版社，2002：634．

统中的逻辑地位，进而解决了上述那些关系之一的配置问题时，我们就给出了（理性的）科学对那个关系所能说的一切”[①]。因此，正如伊斯顿所提出的观点：理解政治系统的核心是理解其“运行特征”，即“政治科学思维革命直接把注意力暂时从政治系统显而易见的部分……以及它们相互关系转移到更抽象的元素集上。这些元素包括输入(需求和支持)、输出（公共政策）、撰写过程以及反馈”[②]。正是基于这种学术思想的发展，政治学方法论对象域的研究成为影响现代政治学发展的关键环节，而“对象域”空间哲学思维的引入则为政治学研究提供了重要的思路和视角。

一、政治学方法论研究对象域空间的基本特征

在方法论解释学家看来，理解就是解释者重新认识和重新构造文本的意义，解释的过程就是解释者对外部对象特征重新构建的过程，并且在这种创造性的解构过程中获得对于对象本身的根本性理解。在这种解释中产生了矛盾：一方面，由于理解的自发性，主观因素总是出现在解释过程中；另一方面，解释者对于对象形式和意义的重新建构，必须尽可能紧密地符合它们的真实意义。因此，要获得客观、正确的解释，避免主观的或错误的解释，方法论解释学家必须提供去除正确理解障碍的方法，建立获得客观解释的指导原则。[③]以库恩为代表的现代科技哲学思想认为，科学技术的发展往往体现于范式结构的转换。所谓范式， 就是一个公认的模型或模式，其含义在于强调“某些实际科学实践的公认范例——它们包括定律、理论、应用和仪器在一起——为特定的连贯的科学研究的传统提供模型”[④]。在论述这种分析模式过程中，库恩引入了政治学分析范式中的惯例法思想，即范式是一种在新的或更严格的条件下有待进一步澄清和明确的对象。也就是说，这

① 卡尔纳普. 世界的逻辑构造[M]. 陈启伟，译. 上海：上海译文出版社，2008：40—41.
② 伊斯顿. 政治结构分析[M]. 王浦劬，等译. 北京：北京大学出版社，2016：143.
③ 施雁飞. 科学解释学[M]. 长沙：湖南出版社，1991：24.
④ 库恩. 科学革命的结构[M]. 金吾伦，等译. 北京：北京大学出版社，2003：9.

种模型或范例重复的作用，其中的任一范例原则上都可用来代替这个范式。也就是说，范式存在的意义在于强调什么样的问题是学科发展要解决的对象，范式变换往往直接隐藏在方法论及研究对象的变换过程之中。因此，库恩认为科学范式的转换，不是知识结构体系的变化，也不是旧有体系的简单重组，而是随着空间结构体系量的变化，引入的一种新的分析方法。这种新分析方法是在不同规则的指导下和在不同的对话框架内运作，从而实现以一个总体化思维方法对传统思维方式的代替过程。可以看出，从范式更替的角度看，随着技术的进步和方法的改进，科学家对他们所涉及的世界看法产生新的视角和新的思维模式，甚至在范式的革命之后，所面对的是一个某种意义上完全不同的世界。具体到政治科学而言，方法论的分析范式转变不仅蕴含于其学科发展的历史脉络之中，更重要的是其自身学科发展科学性和规范性的重要体现。而在范式转化过程中，研究对象域的空间转换是其发展的重要特征。

（一）政治学方法论对象域的空间的理论根源

范式不是获得认同的理论立场，而是概念化和介入特殊经验情境的范例性途径。接受一种范式与其说是理解和相信一个陈述，不如说是获得和应用一种理解的框架、模式。“对象”并不独立于概念图式而存在。“在引入这个或那个符号时，我们就把世界分割成诸多对象。由于对象和符号同样内在于描述图式，我们才能说什么与什么符合。”[①] 假定某人知道所有这些事情，而这一切都包括在物理学家对其所见物的解释中。由于这位外行没有学到足够的知识，尽管他看见了正是物理学家所看见的东西却不能以同样的方式解释它。[②] 从认知对象看，无外乎两种对象形态分类，实体实在论认为，许多理论实体确实存在。反实在论否认这一点，认为理论实体是虚构的，是逻辑构造的，是思考世界的智力工具。如果是不那么独断地表述，反实在论或许

---

① 哈金. 表征与干预：自然科学哲学主题导论［M］. 王藏，等译. 北京：科学出版社，2011:76.

② 汉森. 发现的模式[M]. 邢新力，译. 北京：中国国际广播出版社，1988:18.

认为，我们没有而且也不可能有任何理由来认为它们不是虚构的。理论实在论则认为，科学理论要么为真，要么为假，独立于我们的认识：科学至少指向真理，真理就是世界本来如何。反实在论认为，理论最多是有根据的、充分的、好用的、可接受的。这种“自我与他物”的体系并不是独立于人类行为者或主观印象内部世界的客观世界，而是由作用者经历的或与其相关的世界。①

与范式理论研究视角不同，夏皮尔（Dudley Shapere）所坚持的关联主义模式则认为科学发展的过程就是由经验事实和来自“科学信念”的信息等共同组成“信息域”的不断扩大、问题的不断转移、整合和分化的过程。他主张用“信息域”的概念来替代范式的转换原理，以此说明理论与观察是联系在一起的，观察事实中渗透着理论。所谓“信息域”，是一个具有内在复杂结构的实体，包含客观的实体信息以及背景知识等要素。在任何一个阶段决定着什么是有待研究的信息群的因素以及描述这种信息的方法。正是这种信息在确定什么是观察的东西时起着决定作用，也为信息组织的研究对象提供了基础，高度依赖于“背景知识”，依赖于影响这种形成和描述的积累起来的知识或假定的知识。夏皮尔强调某种预设的整个“高层背景理论”或“范式”，是在科学“传统”或“共同体”内的任何一种具体科学状况下都起作用的“背景信息群”，即被认为是与域相关的、成功的和摆脱了怀疑的信息群。信息群被认为是相关的，这种相关性是依据项的特征来考虑的。而认知的过程则是运用已经发现的相关性理论并使它内在化和系统化，只是运用这些形式的数学模型作为方便的计算工具，而与任何假设的“现实”结构毫无关系。这种结构性质往往只有在高度专门化的条件下，才能从有限类事物所熟悉的性质中抽象出来；只有通过复杂的逻辑方法和实验方法，才与那种对直接观测开放的东西产生联系。

---

① 塞蒂纳. 制造知识：建构主义与科学的与境性[M]. 王善博，译. 北京：东方出版社，2001:4.

（二）政治学方法论对象域的空间形态构建

正如前文范式理论的论述，探索理解的过程就是解释的过程。所谓问题域，从库恩的角度看就是根据共用的范式来定义的，把这些范式与一个科学家共同体所共同持有的技术知识和传统视为一体的问题网。不同科学的区别在于它们试图回答不同的问题，解释不同的现象。所谓研究对象域，是“人们理想上期望由那些问题的解答来说明的整个信息群”①。因此，研究对象与现实问题是既有联系又有区别的概念。研究对象是现实对象中具有代表性的部分，现实问题必然包含研究对象。科学研究远非人们通常所认为的，科学家通过认真观察自然界中的客观事物或者被移植到实验室的客观事物，获得相应的观察或实验数据，然后提出解释现象的假设或理论。而实际情况则是，从科学哲学角度看，无论科学家面对的现实问题是简单事物还是复杂事物，他们都从来没有，也永远不会将全部客观事物纳入研究视域中。这是因为，一方面，独立于人的认识主体之外的事物任何时候都是相互关联的整体，我们很难将其从整体中割裂下来，对其进行单独的、孤立式的观察；另一方面，科学研究本身也不需要将全部客观事物都纳入研究视域中。因此，从研究的对象空间看，科学家往往只是关注客观事物的一个或一些特殊部分。

因此，从某种意义上理解，对象域的形成本质就是问题域或解释域的形成过程。科学知识是一种被渐进地重新建构起来的知识，并且以对背景知识的整合与消解为基础，这种重新建构是一种复杂化的过程。这里的复杂化是指系统能够以崭新的方式建构和重新建构它自身。对于一个学科而言，在任何一个阶段决定什么是有待研究的信息群的因素以及描述这种信息的方法，即关于这些信息域的各种问题，与本学科的发展的变革密切相关。研究对象域的变革不仅使学科发展的更替有了分析框架，更重要的是为方法论的研究提供了重要的逻辑指导和脉络体系，而这种思想的方法与空间哲学的研究路径不谋而合。具体到政治学研究发展角度看，政治学本身是一种基于“哲

---

① 夏佩尔. 理由与求知[M]. 褚平，等译. 上海：上海译文出版社，1990：229.

学、历史、法律、地理、经济、社会学以及定量分析和数学模型各科混合杂交而成的混血学科”。[①]自古希腊时期柏拉图、亚里士多德等开创的政治学传统为滥觞，政治学致力于将社会政治问题现象研究与哲学思想发展融为一体，开创了西方政治学的哲学路径与传统。在这种理论研究范式和路径体系中，贯穿始终的原则是强调将哲学思辨与抽象性论述方法的运用，特别是以国家本质和公民行为的抽象性价值论证作为重要的逻辑出发点，并特别注重从抽象的正义和善等道德目标的价值性出发。这种基于逻辑空间的研究范式，致力于实现现实问题应然性与抽象逻辑实然性的分析与论证。这种以价值论证为研究主体的哲学思辨与抽象论证方法，以及其中所体现出的逻辑分析方法，成为影响政治学研究的重要传统。而近代政治学方法论的发展，以及行为主义方法论的兴起，为政治学研究注入了以统计分析和量化建模为特征的方法论体系，使得实证研究方法开始撼动传统政治哲学研究方法论的统治地位，从而为政治学研究提供了重要的历史发展契机。在这种以量化分析为特征形态的分析范式中，以符号逻辑为分析特征的量化分析模式在一定程度上代替了传统文本逻辑分析方法。其所坚守的“没有逻辑——数学框架就无法释读经验，而且框架越丰富，释读就越客观”[②]的理念，在空间形态上呈现出从逻辑空间向量化统计转化的特点。其方法运用过程中坚持以利用数学公式与模式研究各种政治要素之间的定量关系，使得“这种以高度抽象的形式揭示物质世界所共有的运动形态与存在方式的分析方法，在政治学研究中掀起了一场也许是有史以来最大的革命”[③]。在这场方法论的巨大转向过程中，纯粹的人类秩序似乎在实验室的过程中被转变为客体关系域，其中客体是机器综合物、有机物等。实验室研究已经通过网络概念探讨了这些问题，假定在人类实体和非人类实体的网络中所创造的点的连接也正是把科学

① 皮尔斯. 政治学研究方法：实践指南［M］. 张睿壮，等译. 重庆：重庆大学出版社 2014,19.

② 皮亚杰. 人文科学认识论[M]. 郑文彬，译. 北京：中央编译出版社，2002:28.

③ 张铭，等. 政治学方法论[M]. 苏州：苏州大学出版社，2002:32.

成果稳定化和普遍化的东西。[①]

（三）政治学方法论对象域的空间转化的基本特征

在政治学研究体系中，首先强调在我们经验的范围内，也可以把全部现实解析为等量构成要素或单元，并称之为事件。他们中的每一方得以进入对方的世界，只有依赖一种能力，对于这种能力，我们再也找不到比符号一词更为贴切的名称了。科学家必然总是从现实中抽引出一定的片段，从全部其他现象中抽引出一定种类的现象，把它作为自身存在并独立于其他现象的事物而加以研究。[②]因此，在政治学研究方法体系中，以概念空间为特征的第一阶段研究分析范式成为影响政治学研究发展历程的重要阶段，诞生了基于定性分析为特点的诸多重要的政治哲学研究成果。正如空间哲学基本原理所认为的，任何事物的结构和状态都是其自身历史发展和现实环境作用的现实存在性体现，也就是说，物的直接存在结构和状态都是其信息的表征对象。主体的客体性表达，意味着主体能够在信息空间中有效发现客体更为丰富的内在关系和本质特征，是客体信息不断主体化的运动结果。空间分析的意义在于运用结构化的方法对空间对象的要素进行分析和解构，通过对不同组成元素之间的关联性分析来建构认知对象。通过元素的分析和关联性构建，在此分析框架处理完成后进一步将其元素关联起来，形成整体，这样才能建构自身。因此，空间哲学方法论的意义在于强调不同的系统有不同的将自己的构成元素关联起来的方式，这种不同空间的分析组合模式就构成了空间哲学分析方法的基本原理。符号学和人文科学全体的内在性，把符号学当作一种相当于原先哲学那样的总体性学科。因此，空间哲学分析方法强调主体必须首先符号化才能实现现实空间的投影。通过概念表征作用，实现了知识表征的空间表征作用。在此过程中，所有物质性客体空间都可以向信息空

---

① 塞蒂纳. 制造知识：建构主义与科学的与境性［M］. 王善博，译. 北京：东方出版，2001：前言 6.

② 怀特. 文化的科学——人类与文明研究［M］. 沈原，等译. 济南：山东人民出版社，2006：26.

间进行映射，而这种投影过程呈现出不同信息形态的基本特征。

政治学概念的形成与发展，往往与现实政治生活具体事物和过程相脱离，成为研究者对现实的一种抽象性思考与构建，成为一种“理想性政治”模式的概念空间与结构。但空间哲学认为随着逻辑空间体系的不断发展，信息本身的独立性和形式化特征使得空间体系的外在形态不再限于本体论和要素性的层面，而是由各种真实客观实体中抽离异化出的信息重组为一种独立的新的实体模式，可以说是在物质实体和认识主体之间产生了衔接两者的新的空间结构复合体。这是因为信息载体本身具有可度量的、可处理的、可观测的物理属性。数字统计信息不仅仅是一种客观存在的物质形态，同时还能够表征自然界事物的存在和描述人类社会的存在状态，能够表达自然、生命、行为的存在和知识内容，成了衔接和沟通两种空间结构的特殊纽带。正是基于上述分析原理，在政治学研究发展过程中，统计学方法的量化模型分析范式日渐兴起，并直接成为影响政治学行为科学研究的重要领域。在这种空间范式中，复杂政治现象的简化与模型的展现，其过程就是一种模拟化的存在，其意义在于通过内在元素的动态互动，实现模拟运行的过程。这种空间分析方法区别于传统政治学强调历史、法律和制度等，对历史的强调产生了对有关政治事件和政治实践发展的详细说明。以概括或具有解释和预测价值的理论来表述获取和接收数据的方法，需要被证明是以自觉的、精练的和可验证的方式进行研究，其基础在于获取政治主体行为的数据与报告具有精确性测量与量化的特征。因此，这种基于统计数据为对象的形式建模方式，通过对现实的简化和抽象以及逻辑的符号表达，展现各种自变量和系统各部分的联系。

二、基于“逻辑性”关系结构的概念空间对象域

“解释”意味着用一组符号代替另一组符号。换言之，所有发生的事情就是我们将被赋予一个解释规则的规则。在解释过程中，当一组关键的特征与属性在分析的框架中被重构时，对关键问题的重新认识就会发生。数学家、科学家和实践者利用语言、设备与技巧来解释他们的工作，然而社会学

的一般概念与方法论的策略则完全无法解释这些语言、设备与技巧的异质性与技术力量。[①]与自然科学不同，社会学所涉及的是一个预先解释的世界，在这个世界中，意义框架的创造和再生产恰恰是它试图分析的人类社会行为的条件。社会学探讨的是在社会行动者自身已经构建的意义框架范围之内的领域，任何社会科学理论的研究都得首先依赖于某种关于社会性质的假设。“一切科学的概念形成或科学的阐述的实质首先在于，人们力求形成普遍的概念，各种个别的事物都可以作为事例从属于这种概念之下。”[②]莱布尼茨认为，空间是纯粹观念性的存在，从本质理解是一种抽象的可能关系的集合体，世界不外就是全部现象的多样性和映射的多样性的总体。空间哲学观点认为，本体是客观存在的一个系统的解释或说明，所关注的是客观现实的抽象本质。其基本特征在于把客观对象中的某个应用领域抽象或概括成一组概念及概念间的关系，构造出该领域的本体。因此，空间分析方法的第一形态是概念空间形态。具体到政治学方法论而言，基于“逻辑性”关系结构的概念空间成为学科发展的基础和前提。

（一）从概念到逻辑的空间域界跃升

从概念到逻辑的空间域界跃升的过程就是“建立一个按等级顺序排列起来的对象（或概念）系统”。这样的系统仿佛是一个概念或对象的“系谱”。[③]在这个基于空间形态的系统体系中，把一切概念都从某些基本概念中逐步地引导并“构造”出来，从而产生一个概念的系谱，其中每个概念都有其一定的位置。而这种概念体系与现实事物的关系在于，一个对象（或概念），如果关于它的一切命题都可以用关于一个或更多其他对象的命题加以转换，那么我们就称这个对象（或概念）是“可还原”为这个或这些其他对象的。卡尔纳普认为两者之间的同一性并不意味着概念的实体化，相反地，毋宁说是对象的“功能化”。概念既是主观的又是客观的。他认为人的概念

---

① 李幼蒸. 结构与意义[M]. 北京：中国人民大学出版社，2015：89.

② 李凯尔特. 文化科学和自然科学[M]. 涂纪亮，译. 北京：商务印书馆，1991：37.

③ 卡尔纳普. 世界的逻辑构造[M]. 陈启伟，译. 上海：上海译文出版社，2008：5.

就其抽象性、隔离性来说是主观的，可是就整体、过程、总和、趋势、源泉来说却是客观的。这就是说，数学对象经过人脑的加工制作，具有了主观性。就数学对象来说，这种主观性表现在数学对象的命名和表示上。数学将日益由问题、由必需的约定或对普遍性问题的研究大纲组成，将不再附加上大批的特殊空间、特殊流形和这样或那样的特殊映射的定义；不再有一类一类的新定理，而代之以大理论和大计划的概要或轮廓，定理证明的实际步骤留给学生甚至机器去做。而胡塞尔则认为，这两者之间存在着对应关系，因为被给予我们的东西绝不是仅以一种方式，而是始终以新的方面并且以新的外观出现。同一种颜色在时间的绵延中总是表现为色彩不断更新浓淡层次，同一个形态也总是表现为不断更新的轮廓。一棵树作为实在，在我们看到时并不只是一个主观的意识内容，当前的意识内容被有规则地置入由这“同一物”的不断更新的现象和映射所构成的无止境的视界之中。事物被映射在意识中，世界作为这个映射着的事物的多样性的整个体系，必然与意识发生关系。书写和言说的符号是“索引符号”，它们与所指称的事物没有明显的关联，在表象空间的直观性方面更显得无力，或者说更加复杂。语言是由诸多符号构成的系统，各种符号按照某种逻辑、语法、结构构成不同的文本，向阅读者传达一定的文义。同样，空间也是由诸多符号化了的空间要素构成的复杂的表象系统。各种空间符号按照某种逻辑、结构形成了不同的空间文本，人们与这样的空间文本相互作用，从而领会到空间的多重语义。符号化的过程，实际上就是社会系统对空间符号进行编码，赋予它们相应语义的过程，也就是社会规范形成的过程。人们遵循这些空间符号的引导，也就遵循了社会规范。

正如卡西尔所认为，人文社会科学与自然科学方法论的相通之处在于“科学借助于固定的函数关系或表达方式对一个量与另一个量的依赖关系的方程式，将这些常数连接在一起，正是这样获得‘客观’实在内在的架构，也正是通过这一途径，建构着一个关于事物的共同的概念世界”①。因此，

① 卡西尔.人文科学的逻辑[M].关子尹，译.北京：中国人民大学出版社，2004:125.

这种“概念世界”的空间形态即“概念空间”，成为科学研究的首要对象和内容，也是政治学研究的首要对象。伊斯顿认为，政治结构就像一种隐形的力量，在政治系统的幕后运行。而在政治科学领域，传统上我们会试图通过关联具体的社会变量来解释政治结构的差异性。[①]一方面，是具体实体的集合，这些实体或要素构成了结构；另一方面，是它们之间的关系形成了结构。不同抽象水平的概念通过对不同程度的确定性进行概括而彼此连接在一起，通过各种可观察术语所描述的例证集结而与自然联系起来。当科学文化以这种方式被刻画，科学实践的图景便只能是这样：实践是概念网络为适应环境而实现的自身的创造性扩展。正如福柯所认为，在对人们也许称之为计算代码的使用和对秩序进行反省之间的整个文化中，就存在着秩序的纯粹经验和秩序存在方式的纯粹经验。基于符号化语言所形成的逻辑体系，是对现实事物关系架构的意义抽象化表达与体系化表现。在此过程中，意义的形成使用的是各种表征系统，即各种概念和符号。根据这种途径，现实性的物与人生存于其中的物质世界与表征、意义及语言借以运作的符号实践和过程将成为独立运行但又相互关联的两种系统。卡西尔认为，在这种表征过程中，最为准确的状态必然是一种计算性的存在。这也是自然科学和社会科学中广泛采用各种建筑模型、人体模型、模拟模型等认识过程的意义。

（二）政治学概念的空间表现形态

以罗素为代表的逻辑实证主义认为，科学的哲学研究的最高准则是在凡是可能的地方，就要用逻辑构造代替推论出的存在物，即在科学的基础上建立一种囊括自然、社会、人生的世界观。人们有可能创立一种像机械的数学一样精确的关于人的行为的数学分析框架，这种思想在政治学领域的应用就是在20世纪对政治学发展产生重大影响的行为主义。因此，从某种意义上理解理论是一种概念框架，它们被精心设计出来以有效地指导实验研究。而空间的结构性特征描述、分析系统的可靠框架和结构空间是以凝结人类活动关系为内容的各实体要素的抽象整体，是承载各种物和关系的抽象容积

① 伊斯顿．政治结构分析[M]．王浦劬，等译，北京：北京大学出版社，2016:16.

体。列斐伏尔认为，空间的构建和形成横跨了三个领域和形态，即物质领域（自然界）、精神领域（逻辑的和形式的抽象）和社会领域。而在三种形态中，物质空间是以人的空间知觉和实践作为构成要件，而人的精神空间则是以概念的形态形成空间的表象，在两者相互作用的基础上形成了社会领域以表象的空间为特征的第三种形态结构。上述思想对于政治学研究过程非常之重要，因为政治思想史理论研究认为，政治学发展的历程就是政治思想和概念的形成与发展过程。在口传信息空间阶段，以面对面的在场交流形式与语境使得交流是双向互动的，从而诞生了最早的非成文规范体系即习惯法。而在印刷信息空间阶段，信息不再依赖于在场，而是储存在可移动的媒介（印刷物）中，使得空间交流与沟通实现了符号化的重大转变，从而催生了成文政治规范的历史进程，这是空间哲学从实体性研究迈向抽象关系研究的重大理论飞跃。在人类社会，印刷术和造纸术被发明后，人类第一次在广域的社会层面实现了文字信息的交流和传播，在此过程中，外部客观世界现象和理论思考被大量的文字和图表所表征和记载，并通过印刷材料实现了社会知识体系结构和人类公共知识背景的初步构建。这些基于文本和图表保存的数据形成了被大量复制并广泛传播的印刷空间，图书和图书馆为代表的政治空间结构形态则是存储和传播信息的重要物质性载体。

因此，逻辑空间的基本性功能和价值在于，一个人从信息资源库中获取信息并不降低另一个人获得同样信息的能力。每个人都可能在同时拥有同样的信息，从而产生共同的知识背景和体系。文本层面构建的信息空间使得对于实体的分析更具科学性，从而使得外部客观世界经过信息空间结构的构建更加趋于“可分析性”和“可构建性”。客观世界事物在人的思想认知后，以文字的形式在书籍所构成的信息空间中存储和传播，并在社会空间中各要素间进行规制。在这种信息空间体系中，以语言符号系统为特征的空间结构通过与语言、话语、文本的逻辑化书写，描述和解释客观世界的构成，并分析和解读对世界有序化构建的理论设想和逻辑路径。在此背景下，人类文明通过对事物信息化的抽取和运算，进一步提升对客观实体性规律的运用和管理能力。随着这些书籍载体规模的不断扩大，文本信息实现了更为规模化的储存传输，这些信息内容逐渐脱离客体存在，而具有了独立的运行规则。在这种分析模式下，政治学研究的主要目标就是通过把思想认知和文体内容转移到逻辑空间的手段和规则方法，使得信息文本所构成的文本逻辑体系更加具有主观能动性，从而体现了马克思所说的“通过实践创造对象世界”的重要理论意义。

因此，通过对单独变量进行叠加，实现对政治结构中的差异进行解释。作为一种特殊的实体性存在，概念空间存在的意义并非是定位或处置具体的要素性质或功能，而是功能的作用机理在事物要素之间的相互关系。在此过程中，空间化的构建因为其本身的抽象程度，在运用过程中往往与具体事物产生背离，这种分离化的趋向使得概念与实体之间存在分离程度的评价性标准。可以说政治学概念空间的形成和发展，是从关系体系的构建和运行机理中挖掘其特定的价值目标，是空间哲学从认识工具到构建工具的转化路径体现。在空间哲学研究过程中，客观实体向关系实体的转变意义，在于系统考察空间要素向考察结构关系的转变过程，重点不在于对各个部分组成内容进行分析，而是重点对其关系结构进行解读。这一过程契合了长期以来西方哲学非实体转向研究思潮的发展方向，并与现代分析哲学视域下的语境论等问题紧密结合。正如卡西尔提出，在人文自然科学理论中，这些基于概念的符号形式乃是人自身创造的真正的中介，借助这些中介，人类才能使自身与世界分离开来。正是由于这种分离，人类才使得自身与世界紧密连接在一起。这种中介物的特征表征着人类全部知识的特性，也是人类全部行为的典型特征。其原理在于因果图式作为一种底层逻辑，是对现实事物本身运行规则体系的逻辑描述。概念空间的本质，不仅仅是将科学作为“符号形式”系统的一个部分和一个要素。符号形式哲学不仅能把我们关于世界的诸多认识方式和方向统一起来，而且能够对领域世界的每个尝试和人类精神世界对世界所能做出的每一分析予以评估。①

---

① 卡西尔.人文科学的逻辑[M].关子尹,译.北京:中国人民大学出版社,2004:55.

（三）从逻辑到规范的空间运行规律

传统政治学概念框架的启发性意义在于其重要的解释性规则。基于文本层面的信息空间体系，行为人的活动是接收信息和使用信息的过程。也就是我们对于外界环境的种种偶然性进行调节并在该环境中有效生活的过程，对事物进行信息化抽取，进而提升人们通过文本性的法律对外部世界的控制能力和规制能力。正因如此，在传统政治学研究过程中，政治行为的形成并不是自然生成的，而是根据政治学规则等诸如此类的事物构设出来的，是社会抽象性的产物，从而将客体事实的意义抽象为符合实体法规范要求的制度性事实的过程。正是在这一意义上，政治学强调政治行为是依据实体法规范形塑出来的事实。从本质形态看，概念空间是对纯粹思维的形式表达。概念空间的理论意义在于使各种可能性存在于领域之中，寻求勾画出这种可能性之轮廓。概念框架和结构在所有的科学研究中是最基本的工具，因为它提供给我们选择和说明事实的基本的概念、假设、思想和指示。因此，维特根斯坦把所有基本命题以真值函项关系表示的全部可能性叫作“逻辑空间”，而每一个命题只是表示了一种可能性，因而确定一个命题的真值就是在一个基本命题的所有可能性组合中选择一种组合。[①] “世界”概念并不仅仅包含现实世界，还包含一切逻辑上的可能世界，即可以用逻辑命题表达的更重要的符合命题逻辑形式的世界，而现实世界只是所有这些可能世界中的一种而已。由于纯粹思维只能用判断而不是用概念来表达，我们就只能把判断看作是表达纯粹思维的手段。逻辑判断并不是要求从简单推导出复杂，而是要试图揭示各个判断之间的关系，即知道一个规则如何同时给出另外一些规则。逻辑学研究的是原子事实是如何构成更为复杂的事实以及如何构成世界的，在逻辑空间中的事实就是世界。每个命题的真值函项表所包含的所有可能性，就是这个命题的逻辑空间，而命题的逻辑空间也就是事实的逻辑空间。因为命题的逻辑空间包含了肯定命题，同时也包含了否定命题，但现实世界中只存在肯定的事实，所以命题的逻辑空间显然大于事实的逻辑空间，或者说命题

---

① 江怡.西方哲学史(第8卷):现代英美分析哲学[M].南京:凤凰出版社,2005:166.

图像大于世界概念本身。这样，命题的逻辑空间就包含了比现实世界更多的可能世界，而现实世界只是所有可能世界中的一种而已。在政治学研究过程中，一切形而上学的政治哲学构建工作，都是为了说明我们的概念图式。这样的图式不是形而上学家为了解释世界创造出来的，但这并不同于康德哲学所强调的我们在理解世界的过程中“感觉”意识到的，是在描述世界结构时事先就已然存在的思想，更加强调概念体系在认知结构中的重要意义。

三、基于“盖然性”关系结构的统计空间对象域

以逻辑空间为研究形态的空间对象域，往往只要结构是关注对象，研究就会停留在低阶可见的结构层次，仅在极少数情况下能够转而研究整体系统的高阶层次。在西方理性主义思想传统影响下，技术哲学思想认为科学是一种工具，一种我们迄今为止最为成功的建构与改进世界表象的工具。数学主义不再是描写性的，而具有建构性。设计现实的科学不再满足于现象学上的如何，更要寻求数学上的为何。在科学精神声称将数学与经验、法则与事实协调起来的中间地带，获得了介于具体与抽象之间的形象化的数量。[①] 而“科学哲学的任务正是解释、说明和捍卫这样一种成功。”[②] 在这个历史时期，虽然密尔开创的比较研究的逻辑在一定程度上实现了政治科学的建立目标，但它对整体系统所采用的差异法等比较分析方法只能解释有限的差异和分析要素组成有限的因果关系，只能视为通过变量解释政治系统的方法。在不同社会中，相应制度的内在结构和相互关联一般来说也是不同的。因此，“那些社会中不可量度的不相似的社会关系模式的结果，不过是某一组变量（这些变量构成了一切社会共有的关系结构的基本成分）的特殊值上存在的差异”[③]。而在分析方法中，通过离散变量和组合变量方式解释差异性，依然

---

① 巴什拉. 科学精神的形成[M]. 钱培鑫，译. 南京：江苏教育出版社，2006:2.

② 劳斯. 知识与权力：走向科学的政治哲学[M]. 盛晓明，译. 北京：北京大学出版社，2004:2.

③ 内格尔. 科学的结构——科学说明的逻辑问题[M]. 徐向东，译. 上海：上海译文出版社，2002:554.

无法探寻在高阶结构形态下充分解释政治系统的方法。只有方法论的创新才能使这些因素组合在一起应对组织复杂性和系统高阶性。“现代社会科学家必须掌握的基本技能就是复杂的科学方法论技术与手段，以及统计手段与数学工具”①。随着政治学方法论研究的深化和发展，越来越多的科学研究工作将会脱离开物质实体层面的束缚，将直接针对客体抽象出的数据进行研究。因此内格尔认为“这种规则预设了对价值的某种评价性判断。简言之，倘把这个结果普遍化，则统计理论似乎支持这一论点，即价值承诺决定性地进入对统计假说的证据进行评价的规则中。”②概率统计、抽象调查方法和计量技术的运用，使得政治学研究更加注重量的资料积累和资料的量化分析过程，而这种学科发展的诉求直接影响了政治学方法论对象空间的演进。

（一）从实体到关系的空间要素解构

在现代科学研究中，主体与客体的分离与融合问题是十分复杂的哲学认识论问题。以康德为代表的先验经验论认为，人的知性在自己活动的先天起点上把人面对的世界构建成一定的结构，而这种结构的规则本身也成为认识建立知性本身的基础。认识论的发展，强调通过把“客观现实”化为最简单的要素进行分析。借助于积极的实验分析手段，截取在主体结构操作作用中表现出来的参数，通过对这些要素的参数组合分析，实现对客体的认识。通过抽象概念的形成过程，认识客体借助于抽象的概念体系实现向知识客体的转化。在这个转化过程中，物质的认识客体转化为符号化的客体对象，对客观对象的认识转化为对不同逻辑对象和形式的符号客体实在形态。因此，知识客体就是通过记录、保存和转为逻辑符号形态的认识客体信息所表达的抽象化客体对象。数学与逻辑是规范的汇集。逻辑与数学的本体论地位就像一种制度的地位一样，它们在本性上是社会的。这种思想的一种直接结论就是计算与推理的行动服从同样的研究过程，为同样的理论所阐述，跟任何一组

① 艾萨克. 政治学：范围与方法[M]. 郑永年，等译. 杭州：浙江人民出版社，1987:4.

② 内格尔. 科学的结构——科学说明的逻辑问题[M]. 徐向东，译. 上海：上海译文出版社，2002:596—597.

规范一样。[①]通过逻辑思维操作，基于思维对物质客体进行“纯粹的”抽象化活动，进而实现主体结构化的过程，其本质就是通过抽象化思维，挑选甄别出现实中“纯粹”的研究对象，并对抽象对象的参数进行数据化处理，形成“抽象的对象”形态。统计数据信息的获取体现在从外部客观世界的某个或某些数据源中获得所需要的数据，而数据整合空间的产生是将多个数据源的全部或部分数据整合成一个逻辑统一体。数据空间的任何部分数据区域都可能成为获取数据的数据源，根据数据整合的需要(主要是需要哪些数据)，建立数据源的元数据和整合数据库中数据要素之间的映射，便可以获取数据。

从建构性的视角对信息和知识进行分析，认识是以认识客体的信息系统为媒介的，而其外部信息则是其客体存在方式、运动状态以及各种属性的表征。各种真实实体中抽离产生的信息重组后的结构体系成为一种新的基于抽象实体解构的关系性存在，是一种去掉物理化外在形式而抽象出外化信息空间的信息实体。这种基于现实性和实体性的抽象形式，是以一种新的认知框架，改进信息空间的构建，不仅是虚拟生活的实践场所，而且是基于信息资源的一种构建和拓展，是信息的一种新的组成架构和关系体现。从本质上理解，信息是对自然关系的特定关系和结构的编码，是物质自身存在的语义性中介场。任何客观自在事物都需要通过外化信息场来显示自身的存在，这种信息场首先以物体本身的直接存在为第一层面，而信息场的存在则在于外部的间接存在方式。在这个过程中就存在编码的可能性，通过对信息的分析和加工，创造出新的概念和符号化再生信息，实现人的信息结构与外部客观世界物质结构的统一化路径，从而实现第三空间内部信息模式与第一、第二外部对象信息的匹配。统计指标的构建，是以现有的科学知识和以往积累起的认识、经验以及相对应的概念体系为出发点，借助于信息转换模式和工具方法，将相关内容具体化为一个或一组可观测的指标，从而实现对相关对象信

① 皮克林. 作为实践和文化的科学[M]. 柯文，等译. 北京：中国人民大学出版社出版，2006:231.

息的搜集和分析。而计算政治学统计方法的运用过程，则是相关政治概念本身的指标具体化。概念是整个认识思维的一个基本形式，概括了客体的本质特征。统计指标同其他科学概念一样，是第二性的，是通过人们的抽象思维形成的。统计指标具有客观的内容，但它并不等同于客观存在，并不是社会生活本身，而是社会生活的反映，属于社会意识范畴。人们经过抽象思维形成了关于物质存在的概念，以反映被研究现象的数量，这就是指标分析方法。通过指标解释和分析客体时，要尽可能地全面考察所研究的对象，即要从事物与事物之间、因素与因素之间客观存在的各种联系中去观察、分析现象的本质特征及规律性。而任何一个单一的统计指标只能反映事物的某一个方面的特征，对某一研究对象进行全面的观察和分析，就必须通过统计指标的科学体系来完成。

（二）统计空间域的形成与转换

政治学家通常以制度与结构和给定的客体来解释政治现象。用不同定量测量间差异反映真实理论差异。①这是因为现代社会科学的发展正在不断证明“如果不采用自然科学和生物科学中使用的那种方法特别是物理学的方法，社会科学就绝不可能是科学的”②。从本质上理解，尽管自然科学和精神科学不同，但两者在结构和方法论上是相似的。只有把经过适当扩展和概括的物理科学方法运用于道德科学，才能改变后者的状况。也只有把经验规律划归为决定它的因果律，并确定了哪些运用延伸到我们正考虑的实例中，我们的推理才是可靠的。因此，在社会科学领域中，“实验的、统计的或算术的，能在解决方面使各种思想通过规定的各项技术研究而非各种意见或信仰的汇合，获得某种一致时，它就变成科学问题了”③。以孔德开创的实证

① 博克斯-史蒂芬斯迈埃尔，等. 牛津政治学研究方法手册[M]. 臧雷振，等译. 北京：人民出版社，2019:97.

② 卡尔霍恩. 变革时代的社会科学[M]. 李述一，译. 北京：社会科学文献出版社，1989:59.

③ 皮亚杰. 人文科学认识论[M]. 郑文彬，译. 北京：中央编译出版社，2002:51.

主义方法将自然科学定量分析方法应用于社会科学，而在此过程中数据的收集必然与其筛选的指标因素密切相关，在变量和概念无法直接测量的情况下，对所用的指标选择必须做出合理的预判和分析，甚至许多指标都可以用于代表所考察的概念体系。[①]通过在总体中以某种方式获得的单元集来形成样本的空间，以上特性往往是通过数的形式量化出来的，称之为样本估值的总体参数。[②]理论解释的建构必须接受确定性的检验，即逐渐从小样本的比较推进到更多样本的数据库，在此过程中研究者可以通过大量的变异和控制来检验他们的理论。对关键因素（变量）进行相当客观与精确的度量，并基于此提出一套经验性的测评指标。因此，实证分析方法的引用关注自变量是如何与其他可能的原因协同变化的，以及这些原因如何影响因变量，从而估算出该自变量与某个因变量之间的部分相关性。而关键基于历史数据的统计分析，能够富有成效地总结社会结构、文化和制度与政治结构之间的关联关系。其中最重要的是政治制度分析，通过制度变量的运行分析，探寻制度汇集调整和塑造政治过程的运行机理，进而分析其将社会利益结构转化为有效政治运行动力和政策运行结果的分析路径。[③]

正如计算认知学一般观点所认为的，计算是能够解释物理系统何以能够展示必须被解释成“遵守规则”，或者甚至解释成由目标和信念支配的规律性的唯一可得的具体假设。[④]数据本身是仪器给予的某种东西，或者是某一特定种类的仪器给予的东西。阿克曼称之为全套器械，每一组器械都有其自身的数据领域。他说，经典力学的全套器械不同于量子力学的全套器械，旧的力学所解释的数据来自一种仪器，而新的力学所解释的数据则产生于另外

① 皮尔斯. 政治学研究方法：实践指南［M］. 张睿壮，等译. 重庆：重庆大学出版社，2014:89.

② 约翰逊，等. 政治科学研究方法（第五版）［M］. 燕继荣，等译. 北京：中国人民大学出版社，2016:184.

③ 戈定. 牛津比较政治学手册（上）［M］. 唐士其，等译. 北京：人民出版社，2016:36.

④ 派利夏恩. 计算与认知：认知科学的基础［M］. 任晓明，等译. 北京：中国人民大学出版社，2007:8.

的仪器。阿克曼指出：当一类仪器产生的特定种类的数据能够被一套理论完整而一致地解释时，一种实验科学就变得稳定。就笔者对他的理解，在这种情况下，一个理论对于特定种类的仪器产生的数据来说就是真的了，相应地，不同理论对于不同种类的特定仪器产生的数据来说也是真的了。这里就提出了一种新的、基础性的不可通约性。[①]社会学和心理学中收集数据的最盛行的方法，倾向于像装有能分离的离合器的机动车那样进行下去，即在测量仪器与考察对象之间没有一个必要的连接点，结果，发动机可能高速运转，机动车本身没有运动。[②]

模型化拟制过程，就是将复杂信息编码化而实现的数据模型化过程，以某种具有物质的或概念的实体的系统指涉某物或者相互关联。从连续着的世界进程中抽取出来，并连接成一个独立的空间体系；而随着人的活动而呈现出相对独立性的特征，从简单带有外在框架性构成意义的构建性价值，逐步异化成为以“数据”为基本组织结构的理论分析框架和思维方式，并具有了独特的分析手段和解释能力，从而完成了空间理论从纯粹哲学视域向社会解释学和诠释性分析范式的重大转变。正如政治学方法论学者提出的，“政治学研究者倾向于从一只燕子的数据中得出夏天到了的结论”[③]，由于政治生活的高度复杂性，能做量化分析的大多是一些表面的、浅层的因素。统计学让事实说话，其客观性实际上依赖于对它的探究的正当性。[④]基于政治哲学的传统政治学研究方法，已经不适用于时代发展的原因不在于其做出最大的概括，而是在于没有在有力归纳的帮助或保证下做出这些概括，并且在没有对被称为验证的这一演绎法的重要部分进行必要使用的情况下演绎地运用它们。同

① 皮克林. 作为实践和文化的科学[M]. 柯文，等译. 北京：中国人民大学出版社，2006:30.

② 塞蒂纳. 制造知识：建构主义与科学的与境性[M]. 王善博，译. 北京：东方出版社，2001:32.

③ 皮尔斯. 政治学研究方法：实践指南［M］. 张睿壮，等译. 重庆：重庆大学出版社，2014:139.

④ 伽达默尔. 真理与方法[M]. 洪汉鼎，译. 上海：上海译文出版社，2004:386.

时，影响社会的状况和进步的环境是数不清的，而且它们都根据原因而改变，原因数量如此之多，超出了我们有限的计算能力。更有甚者认为，这类事实不可能赋予精确的数据，这就给预算设置了一条无法逾越的界限。[①]政治分析以及所建构的一般理论体系往往不能够反映现实政治生活的真正本质特征。纵观政治学研究历史发展数据空间的范式转变，最为重要的体现就是分析方法和工具的转变，这就涉及模型分析方法的重要意义和价值。

（三）统计空间域的分析方法与适用

艾萨克认为，"概念必须操作化，以使它成为科学全部技能的一部分"[②]。在他看来，系统不只是一个社会科学通常假设的、一个相互联系或以某种确定的方式发生共变的元素集。在比较政治学中，我们观察得到数据，来自某些模糊不清的过程。而从系统结构分析角度看，因果规则根据"同时性"原则去描述社会结构的内部机制。因此，从结构主义角度看，因果观就是对社会结构内诸层次之间关系总体所做的理论阐述。因果分析不仅仅是要在解释变量和结果变量之间建立联系，还应该识别出将解释变量与结果变量之间联系起来的中介机制。[③]通过识别这些中介机制而推导出因果关系的努力，称之为"过程中追踪"，由此产生的数据被称为"因果过程观察值"。拉金指出，案例研究的每一个环节都是个案研究性质，包括确定主题、提出主要假设、处理结果、选择能够提供与假设相关的信息的案例集合，如果不能清晰地了解因果关系发挥作用的路径，就不能准确地设定模型，不能选择可能的回归工具，也就无法解读所得结果。这是因为如果相关因素都可以度量，这些度量都相对准确，并且能够转换为案例间比较的可比形式。测量是概念的指标，概念构成模型，而模型又源自理论。本质上看，我们对社会对象、事件属性的观测、描述和测量与我们所相信的社会现实结构有着直接对应关系。因此，在统计空间结构中模型的意义在于，通过观察同一背景条件下原因的不同取

① 密尔．精神科学的逻辑[M]．李涤非，译．杭州：浙江大学出版社，2009：54.

② 艾萨克．政治学：范围与方法[M]．郑永年，等译．杭州：浙江人民出版社，1987：56.

③ 戈定．牛津比较政治学手册（上）[M]．唐士其，等译．北京：人民出版社，2016：75.

值进行现实比对分析。要获得必要的数据，我们必须重建行为者进行选择时所处的世界，重建他在其中活动的方式和行为次序。传统政治学研究方法所采取的描述性逻辑，为其逻辑推理提供了抽象的原因分析。

统计学方法的应用可以控制未被观察到的变量的影响。通过在统计模型中引入固定的参数，消除在模型中未被捕捉到的特征影响。通过建立空间结构的规律和理论，运用各种模型来说明问题具有高度的有效性和还原性。其实质是在承受进行抽象而引起的数据损失过程中进一步对客观实体进行模拟的过程。在此过程中，模型和理论在结构和功能上是相似的，具有同构性的特征。其意义在于通过理论对某一领域的现象和知识进行组织与综合，并使之系统化。这不仅在于其组成要素的同型性，更重要的是运行规则的同态性。现代政治学理论研究认为，"如同社会科学中的所有理论解构一样，模型只重视其中的一些变量，而忽视了那些事实上有某些影响的变项"[①]。借助于模型的应用，人们以拟制的方式将"复杂社会"中的细枝末节加以"屏蔽"或"转化"，以余下的或转换后的形成具有高度抽象化的体系。在这个拟合过程中，虽然受到客观的制约，但拟合的过程也并非任意地超脱现实情境；虽不是现实空间体系的完全映射，却在很大程度上受制于现实社会的要素本身；虽不可能涉及社会的所有面向，但可通过其间数量庞大的主体及其主体之间形成的复杂关系，对现实社会进行模拟和化约。其无论是在外部结构、内部框架上，还是在各因素间的关系上，都比现实空间更为简单和体系化，其不仅在认知上是可能的，而且体现着更加具有创造性的实践价值。这种政治学研究空间虽然是现实社会现象经由拟合化约出来的结果，是人类拟制的创造物，但也不仅仅是抽象概念集合，仍然具有自身的自主性。通过法律规范空间的建立，可以在空间体系中构建对于现实社会行为的设想和制度设计，实现对现实复杂性的规范化处置。

统计指标不是统计单位某一标志的简单记录，而是总体的本质属性、方面，是这些属性和方面的联系、关系及其运动、发展的规律，是总体普遍本

① 艾萨克. 政治学：范围与方法[M]. 郑永年，等译. 杭州：浙江人民出版社，1987：210.

性的反映。但这绝不是说，指标中没有一般与个别的任何联系。恰恰相反，指标反映的是与个别相联系的普遍。为了（得到）形成指标，必须从研究大量的个别着手。正如恩格斯所认为的："人们曾用来学习计数，用来作第一次算术运算的十个指头，也可以是任何别的东西，但是总不是悟性的自由创造物。为了计数，不仅要有可以计数的对象，而且还要有一种在考察对象时撇开对象的其他一切特征而仅仅顾到数目的能力，而这种能力是长期的以经验为依据的历史发展的结果。"①因此，统计指标作为统计认识理论的思维形式，其形成过程首先要遵循辩证逻辑。从现实概念空间向统计指标体系空间转换的过程，所反映的内容并非指标体系中各个指标所反映内容的简单总和。也就是说，作为空间形态而言，统计指标体系不是把多个统计指标简单、机械地叠加在一起，而是一个辩证的有机整体，各指标以一定严谨的逻辑体系共存于同一指标体系中，以全面、综合地反映和说明事物的本质。它们代表着处于相互作用关系之中的种种事物每一个用某一具体抽象所表述的理论，有助于界定用别的抽象表述的不同认识对象的信息空间特征。借助于抽象指标体系来表征，而每一个抽象只能在有限范围内、有限条件下及适当的时间间隔内才可能近似地对社会问题进行模拟和分析。正因为如此，在统计指标体系中，指标之间的分布不是随意的。对任一事物的发展变化而言，其不同的影响因素、作用方式和影响程度均有所不同，使得不同的指标在指标体系中表现出层次性特征，呈现出对现实空间的解释学规则范式和作用原理。

四、基于"关联性"关系结构的数据空间对象域

从空间哲学理论发展特征来看，基于空间哲学视域的信息化问题研究，经历了从实体问题到信息抽取，再到抽象数据空间的转向。这不仅是分析和结构特征的转换，同时也是基于意义和空间性研究范式的转化。科学理论与数据是由一种数据域居间调节的，数据域是由科学仪器产生的有边界的数

---

① 马克思恩格斯全集(第 20 卷)[M]. 北京:人民出版社,1965:41.

集。在这个过程中，仪器建立了理论与之适应的数据域，使理论与数据之间具有一种辩证关系，而由仪器造成的理论与数据之间的分裂意味着数据的收集可以独立于当前的理论，并可以限制这种理论。但从本质看，这个空间转换过程所呈现出的本质特征是一种机制的转换过程，使得系统运演这些符号或者像人们有时所说的那样去“解释”这些符号。正是因为这些机制，才使符号表达式并没有穷尽我们曾经非形式地涉及的系统的“功能状态”。因此，空间中哲学发展具有典型的抽象化建构的趋势，即通过设定特定的分析范式摆脱具体场域的实体性限制，用抽象化机制来诠释社会运行规律。将与计算有关的任意物理事件转换为计算事件。对转换器功能的描述表明了某些非符号的物理事件是如何映射到某些符号系统的。[①]而政治学也非常倚重于从科学过程中获得知识，这种了解的方式与来自神话、偶然的观察、直觉和信仰或常识的信息不同，是建立在客观、系统观察的基础上的，通过实证结构来构建与现象的因果关系，使之能够解释为什么现象会有自己的表现形式。[②]政治科学越科学化，越少与实际问题相关。我们能够用数量表示的只是政治现象中更为琐碎的一面。[③]那么，如何进一步提升政治学研究方法论的科学化水平，其关键体现在方法论和研究视域创新上。

（一）数据空间对象域的转换

基于上述分析可以看出虽然因果关系是政治学的根本，但好的推断完全取决于对研究对象充分的概念化以及对其科学的测量。数据是数据产生器所产生的东西。所谓的数据，包括未经解释的描述、记录时间变动的曲线、照片、表格以及各种显示。所使用的混合词“标记”的第一层面意思涵盖了以上所有内容。一些人把它们叫作“原始数据”，另外一些人则坚持所有数据

① 派利夏恩. 计算与认知：认知科学的基础[M]. 任晓明，等译. 北京：中国人民大学出版社，2007：164.

② 约翰逊，雷诺兹. 政治科学研究方法（第五版）[M]. 燕继荣，李风华，王清，等译. 北京：中国人民大学出版社，2016：23.

③ 艾萨克. 政治学：范围与方法[M]. 郑永年，等译. 杭州：浙江人民出版社，1987：49.

在本质上都是已经被解释了的。后者极力主张存在着未经解释的数据就是沉醉于“既定的神话”之中。其实在实验室中没有什么东西是既定的。测量是一种获取而不是被赋予。数据是被制造出来的，但从最原初的意义上讲，这种制造和获取产生在解释之前。我们的确是因为一些推测性数据不适合一个解释而拒绝或抛弃它们，但这并不能证明一切数据都是经过解释的。而从解释学角度看，表达式是对语义解释的编码，表达式的组合结构是对子表达式的内容之间的关系编码，就像在谓词演算的组合系统中所做的那样。理解政治的作用——研究方法应该服务于改善数据收集、测量、概念化，以及更好地理解政治研究对象的意义，并加强对因果关系的识别。正如伊斯顿所强调的，现代政治学发展规律特征对于以统计空间为特征的概率性结论而言“我们只能证明某些个体（主观的）特征性的频率分布，而无法获取群组内新社会关系（结构模式）的信息”①。换言之，以统计空间为对象域的行为主义政治学研究虽然善于运用统计资料和计算机精细分析，但如果政治学家认为方法、模型、回归分析等可以证明因果陈述或他们得出的数据，那么他们就错了。方法只是创造数据，数据的有效性仍待讨论。②由此可以看出理论和数据之间唯一重要的关系就是一种解释性关系。在人文科学中，“数据”只有在某种解释中才能呈现。有时数据会抵制这种解释，并导向新解释。而新解释可能会以不同的方式揭示“数据”。因此，自然科学不影响数据，而人文科学则持续不断地对数据进行再解释和重构。③区别于统计空间运行的基本规律特征，单纯的数字化存储数据库中，知识作为一种简单的外部系统去观察计算的结果，但在数据空间构建中，综合数据分析能力的提升，使得空间行为者改变了对以往经验的判断。

---

① 伊斯顿. 政治结构分析[M]. 王浦劬，等译. 北京：北京大学出版社，2016：105.

② 博克斯-史蒂芬斯迈埃尔，等. 牛津政治学研究方法手册[M]. 臧雷振，等译. 北京：人民出版社，2019：59.

③ 劳斯. 知识与权力：走向科学的政治哲学[M]. 盛晓明，译. 北京：北京大学出版社，2004：49.

信息空间所形成的数据库成为一种以新的方式对现象和问题进行解读的工具和方法论。在传统计算机技术发展中，数据的产生和分析基础在于将已知的数据存储到计算机中，并运用人工编写的算法写成计算机程序。在这个过程中，数据、程序和程序执行的结果都是已知的或可预期的。在没有关于数据集介绍的其他信息的情况下，如何从这些媒介或环境中访问数据是一个困难的问题，需要研究一个给定数据集的存储结构和逻辑结构。这一工作称为数据集的结构研究。正如派利夏恩所认为的，在信息空间形态中以机器形态所出现的计算状态对应于一个等价的物理状态集合，这些状态，根据它们在机器的抽象计算描述中的作用，是无法被识别出来的。在典型的计算机中，这些等价集合的物理描述极为复杂。一台计算机的某一计算状态的物理描述是一个极长的叙述，其中包括物理空间的性质特征，以及给出参数的范围和保持状态不变的参数值的组合。[①] 这需要从信息属性上获得元数据语义和逻辑联系。

通常，数据通过解释将会具有含义，数据的含义即是信息。如果访问到的数据的存在属性是可解释的，那么就能够获得数据的信息属性，这时可通过分析数据的信息属性获得元数据的语义和逻辑关系，从而理解数据集。数据获取在计算机科学或信息科学的一些领域，主要是指从自然界中获得数据。在数据学中，数据获取仅仅是指从数据自然界的某个或某些数据源中获得所需要的数据，而数据整合是将多个数据源的全部或部分数据整合成一个逻辑统一体。数据自然界中的任何部分数据区域都可能成为获取数据的数据源。当研究对象信息化达到一定程度后，研究工作就可以在数据上进行。从数据学观点看，当一个领域的研究对象信息化时，一个数据区域、数据组织逐渐形成，它们是数据自然界的组成部分。数据学的研究是针对各数据区域、数据组织开展的，进而形成相应的数据学。主题是一个抽象的概念，是在较高层次上将应用体信息系统中的数据进行综合、归类和抽象。它是应用

---

① 派利夏恩. 计算与认知:认知科学的基础[M]. 任晓明,王左立,译. 北京:中国人民大学出版社,2007:60.

体某类分析需求所涉及的所有数据的集合，这些数据能够满足该类分析对数据的所有需求，即面向主题是将数据按照分析主题重新组织。这与操作型系统中按照功能来组织数据是完全不同的。数据量越大越能够形成规律，这样数据挖掘才会有好的结果；数据量大还意味着无法使用传统的数据分析工具和技术来寻找规律，更不能凭人的经验和直觉来获得数据的规律。“寻找”规律则表示这些规律不是显而易见的，而是隐含在大量数据之中，需要用方法和技术去寻找。

因此，大规模数据分析技术的运用，不但极大地改变了我们获取客观世界信息的方式，更是改变了我们重构客观世界模式的方式。正如吉登斯所认为的，当代社会学理论的主要任务在于把传统上分裂对立的结构和行为二元图式整合协调起来，以形成一种动态的结构化过程。概念和知识见解反过来侵入它们所创造出来用以描绘的事件领域，从而使一种索引推理与现实世界的符号性和互动性特征联系在一起。数据化的本质是将现实世界中的事物以数据的形式存储到计算机系统中，从空间构成角度看是一个生产数据的过程。随着电子信息技术的飞速发展，信息能表征物质和能量属性，以数据量化的方法实现了新的模式。基于数据形式的信息被大量生产并存储在计算机系统中，在这场数据爆炸过程中，计算机系统中的数据空间结构逐渐形成并不断延伸和拓展。但是从理论上清晰地界定什么时候形成了数据空间，或者说数据空间的形成过程很难说是在计算机系统中达到什么状态时，数据空间就开始形成。在这个过程中，虽然是人的技术手段制造了数据，但是随着数据规模的扩大，当前的数据空间已经呈现更多未知性、多样性和复杂性的空间性特征。区别于传统信息空间结构特点，数据空间特别强调以数据化方式呈现世界，从人们能认知的过程中抽取数据化的信息内容并使之符号化。数据化的本质就是编码化，这种以量化数据为基础的信息要素的产生，是把事物作为信息事物的过程。蕴含信息一旦被抽取，成为独立的信息流。在数据要素相互联系和关系作用中构成和蕴含着更为丰富可供开发和挖掘的数据信息内容。这些具有重要价值意义的信息资源，虽然寄居于数据存储空间之中，但同时具有独立于储存空间的独立性存在价值，即更为高维的数据体系结构。经验“数据”把对“外部现实”世界的一些描述和分类的确定模式强加给我们。[①]数据空间与传统信息空间的最本质区别，在于其特殊的渗透性。这是因为，通过计算机强大的数据分析能力和信息技术的特殊性，信息和数据的分析范式其具有了哲学解释学意义上的重大理论工具性价值，即为认识世界提供了更加丰富的观念体验。这种分析范式的变化，以其新颖和独特的方法模式，将传统意义基于文本层面分析的方法进行了格式塔转变，赋予其新的视角和观察维度。特别是基于形式化的逻辑处理方式和数字化的计算实现途径的有机结合，实现了对客观世界进行全新的范式性解读的可能。在数据空间中，针对数据存在，可以抽象出它们及其之间的信息（本体），而这些信息（本体）又以数据的方式存储在数据空间中。从数据空间角度看，计算机就是能够使计算方式在功能上组织起来的结构系统，而计算就是研究算法的实现，一种空间结构的最优化关系处置就是在算法选择和执行过程中筛选最优路径的实现过程。

（二）数据空间对象域的分析方法的转换

理论的模型结构和“数据领域”赖以产生的微观世界，理论的模型结构和“数据领域”所产生的微观环境，能够形成对现实世界结构的精确解读与建构。并通过模型的调整和数据的转换，及时应对现实世界新的情形变换。所以从某种意义上理解，“数据是最重要的代表”[②]，但“相关性并不意味着因果性”[③]。数据空间不再是对世界完整性和准确性的描述，更多的是在实践基础上用符号化信息来规制和表征世界，以对象化的方式展现世界。在数据空间域中，信息的编码方式不仅仅是一种解构形式，更为重要的是在信

---

① 吉登斯. 社会学方法的新规则——一种对解释社会学的建设性批判［M］. 田佑中，译. 北京：社会科学文献出版社，2003：241.

② 劳斯. 知识与权力：走向科学的政治哲学［M］. 盛晓明，译. 北京：北京大学出版社，2004：111.

③ 博克斯-史蒂芬斯迈埃尔，等. 牛津政治学研究方法手册［M］. 臧雷振，等译. 北京：人民出版社，2019：306.

息化的理论认知框架下实现信息意蕴与主体间的互动。以超文本链接方式及多重路径提供的非线性的语义网络，改变了我们认识自己和重构客观世界模式的方式。通过新的编码和技术框架，提升已有数据关系性分析能力，从而实现主体性要素的连接。在基于大数据规模的数据结构体系中，所面对的对象已经完全是从模糊的数据集合和信息环境中分析获得更为全面和有价值的信息，从而减少对信息的逼真度和数量规模的需求。现实空间的数据空间投影和衍生，使得物理空间与数据空间的关联性体现在物质实体与信息表征之间的关系上。数据空间的现实性价值不仅是一种数据的存储场所或容器，而且是主体要素间相互交往共同构建的结果。一种数据空间认知框架的改进，揭示出现实空间所没有体现的一种细节性和可能性。但是，如果仅仅从空间建构角度看待空间价值，还无法完全展现出空间理论的重要实践意义。“空间结构性引导”的意义在于，空间内部结构的优化和调整，充分显示出引导性，通过各种设计和技术路径，人们自发地顺从它的指引，从一个空间规制引导到另一空间。这种以新的结构化联系模式内生出抽象和虚拟的空间特征，形成了一种新的思维分析和解构性过程。

计算机数字化信息储存和信息处理能力与现代通信网络技术的联结，产生了基于大数据规模体系下的新的社会生活和交流的空间，这对认知方式将产生更为巨大的影响和冲击。数据的生产过程不仅记录了人类的行为，包括工作、生活和社会发展的各个方面的信息，而且实体信息被数据化后形成了规模不断拓展和扩大的数据集合体，这种以几何级速度增长的数据空间最终在数据爆炸的外部形态中和计算机系统中形成数据空间。当面对一个数据空间中天文数字般规模的数据集时，用什么理论和方法来研究这个数据集，并逐步揭开数据自然界的现象和规律，这就需要探索新的理论和方法。人类可以通过探索数据空间的结构方式以及它所特有的现象和规律来探索真实的社会行为活动过程和外部对象特征，这赋予数据空间特殊的认知性的使命。将现实社会发展进行逻辑化处理，在此基础上再量化为数字化的可计算进程，从而在物理空间之上构建起信息化的空间结构。网络空间的编码知识，使得其在传递和表象上超越了现实空间的无效信息度，更加真实和规范。人们从认知的客观世界中抽取信息并使之符号化，进而通过储存、组合和加工实现独立信息空间的构建，并成为一种独立运行的客观信息流而存在。这种基于客观的量化描述世界的方法，成为信息空间特殊的观察模式和方法。在计算机科学或信息科学的一些领域，数据获取主要是指从客观世界中获得数据。给定一个数据集，不需要计算机也应该能够对该数据集开展研究，即对数据的研究可以与计算机无关。但是自然界中的事物以数据的形式存储到计算机系统中，即信息化是一个生产数据的过程。

在科学方法论研究中，因果性的另外一种形式表达就是某种函数的依存性，即通过函数的依存性来表达现实，因为第一个事件“引起”“产生”“造成”第二个事件的“实在的”关系或“本质关系”。[①]符号功能本身正是我们对于“对象”和实在关系的全部领域的先决条件。我们必须把函数的构建过程视为一些因素共同发生和互动的产物，这些选择碰巧在特定的时间和空间中，即在实验活动的环境内，构成了这些因素的影响与相关性。而在构建的过程中，这种函数体系所体现的系统复杂性就是系统对一个过于复杂的环境所产生的能动反应。也就是说，对这种环境来说，基于抽象的系统分析方法，通过内部重建增加它自身的复杂度来适应环境复杂性上的差异，以数据空间进行社会关系的调整所依赖的信息编码方式是数字化的，而不是模拟化的。数字化编码对信息强行实施二进制还原，实现了数据库的解构以及数据库与社会的关系的重构。在此过程中，不应把空间抽象地设想为物体共有的一种特性，而应该把空间构想为连接物体的普遍能力，将双方的某种行动从复杂的社会背景中抽象出来。所谓“抽象”，意味着他们只是将自己能够功能化的部分提取出来，而不再需要人作为整体的人进行相互交往、相互交流，也不再需要人作为整体的人来面向这个世界。通过数字化编码的信息进行的规制，会因为使用数据库所使用的语言而构成了新的主体，具体到法律制度层面，就是一种规范空间的产生。信息概念和方法原理的普遍性存在，使得

① 卡尔纳普. 世界的逻辑构造[M]. 陈启伟，译. 上海：上海译文出版社，2008：295.

与传统学科之间形成了交叉渗透和映射关系。从这个意义上讲，数据空间通过操纵不同信息单位之间的关系构建着个体。数据空间所承载的调节机制，不仅有它们的非歧义的语法结构，而且有它们的电子化编码方式和电脑化储存方式。这种关系模式却在现代社会发生了根本性的改变，通过空间强制与空间引导形成一种秩序，这种秩序有助于日常生活的展开，更有利于内在化的社会规范的确立。从数据空间结构化过程来看，计算科学领域关于知识生产的规律有可能被挪用到法律领域，以解构法律知识的生产过程，提高法律知识的质量水平。具体到法律分析方法的应用，其意义在于特定的技术和人的关系被置于具体的地域和历史情境中进行考察和处置，将自身投射到空间中，并在此过程中生产空间。两种空间投影之间的首要因素在于交互主体之间的共同构造性，通过信息和知识的传播和交往，得以嵌入在场和情境中。现代社会发展有一种抽象化的趋势，这种形势实现了对具体地域和场所的依赖，使得人们的社会活动摆脱了局限性。这种抽象性和抽象化机制是诠释社会抽象性的重要手段。信息处理的方式是对外界环境的偶然性进行调节，以一种全新的认知方式实现对外部空间的抽象，实现其理解和控制的过程。

（三）信息分析范式的构建

当世界范围内的组织、单位或公民将社会经济、文化及个人工作生活信息存储到计算机系统中时，数据的整体性将反映这个组织、这个城市或这个国家整体的状况，包括其国民经济与社会发展的各种规律，但是这种数据规模的巨量性，使得这些规律的把握无法再简单使用人类分析能力来完成。世界各地数以亿计的计算机使用者以各种各样的方式输入、生成或创造数据，这些数据的指数级增长不仅形成了人类自然算力无法承载的分析对象，也使得在这些数据要素之间所隐含的不为人类所直接认识、多样复杂的关系特征，形成了数据空间的自我指涉性，即自涉性特征。从描绘具体问题层次到更高抽象层次的跃升，必须跨越传统数据空间结构的鸿沟，在此过程中必须运用抽象模式化的处理模型对行为活动进行效率性处置。正如技术哲学思想认为“测量某物就是将其定位于可能的测量结果的有序空间内，即测量预设了表征”[①]。这是因为，一台熟练的仪器不仅仅是用物质包含命题知识和思想，还整合了思想和物质实体。在这种从实体到关系转换的过程中，特别强调事物的本质在于其特定关系的定义，这种关系的存在，界定和蕴含了事物对象性的价值存在，是对事物本质属性的外化性体现，也就是说，事物属性总能够表现为它与外部事物的关联程度。而空间哲学所建构的要素间关系，则是使这种客观性内在化的重要路径，从而以抽象的结构要素来体现外部客体世界的复杂性与可能性，两者之间的耦合程度也成为空间构建有效性的重要尺度。耦合也称耦合性，是系统科学的一个专有名词。从词源学角度看，耦合性来源于工程领域关于各模块之间存在的控制、调用、数据传递等相互作用机制。随着系统科学的发展完善，耦合性被广泛应用于描述系统要素之间、子系统之间以及系统与环境之间的聚合性和关联性程度。从方法论角度来看，耦合性研究和构建的目的在于通过对具有相互关联的系统进行有效引导，促进彼此要素有效衔接和功能整合，实现整体性和协调性的有效增强。具体到数据空间而言，如何利用数据，将价值和规则有效加以利用和处理数据的能力本身一样都具有重要价值和意义。这就需要从信息方式的角度对数据空间整体性进行全息式透析，并且从自身性质和规范尺度对世界整体和各部分领域关系做出解释和引导。

数据主体作为数据空间的抽象概念，是在较高维度上将信息系统中的数据进行综合、归类和抽象，是以外部客体为研究对象，分析所涉及的所有数据的集合，即这些数据能够满足该类分析对数据的所有需求，面向外部主体将数据按照分析主题重新组织。数据映射是指在数据源中的信息要素和整合数据空间构成中的数据要素之间建立的映射。数据整合是根据数据间映射关系来实现的。确定好统一逻辑数据模式后，则可以在统一逻辑模式和各数据源模式之间建立数据关系映射。数据空间的构建和分析方法的意义，首先在于从数据空间中获得一个对实体而言具有特定意义的数据集。在这个过程中，需要对该数据集进行数据研究分析，即以数据挖掘或者进行数据实验以

① 贝尔德. 器物知识[M]. 安维复，译. 桂林：广西师范大学出版社，2020：12.

发现其整体特性，进而发现数据空间的规律性运行机理。所谓数据挖掘[①]，是指在规模巨大的数据集合中，从特定媒介和环境中选取和定位所需要的访问数据，这是一项非常难以完成的工作，需要研究一个给定数据集的存储结构和逻辑结构，即构建特定的联系集合。在处理过程中，通过合适的数据抽样可以在样本数据上获得所需要的关联规则。首先定义好数据模式的抽取对象，进而从大量的真实法律关系中抽取相关知识点作为实体，从而使实体与要素之间建立联系，形成高度逻辑的知识体系。建立一个数据本体的主要工作是对各种要素数据的重新解读，梳理数据之间已经有的联系结构，进而建立新的联系结构。具体而言，面对一个数据集，需要在进行数据挖掘或建立数据仓库之前，分析数据集或相关数据源是否有挖掘价值。分析给定的数据集，明确其组成部分，确定各部分的内在联系，最终得出高层描述获取数据集的信息属性。算法是以数学和计算机代码的表达，通过数据挖掘展现所不知道的客观数据之间的关联性，将法律的文本和符号的法律外化降维到现实空间的过程和事实，通过获取大量计算机可读的知识内容，进而实现将不同数据源的数据进行融合性分析，构建数据之间的关系结构。运用数学特别是统计方法来帮助概括一定的社会关系并在空间中得以表达时，这些关系才能够更好地予以实现。通过法律概念分析成机器能够读懂的知识结构，并建立起知识与概念之间的联系，让机器读懂信息。法律数据空间中所蕴含的重要价值，通过计算机算法可以通过大量数据的关联和聚合，增强对数据的分析处理能力，为传统实证研究赋予开创性的可能。

从计算政治学角度看，基于数据空间特征的数学模型方法本身就是连接实践与认识、感性与理性、主体与客体的手段和桥梁。随着计算机在数学及

---

① 从信息技术角度看，数据挖掘是先进行整体数据集的勘测工作，把握数据集的总体特性，用抽样分析的方法发现数据集服从什么分布、个体性和群体性特点，以及要素之间是否具有关联规则等基本原则。随之利用数据爬虫引擎之类的数据工具，搜索到一些可能有用的数据源，然后从这些数据源中获取数据，再进行数据清洁和数据转换，并进行数据整合，最后将有用的数据存储到数据仓库。

其他领域的应用而出现的科学可视化、虚拟现实、计算机仿真、计算机艺术等新技术、新方法，将引出图像思维这种新的思维形式。“表象”就是把一切都立为“对象”。在“表象性思维”范围内，一切都是对象性的。海德格尔也称这种“表象性思维”为“计算思维”。从关联关系到信息结构的变化，强调既定信息结构的改变可以理解为某种动态组织整合的过程，正是信息结构将不同的组成要素整合为统一的系统。特定信息结构模式的稳定性的持存，可以将某些事物的内容以间接存在的信息形式长期保存下来。物质结构的建构是通过信息结构的建构实现的，通过对信息本身进行的加工和改造，创造出新的概象和符号信息，从而实现建构功能的基本作用形态。数学家一方面通过数学模型法不断从客观事物系统中提炼出数学问题，或者说不断从现实问题中提炼出数学问题，使数学保持强大的生命力。一方面通过将已有的数学知识应用于数学模型，解决现实问题，证实自身的价值和真理性。自然科学的“纯”事实，是在现实世界的现象被放到（在实际上或思想中）能够不受外界干扰而探究其规律的环境中得出的。这一过程由于现象被归结为纯粹数量、用数和数的关系表现的本质而被加强。在数字化生成中，“我”就是“我”，而不是统计子集。“我”包括了并非统计意义上的信息和事件。信息时代的文本和载体都围绕着信息处理设备电子数字计算机的发展而变化。计算机在固定不变的高速度下进行二进制加减运算，传统的图形符号文本被离散信号重新编码，转换为二进制文本。具有信息处理能力是一切智能生物或物体的共同特征，这种处理能力包括信息的存储、传递和发布以及信息形态变换、信息接收等环节。最一般的抽象总只是产生在最丰富的具体的发展的地方，在那里，一种东西为许多所共有，为一切所共有。这样一来，它就不再只是在特殊形式上才能加以思考的了。对于具体政治科学来说，这种反映表现为一定的模型，它可以是具体的实物模型，也可以是抽象的理想模型。就数学来说，这种反映表现为抽象的理想模型，具体而言，是抽象的数学模型。

第三章 计算政治学模型空间域

从上文分析可以看出，自古希腊人所开创的形而上学研究思路为起点，基于逻辑表象性思维就成为理性主义发展的重要传统。其基本理念在于把一切立为对象，即对象性思维。因此，作为工具性的空间体系的构成形态，其作用机理强调事实存在的空间必然在主体观念中通过工具形态转换成各种形式的符号和抽象结构，通过对这种符号文本的研究揭示客观事实的基本特征。从技术角度看，这种研究源于结构主义与符号学研究的理论范式体系与对象介入性，以及上述思想理念和方法在自然科学与社会科学中共同的影响机制与特征表现。正如结构主义所认为，所谓结构是万事万物基本的存在方式，世界不是由“事物”组成的，而是由“关系”组成的，事物只不过是关系的支撑点。[①]结构具有系统的特征，即由相互制约的诸成分组成，其中任何一个成分的变化都会引起其他成分的变化，系统通过把它与结构链锁中环绕着它的事物分开的方式来赋予它意义。从观察中抽离出来的单位并不必然符合现象背后的基本结构成分。因此，工具空间的价值在于借助于各种工具的符号系统转换作用，人的认识活动能够打破基于感知维度的感性直观现实局限，以逻辑化的形态分析并开拓出更为丰富、广阔的现实世界。认识工具性介质的存在意义在于高度概括所产生的更高层次的抽象信息，其基本特征体现在所表征对象在更高思维层次上成为一种抽象的结构空间，即成为一种在更高层次上以抽象的要素形态间接地抽象反映和建构属性的一种空间体系。

现代技术哲学思想认为：“模型和世界之间的重要关系不是一种像真理

① 李幼蒸. 结构与意义[M]. 北京：中国人民大学出版社，2015：465.

那样的语义关系，而是在两个非言语的实体——一个抽象的模型和一个真实的系统之间的类似性，真理只是在描述模型特征的语言和具有这些特征的模型之间的关系中起着相对较弱的作用[①]。”可见，没有抽象思维的不断发展，没有研究方法的形式化、符号化，就没有以符号形式为特征的逻辑运算工具的推进，也就没有现代社会科学研究的发展和进步。正如马克思所言，“在抽象的最后阶段（因为这里谈的是抽象，而不是分析），一切事物都成为逻辑范畴”，此时“如果我们逐步抽掉构成某座房屋特性的一切，抽掉建成这座房屋所用的材料和构成这座房屋特点的形式，结果只剩下一个一般的物体；如果把这一物体的界限也抽去，结果就只有空间了；如果再把这个空间的向度抽去，最后我们就只有同纯粹的数量，即数量的逻辑范畴打交道了”。此时正如马克思所认为：“正如我们通过抽象把一切事物变成逻辑范畴一样，我们只要抽取各种各样的运动的一切特征，就可得到抽象形态的运动，纯粹形式上的运动，运动的纯粹的逻辑公式。”[②]理解一个对象，就是了解它在所属的系统中的结构“体系”和要素“特征”，也就是它与其他相关对象的各种量化的制约关系，从某种意义上讲就是确立该对象的“数学化”抽象模型。因此，从某种意义上理解，“当其或者存在于一种纯公理的概念结构（逻辑、数学、认识论）之中，或者存在于语言和行为的既定领域的结构之中时，被看作是正确的”[③]。也就是说，在对认识对象的分析过程中，构成研究对象的基本形态或对象，并非现实性的客观认识对象，而是表现为一定形式的以认识主体的思维活动，就是通过对这种素材的组织而完成的“表征对象”。在此过程中，主体映射出构成世界的本原客体和符号中介之间的关系，更为重要的意义在于一个由抽象符号性存在所构成的现象复合体要比一个客观的物质存在集合体有更为现实性的认知和把握，同样也更容易在抽象系统中具有被实现“实验化”的可能。因此，作为一个分析框架的形态变化

① 施雁飞. 科学解释学[M]. 长沙:湖南出版社,1991:9.

② 马克思恩格斯选集(第 1 卷)[M]. 北京:人民出版社,1993:138—139.

③ 李幼蒸. 结构与意义[M]. 北京:中国人民大学出版社,2015:619.

为视角，在新的社会发展现实变化中，如何认识和把握计算政治学研究的工具空间形态的转换，为我们理解和把握政治科学发展的新趋势提出了新的视角和思路。

一、计算政治学方法论模型域的空间形成

现代技术哲学思想认为，自然科学与社会科学或人文科学之间存在的差别，是一种基于研究对象形态的差异性，并不是一种存在于普遍适用的方法论或本体论上的本质性的特征差别。与社会科学研究相类似，社会科学外在形态的多样性构成同样也是其内在动态结构的一种外部“映射”。从这种映射关系角度看，社会科学家也像自然科学家一样，研究的主要目的和过程就是透过混乱与易变的表面特征和外在反映内容，去揭示现象背后所隐含的内在秩序规律。也就是说，对外部形态的反映对象进行分析，和自然科学家发现自然规律运行相类似，能够发现社会与文化因素、关系与相互作用因果关系链条，从而为社会学研究的科学化提供了方法论。不可否认的是，虽然强调两者的相似性和可比性，但与自然科学相比，主体性价值要素的影响和介入，使得社会科学所表现出的方法论和本体论的不稳定性明显。这是因为“并不是说自然科学不涉及类似的背景实践。而是说自然科学无须把这些实践作为研究的对象来考虑”[①]。因此，如何从深入思考和把握社会科学的方法论特征入手，进一步探讨在研究政治学方法论工具空间的形态转换，是开展研究的基础和切入点。

从方法论发展的历时态发展维度看，方法论空间的形态转换经历了从语言逻辑到数学与哲学、符号学之间的逻辑跨越。在这种表征与描述方式的途径转换过程中，方法论研究逐渐从哲学性的空间体系分析转换为对工具具体形态分析的路径。从古希腊哲学滥觞的洞穴隐喻到影响近代哲学思想的现象学研究，伴随着关于“认识主体—抽象符号—客体对象”的工具空间抽象逻

---

① 劳斯．知识与权力：走向科学的政治哲学[M]．盛晓明，译．北京：北京大学出版社，2004：188.

辑关系去反映、解释，进而改造世界的路径，也就是说在研究对象与视域的转换过程中，实现了研究对象空间形态的格式塔变换。在这个从“完整的表象蒸发为抽象的规定”，到“抽象的规定在思维行程中导致具体的再现”过程中，充分体现出抽象化和符号化思维是西方政治哲学的传统，也是传统政治科学研究的主要方法。所谓抽象化，也就是哲学意义上所理解的形式化，其根本含义在于强调相应的工具中介转换方式，使得外在的一切被感知的要素和由它们组合而成的复杂事物，都以符号和其他某种符号化的抽象形式在意识中形成对应物的图形、声音等编码表征对象。因此，从历史维度来看，政治学方法论通过工具转换所形成的空间表现形式一个比一个抽象，构成一个日益符号化的抽象空间层次形态。正如亚里士多德开创的形而上学逻辑学研究传统所展现出的“理性力量”，在政治哲学思想中这种以构造关于对象的“映像”或“符号”来实现对解构和认识本体本身，以使通过对符号所体现出的事物的观念的逻辑推理过程，来实现对被认识对象事物本性中隐藏的必然性的理解和分析，从而达到以“映像”符号为认识对象域，对客体的本质性进行认知的政治学方法论演进过程。而从外在符号的承载的物质形式看，工具空间的表征过程也经历了从逻辑性空间形态到数字性再到信息性模态的转化过程，体现出抽象性和表征性不断深化的理论形态。

因此，可以看出科学方法论的发展离不开模型的研究和转换，一个理论模型是由同一演算的可以相互替代的解释构成的，这个理论本身就是对这一演算的一种解释。因此，“在形式科学（逻辑和数学）中，模型这个词有一种确定的用法，即表示语言外的某些实体——这些实体处于某些演算的独特的解释的范围之内”①。从方法论角度看，人类认识史上所取得的第一个认识成果就都是用概念、范畴的形式固定下来的。概念是整个认识思维的一个基本形式，概括了客体的本质特征。以概念为形态的范畴空间是人们在认识和改造客观世界的实践活动中所形成的，是物质世界及其关系的反映。概念

① 凯梅尼，斯内尔. 社会科学中的数学模型[M]. 向宁杰，译. 杭州：浙江人民出版社，1988:47.

一旦形成，就获得认识的功能，成为主体认识事物的工具。因此，苏格拉底、柏拉图、亚里士多德开创的古典政治哲学思想，必然要将概念分析作为符号化的载体与形式。在认知过程中则强调欲建构客体的“表征”对象系统，必须首先建立相应的概念系统。而概念空间的形成过程实质上就是以主体概念认知体系为认知中介和工具媒介，通过文本或语言符号对客体存在方式、运动状态以及各种属性进行分析。也就是说，在认识中首先要从现有的社会现象和以往积累起来的认识、经验中形成体系化的概念空间结构。在这种空间结构中，将概念具体化为一个或一组可观测的概念对象，借助于概念间的逻辑关系进行思维分析，按照客体的内在联系对搜集到的事物概念进行加工分析，并以此对现实世界运行做出判断、推理和论证，从而形成新的概念并获得新的认识，以此为认识工具。在这个阶段，政治学研究往往以概念作为表征外部世界特征化的符号化手段，将抽象的概念编织为复杂的逻辑体系网络，通过概念与规则交织形成的“模型化”语言，通过逻辑语言的描述实现对外部真实世界运行规律进行模型“同构”的目标，进而实现以概念逻辑对真实社会运行进行解释和预测的目的。但伴随着自然科学的发展，以机械形态为隐喻的哲学观形成和发展，使得自近代开始以实证主义为特征的分析框架日益成为影响西方政治科学发展的重要工具。基于传统抽象性和符号化逻辑分析工具，正在被基于物质形态的研究工具取代。在此过程中，使用自然科学的工具之所以能够用来改变我们研究人文和人类科学的方式，其根本意义在于科学知识可以通过技术为中介实现对社会性存在进行物质性的认识。从某种意义上理解，现代科学完全是技术化的科学，而大部分当代技术都是科学化的技术。也就是说，“所有现代科学都是从工具上或者说从技术上体现的”①。正是借助于这种工具中介系统，人类能够在“工具空间”中抽象地重新构造现实世界，并以此构成了人类所能把握事物的可能性或可能性空间。这不仅促成人类超越动物的生存状态，而且使自身从直接的现实世

① 伊德. 让事物“说话”：后现象学与技术科学[M]. 韩连庆，译. 北京：北京大学出版社，2008：36.

界中“解脱”出来，从而实现了认识领域能力的飞跃。因此，从“现代技术角度理解认识方法的工具性价值，其本质是通过‘内在关系存在论’使‘物’或物质性的东西‘说话’”①，否则就不可能产生科学，这就是某种意义上的物质性的解释（诠释）学。此时从某种意义上理解，“社会学的一般概念和方法论策略，已经完全被语言、仪器以及各种技能的异质性和专业力量压倒，这种状况已经通过数学家、科学家和许许多多其他领域的研究者对自身活动领域的有力说明而证实”②。当人类进入第二次工业革命，信息日益成为政治科学研究符号化中介新的座架和形态，人类哲学思想的发展认为信息化的本质是将现实世界中的事物以数据的形式存储到计算机系统中，即信息化本质是一个生产数据和数据表征的过程。特别是随着电子计算机技术所带来的信息与通信技术的迅猛发展、深刻创造和重塑政治科学理论基础与现实基础，改变着人类社会的认知方法。这种以数据为基础的社会的来到和迅速发展，使得量化和数字化在实际中实现运用计算，将输出重新整合成与人类认知、表征和话语相似的世界。因此，从发展趋势看，现代政治科学的符号分析已逐步被计算分析取代，逻辑分析方法正在被算法模型代替，如何理解抽象符号的形成以及表现形式的空间转化问题已经变得非常紧迫。正是在这个过程中，“社会研究人员需要将社会科学和数据科学的思想结合起来，才能充分利用数字时代带来的机会”③。传统政治学研究正在被作为计算过程而分解为多项单个步骤，各个步骤、各个阶段之间具有机械的顺序性、严格的制约性。原有以逻辑概念为特征的分析方法，正在被以算法指令等符号语言组合的形式取代。

因此，从工具空间结构形态的发展角度看，在社会科学领域中基于外在

---

① 伊德. 让事物“说话”：后现象学与技术科学[M]. 韩连庆，译. 北京：北京大学出版社，2008:65.

② 皮克林. 作为实践和文化的科学[M]. 柯文，等译. 北京：中国人民大学出版社，2006:15.

③ 萨尔加尼克. 计算社会学[M]. 赵红梅，等译. 北京：中信出版集团，2019:5.

现象或表现对象的认识过程，其中介形态可以是任意的逻辑形态，即符号、数字抑或信息、代码等，其意义在于提供一种框架，将以前的观察结构作为整体过程的组成部分进行理解。在它的发展过程中，对于直觉的事物更加寄托以数学符号加以抽象的描述和叙述。此时，“社会学的普通概念与方法论策略似乎已经被数学家、科学家与各领域中实践者的语言、仪器与技能的异质性与技术的力量取代”[①]。而随着工具方法论形态的不断发展和技术进步，其意义在于从通过数学工具的实现形式，不断揭示出来的量的具体表现形式中，概括或抽象出反映该时代数学研究对象的一般特点。通过回答数学自身运行的逻辑分析结论，映射现实空间具体问题的结构。以数字运算过程处理的形式体系结果，展现出作为现实世界中这些性质和关系最一般和最抽象的表示，从而实现以抽象符号描述和研究现实空间对象的模式转换。这种基于精密的数学的支持、数字逻辑“穿透”物质坚硬外壳，深入到物的深层本质中，实现对物的理性深层把握的过程，以海德格尔为代表的技术哲学家称其为“计算思维”，并认为其体现在逻辑的、理性的、哲学的、科学的思维方式中。

二、计算政治学方法论模型空间的表征性

所谓表征，即通过一种功能性的作用体系，为一个对象找到一个确实可靠的外在表征结构来实现对认识对象的能动性“构造”，并以一种外部性的表征体来实现对认识对象的定义，从而实现一种更为本质的建构性活动。因此，从概念角度看，表征最为核心的理念是其所特有的建构性，这是区别于传统工具解释性意义的重要研究视角的转变。因此，从方式上看，解释学所做的工作在于必须指出一个概念的定义，并指出与相关概念体系间的系统性关联，而表征则通常并不包含这种对于本质特征的逻辑性表达。因此，哲学表征方法论的提出，本质就是强调基于介质的工具性转换，从而探索基于工

① 皮克林. 作为实践和文化的科学[M]. 柯文，等译. 北京：中国人民大学出版社，2006：序言 3.

具要素所承载的意义的发生、传送、理解等基础作用实现的路径。而从工具空间运行角度看，当我们为科学对象的基本事实创造出上述这类表征的工具空间体系时，我们就相当于建立了对这个对象的“构造”。也就是说，“这种构造方法的一个本质特征于此，它对对象名称、命题和命题函项只考虑其逻辑价值，而不涉及其认识价值。因此，从这种意义上理解它是纯逻辑的，而非心理学的”[①]。正如卡尔纳普所认为的，这种基于符号的中介形态所实现的主体间的对象相互配置的过程，并由此形成的他者世界中，产生了一种基于符号形态表达的“主体间的世界”。而根据各个系统的彼此由主体间相互对应关系的对象来构造一个主体间对象的操作过程，就是哈贝马斯所论证的“主体间化”问题。正是基于上述思考，他提出了“主体间世界是科学的真正的对象域”的重要理论命题。而在主体间性的分析模式中，以中介为工具实现的“自我与他物”体系是对现象领域体系的一种解读和重构。

（一）表征的形态转换与特征体现

从工具表征的发展历程看，最基础和最简单的表征形态是在语言范围内对意义的描述和呈现，在各种不同的表征系统中或者通过它们而被产生出来的。而在自然语言的表征过程中，我们运用被组织为各种不同语言的符号同他人做意义交流。因此，在人类文明发展过程中，任何学科的发展首先是基于自然语言的工具而发展进步，其本质是以语言的形式实现具有某种表征的功能的拓展与延伸，与其他符号一起被组织进能携带和表达意义的一种系统中去的声音、词、形象或客体。正是在此意义上，分析的意义模式常常被描述为一种“语言性”事物，遵循这一基本模式的所有关于意义的理论则都被描述为属于社会科学与文化研究中的抽象化分析基础。语言既能够实现使用符号去象征、代表或指称所谓“现实”的世界中的各种物、人及事，也能指称各种思维中事物和构建性的世界，或者指称就任何明显的意义而言都不属于我们物质世界组成部分的各种抽象观念。各种事物、概念和符号间的关系是语言中意义生产的实质。因此在这种认识模式中，强调任何认识过程均无

① 卡尔纳普．世界的逻辑构造[M]．陈启伟，译．上海：上海译文出版社，2008：96.

法离开客体特征的"名"的认知，即概念。而基于语言的意指性功能，通过在各种事物（人、物、事、抽象观念等）与我们的概念系统、概念图之间建构一系列相似性或一系列等价物，我们能赋予世界以意义。这种转化过程的重要标志就是亚里士多德所开创的形式逻辑的研究范式的产生。因此，在语言描述过程中体现出的概念表达形态，所依靠的是在我们的概念图与一系列符号之间建构一系列相似性基础上的"概念空间"的模拟。在这些概念模型中，表征的要素被认识主体能动地进行形态组织到代表或表征那些概念的各种语言中。但是，受自然语言的本身特征所限，在语言和现实世界之间，不存在简单的反映、模仿或一对一相称的关系。正如列宁所指出："概念、范畴系统都是作为客观世界的反映而被表现出来的，是事物的辩证法创造观念的辩证法，而不是相反。"在语言的逻辑分析使用过程中，意指结合的不是单面的存在物，也不是将两个词项聚拢，因为能指与所指各自既是词项又是关系。这体现在同一事态下然而又涉及该条件的无限变种的模式，也就是可以纯粹运用抽象逻辑来推演。

随着社会的发展，人类对于认知工具的要求不断提高，表征的形态也在不断发生变化。人们发现，如果想对事物研究的本质进行深化，特别是如果我们知道了某一事态中各个要素的某些完全普遍的性质，就能知道同一事态下必然出现的无数其他同样普遍的概念。这种能够承载普遍表征作用的工具，就是数学。正如马克思主义所认为："纯数学的对象是现实世界的空间形式和数量关系，所以是非常现实的材料。"[①]数学本身具有的特殊关系性特征，使得与数学相结合形成的交叉学科发展的结合性超过了语言形态概念空间所能发挥的作用，从而对自然科学与社会科学工具空间的形成和发展做出了独特贡献。因此，从一定意义上理解人类社会的历史就是一部数学史。数学很明显是各种关系性特征的表现形态，也提供给我们关于这些特征的方法论工具。从人类文明发展的起点开始，数在实际应用中就与被计数的东西相联系。与此同时，数学发展的意义是致力于寻找既能解释具体的物质事

① 马克思恩格斯选集(第 3 卷)[M]. 北京:人民出版社,1972:77.

物，又能解释抽象的思想事物的本原。因此，“当我们通过数计、度量、几何关系和秩序形态等把数学观念和自然界的事实联系起来，理性的思维便离开了那种牵扯一定的种与属的不完整抽象境界，而进入完整的数学抽象境域了”①。也就是说，能够被数据集合所描述的对象必然满足于集合本身的抽象性量化条件，则某种性质的附加抽象条件一定也能符合这种关系，数学必须从具体的特殊的材料中得到动机并再以“现实”的某个层次为目标。②具体到表征过程，从抽象性来看结构比变数更抽象，它是量的高一层次的表现形式。因为数学的研究对象不仅是函数，而且是以函数为体系架构的结构性关系的描述与体现。结构是对数量关系的进一步深化，在肯定数量关系中的数量体系的量化标准基础上，进一步深化认知数量关系之间要素权重及其拓扑结构特征，从而体现出具有一定性质的特定关系的更高一个层次的量的表现形式。因此，运用抽象数学结构表征世界不是直接对世界本体的代替，而是通过数据模型对现实世界抽象结构的数学化表达实现对世界更深层次认知。在应用已有的数学工具去建立数学模型的过程中，要根据新的研究对象的特点，提出新的数学概念和方法描述新的对象。通过生产和科学的实践，了解现实中存在的数学问题及其背景。通过掌握对象的特征以及各种有关信息，根据研究对象的特性和建立模型的目的，以及数学知识和其他科学知识，对构成问题的因素做必要的简化，用精确的语言进行一些必要的假设。而在这种表征的形态发展过程中，根据假设和已知的信息、知识，以及存在于研究对象中的数量关系，用抽象的数学语言描述现实问题，即从现实问题抽出数学问题，这个过程被称为建立数学模型。即应用已知的数学知识（公式、算法、方法、定理和理论等），求出数学模型的解(称为数学解)。这是因为客观事物是复杂的，可是，人们对复杂事物的反映并不是照相式的，而是一种粗糙化的、简单化的反映，即能动的抽象反映。表征模型的要素与真

① 怀特海. 科学与近代世界[M]. 何钦，译. 北京：商务印书馆，1959:39.

② 梁芳. 计算机引起的数学哲学反思[M]. 北京：中国质检出版社，中国标准出版社，2014:86.

实系统的要素同一或协调关联，能够将抽象模型与真实系统联系起来。模型虽然是设计出来的，但不是凭空捏造的，它是根据要表征的对象的特征或结构、功能来设计的，并经过了实践的反复检验。

（二）数字化表征形态的模式转换

无论是从语言还是从数学，其表征过程均是一种从抽象化的本体到工具的空间转换过程。把世界分为可见世界和可知世界两部分。接着，根据认识对象的不同，把这两部分世界进一步分为实物影像和实物本身、以实物作影像的数学对象和理念。这样，对应于不同的认识对象，存在着不同等级的心灵状态，即精神的想象、信念、理智和理性。那么表征的结构概念，从形式上认为一个工具表征一种现象，但从本质上理解，它包含具有与现象同构的对象结构体系。在逻辑分析中，本体是事物的概念抽象，即将事物用名词表示。在数学表征形态中，本体其实是用数据表示信息，即名词概念是数据，概念之间的关系也是以数据的形态存在。相应的概念空间体系转换为对应的数学模型化解释模式，模型指标是概念在统计认识方法中的形态转换和具体化过程。对于数学家研究问题的方法而言，核心问题是如何把“不可分离的模拟事物加以数字分离”，这种研究方法本身就是一种抽象。所以数学家所说的研究对象是存在的，实际上是一种抽象的存在，必然把它与那些属于这个数的形式与意义相分离。在这种变化空间中，就有数学的适用性完全可以通过数学模型的形态使得所研究的经验系统与那个系统的研究所形成的基于数学之间的相关结构相似性进行描述与表征。而在这种抽象意义上，“我们可以对符号系统到数学记号等许多其他信息携带系统的特点进行描述”[①]。当这种数学表征过程中所承载的物质载体从文本空间转换为数据都存储在计算机系统中时，就实现了计算机能够用本体数据来处理信息的空间形态转换。针对数据存在，可以抽象出它们及其之间的信息（本体），而这些信息（本体）又以数据的方式存储在数据自然界中。所谓数据表现形态，是指采

① 山西大学科学技术哲学研究中心. 爱思唯尔科学哲学手册：信息哲学[M]. 北京：北京师范大学出版社，2015：74.

用信息所具有的精确的数学编码方式来对精练的知识理论进行规范化的表达。[①]以数据为对象的表征空间中，对于数据的处理往往使得对真实客体的研究转化为一种以算法设计为分析工具的对象形态。这一编码和解码过程中，在现实真实世界和数据数学表示之间建立起一种建模关系。它的“文字”是二进制编码码符，遵守的语法是某种编程语言的规则，这种语言把人类熟知的自然语言转换为计算机能够懂得的机器码语言，使之能够得到机器的执行。而程序算法虽然也采取“文本”的形态，完全可以以特定的字符记录在传统的纸张载体上，但这种算法语言与普通自然语言文本的最大区别在于，它是时间相关的，程序文本中包含有重要的执行指令，能够被机器（电子计算机）读取、“理解”，并且执行。因此，通过表征空间的形态转换，这种基于数据形态的表征方式自然在工具空间中具有其特殊的价值存在与意义，为计算机技术在社会科学研究中的应用奠定了坚实的理论基础。基于信息符号的指代功能，不论是概念解读还是信息形态都无法简单地超越数字模型作为认知工具，其功能显示它们的目标客体在相关方面更精准，并且在此基础上，不论是什么样的方法，在不同工具对象所形成的对象空间体系中，表征一方面涉及符号自身与意图和被表征物之间的复杂关系，另一方面又和特定语境中的交流、传播、理解和解释密切相关。在以数据为特征的数字空间中，数据作为表征体本身没有任何实质的意义，但这些符号的组合在一定表征意义和信息效用下，通过对信息进行各种关系重构，从而形成一个新的维度空间。

三、计算政治学方法论模型空间的同态性

马克思主义基本理念认为，虽然在主客体世界二元化的存在中，主体处于对于客体不断的追问中，但通过实践的中介性作用能够实现主客观世界的统一。从前文论述可以看出，之所以要在表征过程中使用工具空间对现实进

① 山西大学科学技术哲学研究中心. 爱思唯尔科学哲学手册：信息哲学[M]. 北京：北京师范大学出版社，2015:37.

行模拟和标志，其根本原因在于人类认识活动中，认识主体很难真正触及客体原型本身，必须借助中介工具获得对原型的间接接触。也就是说，以工具对象抽象形成的空间结构所表征的世界不是表征世界本身，而是表征另一个抽象符号化结构体系。在两个空间结构之间，被表征的现象构成部分之间所具有的结构模式是通过表征本身的构成部分之间的空间关系模式所映射出来的。通过工具的中介作用，在表征形态下对事物的空间形态再现，就像是由它们所描述的事物所投射出来的“影子”，可以将关于初始情境的事物特征转化为去实现关于认识对象的信息的认识过程。同时，被表征信息都在一定程度上保存在关于表征的构成部分的结构体系中，就可以被还原为关于初始情境的信息。各种基于结构主义分析的模型构建理论共同点是承认表征关系中的两个客体或者系统具有“共有结构”，正是这种“共有结构”才使得表征成为可能。也就是说，理论化世界与现实世界之间的关系是一种具有部分等值性的表征关系，从而实现在相似语境中的理想化所产生的模型是对目标系统的近似表征，进而使得理想化的世界与其所表征的现实世界（系统）之间在结构特征、因果特征和动态特征等方面具有相似性。因此，在当代技术哲学研究中，将这种工具空间与原型认识对象之间的共有结构形态称为“同态性”。所谓“同态性”，本质是一种严格的结构主义基本研究范式，强调表征物与被表征物的内容或意义的映射。也就是说，当工具性空间通过用其他更简单的结构属性来代替目标对象的某些复杂结构属性而实现其简化过程时，这种基于空间同态性的建构性结论有利于对认识对象的分析和解读。在对象空间和工具空间之间建立某种相似性关系的前提下，对现实世界的状态及其动态演化过程进行简化表征。

（一）模型同态性的本质特征

从哲学本质理解，表征关系并不是外在模型或符号与本体世界之间的直接关系，而是强调在外在经验现象中嵌入某种抽象结构的结构模型，更为重要的是，表征系统对具体的客体认知内容的编码储存，是根据结构同构得以描述的一种状态。而在认知科学领域，表征特别强调关于意识的外在表达方式，它是基于对象和解释过程的深度性结合，强调表征系统的同构或结构同态性。因此，基于同态性的认知运行过程体现在认识主体按照认识宿体的目的和需要等具体要求对客体信息的获取、储存、传递、加工、处理、提供、反馈等思维操作活动，以便把客体移入头脑。这是认识主体运用已有的认识图式、认知结构去同化客体对象的过程。在认识主体不能用先存认知结构、认识图式同化客体要素的条件下，主体就要顺应客体，改变或调整原有的认识图式、认知结构。同时，主体还必须不断进行自我构建，包括对认识过程非理性因素诸如价值取向、道德观念、行为规范以及情感意志、心情等心理状态的自我控制和自我调节。换言之，基于工具空间的方法论价值分析过程，实质上就是认识主体借助于认识图式对信息的同化整合的过程。认知主体将经过系统地、有选择地获得的客体原始信息，输入认识系统的加工系统。主体认识图式提供了同化客体信息的规范、方法和准则。然后按照这些规范、准则借助恰当的统计方法对原始信息进行同化整合。这个同化过程不仅是两种空间体系要素的信息交换过程，而且是信息的相互作用与构建过程，即经过对信息的加工，从整体上把握信息，系统地把它们吸收到原有的认识图式中去，又以认识图式为依据，把信息进一步抽象化与结构化，从而进一步转化为概念、模型等具体形态，使得认识主体的工具性进入概念模型的整合操作阶段，从而通过一系列概念、范畴、规律的建构达到对客体本质的把握和规律性的认识。正是基于这种能动性特征，使得在分析过程中可以看出，虽然同态性强调两种空间结构之间的体系的相似性，但这种结构的同态性究其本身并不是一种简单的等价关系，即虽然强调两种空间之间的结构等价关系，但其并不必然强调两者在外部形态上的完全结构相等性。这是因为在两种空间形态的相互作用过程中，工具空间对现实空间的同态模拟往往首先是从原型中抽取出来的一个方面或一个部分，或者说是在建构模型中施加了各种边界条件之后的原型，来自原型的基本信息构成了模型构成的客体因素。这些信息包括原型能够直接显露和隐含的性质、属性及特征。

从模型构建角度理解，作为一门涵盖所有抽象符号学系统的科学，是可以对各系统对应类型的普遍分类加以利用的，即理论是世界的建设表征，模型是世界的虚构表征，思想实验是世界的理想表征。这均是表征对象与外在符号网络、符号载体和符号关系相互作用的结果。这种表征过程的本质是意象图式（结构空间）被映射于相对应的抽象构架（结构概念），能够用一个隐喻来表达另一个相似结构。因此，从上述分析可以看出同构等同于两个集合之间的精确映射，这些集合保持了研究域中实体之间的关系。而模型之所以与原型之间具有同构性，是因为其是依据一定的关系组成的集合体，而这种集合体与目标系统是同构的。在进行模型假设前，一定要彻底了解原本的形态特征情况，选择可靠的、存在的模型进行讨论，引入一些重要的变量条件，只有这样才容易使模型的建构可行。换言之，表征的模型与世界不直接发生联系，而是通过信息与世界发生联系。正如信息哲学认为的，在物质和意识之间存在一个客观而不实在的信息领域，信息是标志间接存在的哲学范畴。信息世界的发现从根本上改变了人们对世界构成认识的理论，提供了全新的事物存在与演化的世界图景和思维方式，同样也提供了一种认识和表征事物的方式。从本质上理解，信息是客体内在的本质属性，当然客观信息系统与客体系统保持着同构。直接存在之物首先通过外化信息场来显示自身的存在，是一个具有内在结构和状态的物质的直接存在形式。正是通过内部结构的相互作用，信息才能在复杂的同化和异化过程中分解组合成新的形式。因此，任何来自客体的信息都是信息符号的具体内容。信息符号也必须与信息以及客体具有同构性和全息性。这是正确认识客体的前提。只有这样，认识主体才能通过信息符号的变化，客观、准确地理解、把握和转译信息，进而完成对客体的认识。认识过程从某种意义上理解，就是信息符号操作，是由信息符号将信息带入认识主体的信息图式的改进，并使主体能够撇开实际客体而借助于信息符号系统来推演，再现和整合客体的本质属性与规律。信息符号将来自客体的信息带入认识主体的认识图式，实现客体信息的内化，主体通过信息符号的操作、推演把握客体，然后再将认识成果表现出来实现外化，最后传播给社会使之转化为普遍性的认识存在。因此，信息是认识主体对客观信息的认识、理解和把握，因而信息化是认识工具解读现实性实体的关键。认识主体获得的信息是否与客体的客观信息同构，取决于主体的认识水平和能力。

综合上述分析可以看出，在表征过程中，意义是被表征的实践和“运作”产生出来的。它是经由意指（也就是意义的生产）实践而得以建构的，从而不断构成给予符号化认知对象的全部经验。工具空间的建构也渗透着主观因素，这些主观因素主要来自科学家的知识背景、社会背景和文化背景。知识背景是科学家建构模型的知识基础，社会背景则决定科学家选择建构什么样的工具结构。因此，模型化方法应用的意义在于我们可以构造出所有文化领域的精神对象（它们有些是最初的精神对象，有些是派生的精神对象），即技术、经济、法律、政治、语言、艺术、科学、宗教等的产物、性质、关系、过程、状况等。也就是说，对于社会领域问题和现象“只有通过进一步的构造我们才能对这些领域做出区分，并对各个领域的特点做出描述”[①]。因此，对于社会科学领域特别是政治学方法而言，工具同态性意义不单单是对认识对象的表征和模拟，更重要的是通过对工具模型的构建达到一种模拟现实运行的效果。这关系到社会系统的那些具有充分协调性或内在一致性的要素结合在一起所产生的整体性或功能统一性。换言之，模型连接每个层次（理论与数据之间）乃至每个层次之间的共有结构的关系，为了把数据与现象连接起来，我们必须使它们的模型具有相同的结构。在政治学研究领域中，认识主体在进行相关认识的过程中，只有从已形成的概念、范畴出发，并进行细化和量化，才可能进行信息搜集和信息加工，即使是最后的统计认识成果，也需要借助于一系列概念进行记录和表述。即作为一种社会空间，其本身也是通过相应的符号化要素体系及其运行过程表现出具有高度秩序化的空间存在形态。在这个过程中，政治科学研究的中心任务是以模型化的研究方法，确定社会系统是如何通过维持结构形式而使自身存在下去，确定社会系统是如何通过改变其结构形式而改变其类型。而结构的联系性是由社会过程来维持的，这个过程是由个人的活动、个人之间的相互作用以及他们联合起来进行有组织的团体活动及其作用构成的。在此过程中，从模型运行的意义看，“行为就可根据特定规则（逻辑的、启发式的、联结性的规则等）

① 卡尔纳普. 世界的逻辑构造[M]. 陈启伟，译. 上海：上海译文出版社，2008：261.

视作与代码的表征内容合理地关联”[①]。

（二）模型同态性的数学化转向

所谓模型的构建，是人们对于客体所实施的一种结构分析过程，将事物复杂的外在形态通过最普遍的协调作用从中抽象出来，即从结构的汇集、赋序和找出对应关系等过程里抽象出来。此时，是根据一般解释规则的方式被提取出来。模型是根据被表征对象的主要特征构建的，也就是抽取了它最重要的属性，包括结构和性质。因此，从实验哲学角度看，以模型为工具的构建方式，其现实意义在于“从一个丰富的、复杂的世界到另一个世界的转移，这个世界包含那些能够被视为一致的、统一的以及稳定的对象和量”[②]。卡尔纳普认为：“科学的一切对象都可被看作结构对象，科学的一切命题都可被看作结构命题并且可被转换为结构语句。”[③]关系描述是整个构造系统的开端，因而也是全部科学的基础。而且，每种科学理论的目的，就其内容而言，都是要成为一种纯粹的关系描述。这种关系描述的对象是关系的形式特性，即在认识过程中无须过多涉及该关系的含义和具有该关系的对象的具体特征，而可以直接借助形式化符号对事物之间逻辑关系内容来加以定义。如果两种关系具有相同的结构，那么它们在一切形式特性上就都是一致的。与此同时，如果一种关系的结构被逻辑化的符号描述或表征，那么从逻辑学角度看，其一切形式特征从而也就是被确定的认知。模型构建的过程，其实质就是本质抽象特征，选择和创设出具有内在一致性的理念世界，按照不同的抽取获得现实世界的模型化构建，在现实世界和理论世界之间存在着信息传统和结构约束关系。而模型对于原型的描述本身，不是简单的反映论，而是具有结构性特征的建构论。模型的获得通常需要采取类比和抽象方法，尤其概念模型是科学家通过思维加工得到的，经过一系列的信息变换

---

① 派利夏恩. 计算与认知：认知科学的基础[M]. 任晓明，等译. 北京：中国人民大学出版社，2007：29.

② 拉德. 科学实验哲学[M]. 吴彤，等译. 北京：科学出版社，2015：246.

③ 卡尔纳普. 世界的逻辑构造[M]. 陈启伟，译. 上海：上海译文出版社，2008：268.

之后，模型滤去了真实对象的一些特征，同时又增补了一些特征，因此模型不再是原型的纯粹镜像式映射，而在某种程度上已经独立成为可以被科学家研究的对象。

从认知工具角度看，模型作为目标现象的一个概念表征，也是一种解释方式，通过形成一个认知框架，以这个认识的工具框架表征目标系统。模型不仅具有以其正确的方式为说明特殊问题和过程提供解决方案的特征，而且在一些情况下，甚至可以代替所要表征的实体而成为研究的主要对象。因此，模型不仅是探索自然规律的工具，而且是社会科学研究的重要途径。因为模型不仅是结构，而且承载了内容或语义，这些内容或语义就是对自然现象的解释或说明。正如技术哲学所认为的，“实际科学必须能够把各种不同的东西区别开来。这首先大部分是通过利用其他事物标示其特征来做的，但最后则只是通过结构描述来标示其特征”[①]。因此，模型描述主要体现为现代生活中运作着的各因素的多样性（如力量、物质和事件的多样性等）要求在综合的符号中有一种凝缩，这可以保证在使用这些符号时所引出的结果与所有具体细节都被考虑在内之后的结果一样，因此这个结果也就可以被用在所有特殊的具体例子中。人类就是通过构造一个个不断逼近原型的模型来逐渐认识事物的。通过模型逐步认识事物，那就说明模型本身可以成为研究对象。模型和有机体的运作应该有“同样的方式”，或者说，它们的运行有着同样的过程。要得到模型和有机体的运行有着同样的过程的结论，我们就必须对所谓的同样的过程加以独立的制约。在模型构建过程中不是要把新结构从先前的各种运算已达成的各种“存在”中抽象出来，而是从作为形成过程的这些运算本身里抽象出来的。正是通过构造过程本身构成了种种结构，并不是这些结构事先决定了动作和种种构造过程，能先于动作和构造过程而存在。在模型构建过程中，当把种种结构同它们的来源切断时，人们才可以把结构当作是形式化的本质，也就是把结构重新置于它们的来源中去。

从数学哲学角度看，数学能够担负表征现实世界的责任，正是在于对现

① 卡尔纳普. 世界的逻辑构造[M]. 陈启伟，译. 上海：上海译文出版社，2008:22.

实世界中抽象出的各种理想化的形式模型进行的研究。而数学思考只有可用数字表示的和可精确计量的方面才能把握真实，其能够帮助我们进入数学空间，为现实空间增添了超越其实效性的真实性。[①]因此，数学模型指示了世界的某些现象。数学模型实验是由目标对象所展现的属性之间的相互映射所引导的，经由抽象和同构将抽象程序映射到数学程序隐喻建模，对世界上一些过程、对象或关系进行数学模型的“表征”。通过对数学模型输出的精密度和准确度取最大值，从中筛选出理论上最佳解决途径。“在这种意义层次上，根据我们现在的计算规则或思维规则可知，因果解释就依赖于能够决定存在着这样一种可能性，它在极为理想的情况下能够以数字形式宣称——在某种意义上总是可计算的——一种给定（明显的或主观的）可观察事件，将会伴随着另一事件的发生。”[②]因此，从模型构建角度看，工具空间进行的编码抽象程度越高，越要求认识主体对认识现象的因果本质有更深的洞察和理解。简而言之，抽象可以描绘成脱离摆布形象或其他有特定形式的感觉对象的过程进行抽象化的符号编码而进行的过程。这个过程同时也是以工具为中介形成的抽象空间展现的实在过程，数学模型本身不仅仅是表征，也是两个事物间的替代关系的中介形态。这是因为，量化和数字化在实际中运用计算，随后将输出重新整合成与人类认知、表征和话语相似的世界。[③]根据假设和已知的信息、知识，以及存在于研究对象中的数量关系，用抽象的数学语言表述现实问题，得到所需要的数学化的抽象表征形态。正如柏拉图所言，数学是“把灵魂拖着离开变化世界进入实在世界的学问”。这就是说，数学是由可见世界进入可知世界的阶梯。[④]从数学模型的构建与应用角度看，“各种类型系统从无序到有序的自组织转变建立了一套数学模型和处理方案……用来解释在各种不同类型系统（如物理、生物、社会、认知系统

---

① 舍普. 技术帝国[M]. 刘莉，译. 北京：生活·读书·新知三联书店，2004:78.

② 韦伯. 社会科学方法论[M]. 杨福斌，译. 北京：华夏出版社，1999:44.

③ 拉德. 科学实验哲学[M]. 吴彤，等译. 北京：科学出版社，2015:227.

④ 柏拉图. 理想国[M]. 郭斌和，张竹明，译. 北京：商务印书馆，1995:516.

等）中出现的无序—有序、有序—无序、有序—混沌转变过程”[①]。数学模型可以明确分析出事物的逻辑关系，通过自身结构与逻辑的自洽性排除了表征对象的混乱表现，从根本上揭示了由各个部分、阶段和步骤组成间架结构。因此，数学体系是在日常生活之外得到发展，超脱于充满含混、模糊和无数复杂事物的客观世界之外。[②]通过虚拟的模型或相似物来表达，在这种表达中，理论的高度、理想化的含义是可以计算出来的。因此，模型认知的必然趋势就是数学化。一切严密科学理论“都是以一个数学结构为特征的”，每一种理论都有隐含在该理论公理结构中的数学基本结构。这是因为“选择量和数字，即以符号和数码的操作为基础的认知方式，据称能够减少对人类的其他能力的依赖，例如对模式的解释和对结构的构建形式”[③]。模型的数学化通过使用算法，以函数形式、参数集，以及与一个大的数据集相符合的参数值进行模型构建，通过这些方法选择的模型就会随着越来越多的数据出现而不断被优化，从而实现思维的形式化、数量化、公理化。

（三）政治方法论的数学模型化

数学模型与现实世界原型的同构性，并不是指采用载体物的相似性，而是指所表达的关系的相似性。在人类社会发展过程中，人们首先认识的是名数，它与事物的质相联系；然后才从不同的具体名数概括或抽象出其共同的数量特征，出现抽象的数概念，但这时的数都是一些不变的量，数学家称之为常数或常量。根据研究运动物体的数量关系的需要，数学家又揭示出量的新的表现形式——变量，从而发展成函数思想。19 世纪中叶以来，现代数学进一步深入研究量的运算及其性质，揭示出量的又一新的表现形式——结构。特别是随着统计学的发展，这种理性思维更加严格，按照公式、模式、形式进行思维活动的，以变量分布及均值、方差、相关等为基本概念和命

① 朴昌根. 系统学基础[M]. 上海：上海辞书出版社，2005：538.

② 罗斯扎克. 信息崇拜：计算机神话与真正的思维艺术作者[M]. 苗华健，陈体仁，译. 北京：中国对外翻译出版公司，1994：103.

③ 拉德. 科学实验哲学[M]. 吴彤，等译. 北京：科学出版社，2015：231.

题，遵守统计规则和方法进行推论，形成特殊的模型演绎系统。经过统计整理所用的统计指标的内涵、计算口径、计算方法及计量单位等都是明确规定的，计算公式严格遵守逻辑运算规则。数据模型源于直接观察的经验性参数或者原始数据，模型化这些数据就是对其进行修正、矫正和系统化组织。没有预设，那么模型与世界就没有联系。换言之，一个抽象的结构中不存在任何东西，它能够决定的相关数据模型由理论来匹配，一个特定的数据模型是相关的，因为它是基于某种积聚信息的方式被建构的，是通过某种具体相关标准被选择的，是在一个实际试验或观察的环境中，按照某个目的设计的。要说明模型建构和数据产生、处理、试验分析程序之间的辩证关系的复杂性，就需要创造出来一个能够表征科学数据多样性的模型基本功能。

从 20 世纪政治行为主义兴起之后，以统计为工具的数学模型设计成了计算政治学研究的主流。从政治学研究角度看，数学模型分析的本质就是允许人们从要素中建立新的结构。在政治学模型构建过程中，对于复杂概念的分析可将其具体化为一组统计指标，从不同侧面分别进行测量，然后综合起来从整体上全面反映概念的内容。围绕统计指标设计、统计信息采集、数据显示、分布特征和规律、结构刻画、依存关系测定、因素分析、动态发展规律的探索、样本设计、统计推断、统计预测、统计决策以及模糊对象的统计方法等，实现了模型的不断优化。用于计算统计指标的原始数据和所形成的指标之间保持着必然的逻辑联系，具有严密形式上的一致性，因而是可证实的。而模型化形成的关键，一般体现在指标化过程之中，在对原始政治事实进行理论概括时，需要通过复杂的抽象化思维方法来探寻原始事实本身所蕴含的必然的内在联系，从大量事实、事件或许多情境中析取或抽象出它们共同具有的性质或标志，经过比较、分析、综合等一系列理论思维和逻辑概括，形成对客体认识的概念，然后再将所形成的概念具体化为统计指标。这些具有体系性和层次性的统计指标，能够有效表征客体某一性质的程度、速度、内部结构和外部关系的内涵指标，并随着政治行为对象的现实变化，而经常不断地补充、修订和更新。在政治行为统治指标体系构建完善后，对指标的计算范围、计量单位、计算方法以及空间、时间范围等做出具体规定，以便于模型的操作。同时随着人类认识世界、改造世界活动的发展变化，观察政治现象的统计模型也随之发展变化，用以进行认识的思维方式统计指标也将为适应这种认识上的不断发展变化的需要而不断改进旧指标，或不断形成新指标。换言之，模型的改进是通过对模型统计指标形成新指标和改进旧指标的系统改进而实现的。新指标的形成反映了统计指标发展的突变性特征，随着认识客体在其发展过程中不断出现新事物、新矛盾而对模型产生的新的认识。对旧指标的改进，则表现为统计指标发展的渐进性特征，反映在人们对客体认识的不断深化、日臻完善的过程中。而在此基础上，基于现代统计方法的政治学模式分析，不仅是对简单数据集合所进行的分析处理，更是对复杂、非线性和高维数据对象进行建模分析。根据已知的样本信息，在给定的简单模型族中，去估计产生随机信息的模型。简单模型一般指维度较低，仅与有限个参数相关的参数化模型，强调从数据角度进行统计分析，突破以模型分析为基础的统计分析观点，实现模型的可编辑性与实验性。这种基于符号表征形态的"计算"理念的本质就是通过形式化的运算给出一个"政治性"的结果。因此，虽然从形式上看起来也许政治学研究并非采取形式意义上的计算机数字运算过程，但实质上这一过程的关键点在于分析统计方法的应用条件与客体属性特征的耦合性问题，即"一个概念框架，被精心设计出来以指导实验研究，并揭示那些要不然就会被认为是没有关联的观察材料之间的联系，抽象验算规则和解释模型，成为理论系统的逻辑框架，使得抽象验算与具体的观察材料联系起来"[①]。因此，基于算法和数据结构构成的程序具有一个因果结构。这些事实能够揭示认知对象特征的本质，从而使得对象空间与表征客体之间形成强调表征模型、理论、图解、模拟与目标系统真实现象、客体之间的客观性存在。

四、计算政治学方法论模型空间的基本特点

计算哲学并不简单就是信息哲学，更加注重数据的分析和整理，成了一

① 魏屹东. 科学表征：从结构解析到语境建构[M]. 北京：科学出版社，2018：148.

种以信息为概念体系和方法技术的强大的解释性机制。行为主义所做出的政治分析以及所建构的一般理论体系，往往不能够反映现实政治生活的本质特征。纵观政治学研究历史发展数据空间的范式转变，最为重要的体现就是分析方法和工具的转变，这就涉及模型分析方法的重要意义和价值。正如有的政治学方法论学者提出，“政治学研究者倾向于从一只燕子的数据中得出夏天到了的结论”①，但“统计学让事实说话，其客观性实际上依赖于对它的探究的正当性”②。由于政治生活的高度复杂性，能做量化分析的大多是一些表面的、浅层的因素。因此，对于在新的技术发展环境下政治学发展新的趋势必然是在方法论层面实现率先突破。

（一）从“信息库”到“数据库”的模型要素转换

从前文论述可以看出，一个表征机构依赖于一个表征与其所表征的客体之间的一个共有结构的存在。这一概念比行为等价或模仿更精致，至少对应于关于理论驱动的基本操作集的等价。这种等价性的实现，要求计算模型满足严格的条件以保证模型和认知过程在原则上是类似的。尤其是必须要有一个表征的架构层面，在这个层面上两者之间必须具有更加强烈的相似性。从本质上理解，这种等价性的转换是一种“自我与他物”体系的重构，包含了科学中经验得以获取的那一“现象领域”的一种重构。从哲学现象学角度理解，“自我与他物”的体系并不是独立于人类行为者或主观印象内部世界的客观世界，而是由作用者经历的或与其相关的世界。随着数据存储技术的发展，以计算机技术发展为特征的数据库的结构和语法创造了不同的新的信息之间的诸种关系，这些关系在数据库之外的原有关系中并不存在。从这种意义上讲，数据库通过操纵不同信息单位之间的关系，重构着个体。③在这个过程中，影响新信息产生的因素也将影响这些先前信息的选择性巩固，在很

① 皮尔斯. 政治学研究方法：实践指南［M］. 张睿壮，等译. 重庆：重庆大学出版社，2014:139.

② 伽达默尔. 真理与方法[M]. 洪汉鼎，译. 上海：上海译文出版社，2004:386.

③ 杜骏飞. 弥漫的传播[M]. 北京：中国社会科学出版社，2002:301.

大程度上，新的信息是从这些先前信息中派生出来的。即在信息模型中，一组认知变量的内容是“内部”与“外部”因素相互作用的结果，其外在表现形式是该模型对系统内部结构的外在表征。[①] 在此背景下，“信息方式”这一术语正在被替换成“数据库方式”，并将其作为控制或显现时代的某个图式的总体化或本质化的范畴。国家政府与地区政府的关系，国家及地方政府与经济、教育、宗教、媒体及家族的关系，以及所有这一切与个人的关系，简言之，整个社会基础结构，必须重新校准，必须与信息方式的数据库保持同步。而在数据空间中，数据与本体之间是将数据进行概念抽象形成本体，即相应的名词概念及其相互之间的关系，从而将本体直接数据化。使数据库具有效力的，不仅是它们的非歧义的语法结构，还有电子化编码方式和电脑化储存方式。在这个空间体系中，整个社会基础结构被重新校准，必须与信息方式的数据库保持同步。信息方式的诸多层面，如数据库，都能以种种方式产生新的支配方式，以数字化编码的信息进行的监督，会因为使用数据库所使用的语言而构成了新的主体。

数学分析方法的过程本身将数先验用于表示和解释一些现象，同时通过采用计数规律猜测到事物具有量的规定性，进而把事物所具有的量看成事物的本质、本体，甚至出现把数神秘化成某物其所以为某物的原因。数学本身的这种符号化转换，其核心思想在于将客观世界纳入以经验性与理性化为特征的存在架构和运行体系过程之中。数字化模型是每个客体直接性预设的东西，没有数字表征的形态就没有客体的认知过程。政治行为主体的信息化将数据存储到计算机系统中，这是形成数据空间孪生化的形态，同时相应的研究工作也实现信息化。在此基础上，通过对各种真实世界的可能模型进行实验研究和参数的调整，寻找与真实系统最相近的计算机模型。这种认识过程的本质，是在数学中将认识过程视为现实事物由一种组合运算汇合而成的一个若干成分的集合，这个群可以看作是各种“结构”的原型。从理论上讲，

① 塞蒂纳. 制造知识：建构主义与科学的与境性[M]. 王善博，译. 北京：东方出版社，2001:29.

给定一个数据集，即使不需要计算机，也应该能够对该数据集开展研究，即对数据的研究可以与计算机无关。在计算机系统中，数据是可度量的、可处理的、可观测的，并且占有空间，具有物理属性，所以数据是存在的。数据不仅仅自身是存在的，而且能够表示自然界事物的存在和人类社会的存在，还能够表达自然、生命和行为的存在，甚至能够表达信息和知识。同时，数据的处理也是可以度量的，有时间和空间的复杂性度量。因此，在数据库结构体系中，虽然每个人只是将个人已知的事物存储到计算机系统中，用计算机的语言为现实世界建立模型，再将现实世界的物质和事物及其运动存储到计算机系统中。因此，现在面对一个以数字化形式存在的对象特征将以数据集的形式出现，用什么理论和方法来研究这个数据集，从而逐步揭开数据空间的现象和规律，就需要探索新的理论和方法。因此，在社会科学领域中，信息的产生，即处理数据以产生信息的方式，以及这种信息被内在化而变成知识的过程。在这一阶段，强调的是个人通过实际碰到、处理和储存的数据来接触信息世界。这种空间随着人的活动而呈现出相对独立性的特征，从简单带有外在框架性构成意义的构建性价值，逐步转换成以“数据”为基本组织结构的理论分析框架和思维方式，并具有独特的分析手段和解释能力，从而完成了空间理论从纯粹哲学视域向社会解释学和诠释性分析范式的重大转变。

（二）从“统计性”到“个体性”的模型特征转换

现代数学发展理论认为，数学不是一种数字运算意义上的、以数量结论的确定为目的的计算，恰恰相反，它是这样一种计算，这种计算通过方程式来期待顺序关系的平衡，并“计算出”一个对所有可能的顺序而言的基本方程式，也就是说，计算机并不需要懂得数据所承载的实际对象运行特征。所以，无论何时，有问题的行为都可以简化成物质的转化、编码、解码，或根据一些固定的规则来改变未被理解的数据模式，这样计算机就有可能正常运行。因此，广义上的、本质意义上的计算是指所有对现实之物的对象化都以此方式计算。无论这种对象化是对原因所造成之成果的因果——解释性的追设，还是一种对对象的逻辑分析的过程，抑或是一种对一个结果联系、顺序联系之根据的确定，通过这种基于更高维度重建的范畴体系，对研究对象的分析具有更加突出的灵活性和可能性。应用计算机解决现实问题，首先遇到的问题是把现实问题变成数学问题，然后选择适当的算法，并应用计算机语言编写程序（即软件），最后才能让计算机去解决问题。虽然在现实世界的计算机科学中研究的“计算”是纯句法的，但可以用同样适合于符号逻辑的术语把它们定义为应用形式规则，对抽象符号进行形式处理。因此，在计算政治学研究视域中，用数据为对象创建了一个数据场域，即数据空间。在这一场域中具有信息的数据施展其影响，塑造个人的信息环境。此时，基于数据分析方法的使用，使得记录和测量设备的目的就是通过将其转化为标准的、可携式信息或数据，将观察去情景化，并通过统计方法将信息数据的处理建立在已有的数学或者其他解决问题的程序上。“我们必须圈定可以作为计算机信息加工的界限。它所加工的不是模拟后的模拟机所加工的信息，而是有关模拟机物理或化学属性的全然不同的信息。”[①] 任何物的结构和它所凝结的信息状态都映射和规定着关于自身的历史、现状和未来可能的信息。客体信息已凝结的信息整合，是主体在自身凝结的信号关系中发现了客体的更为丰富的内在关系和更为深刻的本质特征。这种物物之间的某种特化的痕迹，构成了信息空间模式建构和转换的结构变换的印记。[②] 此时数学对象的客观性与数学对象的存在性有着密切的联系。一般来说，数学对象的存在性意味着它的实在性或客观性，而数学对象的存在性则是通过其解释或模型，由逻辑上的可能转化为现实的客观性。当遇到具体的数学对象时，算法已经不是针对某个具体问题的解决方法，而是针对一类问题的解决方法。新算法的出现和积累就构成一类新的数学经验知识，标志着计算数学研究进入了新的历史发展阶段。从连续着的世界进程中抽取出来，并连接成一个独立的空间体系，“这类事实不可能赋予精确的数据，这就给认识本身设置了一条无

① 德雷福斯. 人工智能的极限——计算机不能做什么[M]. 宁春岩，译. 北京：生活·读书·新知三联书店，1986：203.

② 邬琨. 信息哲学——理论、体系、方法[M]. 北京：商务印书馆，2005：98.

法逾越的界限”[①]。

计算政治学发展体现出的数学模型化拟制过程，就是以复杂信息编码化实现数据模型化过程，根据某种具有物质的或概念的实体的系统指涉某物或者相互关联。此时，对数据流及其制度化的分析在有形对象的研究和意义研究之间架起了一座桥梁。这样它就奠定了以行为主义为特征的结构化转换过程的基础。这是因为数学模型与现实的密切关系，反映出数学模型来源于现实又回归于现实。这里的“现实”是指现实生活(包括社会、生产和科学技术）中存在的数学问题。或者简单地说，“现实问题”以一个数学结构空间表达其实验的结果，在建构数学模型过程中，科学家以一个数学结构空间来表达实验的结果，在建构模型过程中，通过在每个点之间建立联系给数据增加更多结构，以便那些点之间的相关关系能以数学方式表达。理论与世界的连接以来，我们如何弥合数据模型与现象之间的鸿沟？数字模型好像是实验室创造的一个纯人工的现象，成为理论拯救的基本现象。一个理论被它的模型的集合描述，理论所谈论的客体类型，是通过那些模型的共有结构被描述的；高层理论适用于底层数据，是根据它们之间的共有结构被表达的。理论与实验模型或数据的规范表征相关，而且这些相关性是通过科学家的积极实验设计实现的。数据模型形成底层结构，直接与现实世界发生联系，因为这些数据模型由许多现象（如测量结构的内容）构成，而这些内容本身就是世界的表征。随着信息技术的发展，以数据为特征进行的信息模型构建，为我们展示了以计算化数据为工具描述真实世界的形态，其中内置了各种数据开关形态，通过数字计算和编码方式的改变，实现对现实形态模型的表征和体现，从而进一步构造出复杂的真实世界过程的数据信息“孪生体”。这种数据形态的表征化过程，其作用机理在于通过汇总个体行为所产生的所有数据元素，以描述和模拟个体行为本身的运行规律。那么自然界中的本体都可以存储到计算机系统中成为数据。而在此过程中，计算对象的形态变化使得已有越来越多的研究开始关注数据本身(如大数据技术模式下的数据挖掘技术)，

① 密尔. 精神科学的逻辑[M]. 李涤非，译. 杭州：浙江大学出版社，2009：54.

说明这些研究工作的研究对象和计算机科学的研究对象不同，因而研究理论和研究方法也不同。大数据的出现促使统计学产生，大数据的到来却使统计学的消亡。[①]这种数据量级的变化，使得传统意义上改变统计分析中基于数据建模、模型估计、估计推断的建模思想对自然机制的模仿，是模型的生成机制产生的。这是因为统计分析并非世界本身具有的，基于数据建模与算法建模方法的并存，是通过以数据要素为对象进行分析，将简单世界的归纳推理模式拓展到复杂世界推理模式。而大数据的出现，则使政治学研究个体行为的描述成为可能。通过对个体活动的数字画像，可以利用先验信息或无信息来确定有关参数的先验分布的问题，由数据提供的信息应该控制先验信息，从而实现对个体行为预判的先验分布或多或少都应该满足其基本的性质。我们通过一系列的转化、变换、计算、选择、组合，试图以认识对象的“足迹”来确定产生足迹的“真实”事件。

（三）从“逻辑性”到“计算性”的模型运行转换

数学哲学研究认为数学可能世界的状态空间领域要远小于逻辑可能空间。因此，从本质上看，数学模型之所以具有自主性，是因为“它们既不仅仅是理论，也不仅仅是数据，而是包含了两者，或者说它们是理论和世界之间的中介”。数学模型本身不仅是知性思维的结果，而且是理性思维的结果，但在数学模型基础上的行为则是理性的。所以，数学模型是经过简化、抽象化等一系列加工制作的结果，是一种理想化的结果。正是基于数理逻辑，特别是布尔代数和图灵机理论，加上电子技术和社会需要，尤其是第二次世界大战的大量计算和密码破译工作的需要，现实的计算机才得以实现对逻辑的分析能力和处理能力的提高。从 20 世纪 40 年代后期起，通过程序的存储控制而实现普适计算的计算机开始获得广泛的应用。这些应用的一个显著特征是突破了原来意义上的计算概念（即数值计算），结果计算变成了对任何符号的形式操作。相应地，计算机也显现出以往只有人类才具备的处理符号的能力。具体计算方法和算法中的“算”，反映了数学知识的经验性。由于计

---

① 李勇. 大数据时代的统计思想[M]. 北京：经济科学出版社，2017：1.

算技术的进步，现代科学正在发生着一场巨大变革，计算已经成为一种基本的科学方法，特别是在形成某种猜想、获得证明的思想和方法的过程中，更是通过大量的数值计算、观察、归纳才得出的。随着计算数学的发展进步，数学实验凸显出来，成为数学研究的一种重要方式。这是计算机引起数学研究方式变革的表现之一。这种变革不仅是用机器代替手工劳动，提高劳动效率，加速数学的发展，而且还将促使人们思维方式的转变。此时，计算机就是恰当地将系统元素组织在一起的集合，这些系统元素相互配合、相互协作，通过对信息的处理而完成预先设定的目标。[①] 在这个转换过程中存在的主要问题是如何理解一个以"计算的是什么和为什么计算的抽象概括"为内容的最高层次的描述，一个对执行计算的特殊算法的较低层次的说明，以及一个（更低层次的）关于算法怎样由物理硬件来实现的解释。这些算法只是辅助我们日常工作的工具——它们只是巴贝奇差分机的复杂升级版，主要还是在执行代数或数值计算，所带来的好处仅仅是将"我"从枯燥乏味的手写计算中计算出来而已。[②]"如果把计算看作是根据一组规则的运算，那么它是一个纯粹的数学过程，属于符号对象及其相互关系的世界。"[③] 正是在这些技术的推动和促进下，计算机科学与工程使得人们能够将"人文与社会、自然界"中所有被认识的事物存储到计算机系统中，从而形成数据空间。在计算机出现后，科学研究开始使用计算机技术，使得科学研究增加了计算的方法。在自然科学的研究过程中，遇到了大量的计算问题，这些计算是手工无法完成的，因此计算机的计算能力在科学计算方面获得了很好的应用，并逐渐成为一种科学研究的新方法，相继出现了计算数学、计算物理、计算化学、计算生物学等学科，并为计算政治学的发展提供了重要的技术支撑。

---

① 天善智能. 数据实践之美:31 位大数据专家的方法、技术与思想[M]. 北京:机械工业出版社,2017:67.

② 索托伊. 天才与算法:人脑与 AI 的数学思维[M]. 王晓燕,等译. 北京:机械工业出版社,2020:61.

③ 李建会,等. 计算主义——一种新的世界观[M]. 北京:中国社会科学出版社,2012:197.

现代计算数学的发展本质，是人们可以把计算机程序看作一种未经解释的逻辑演算。“计算的本质是一种模拟”，即从一般意义上看，任何物理过程的信息活动都是某种计算，都与其他运动形式的信息活动具有某种共性，计算的本质是一种模拟。所以，人们认为不能把计算归结为符号变换，而应从更广泛的角度刻画可计算与不可计算过程的界限。数学概念、公式等也都是作为反映现实世界的数学模型而出现的，或者说这些数学概念或公式都是用数学模型法建立的。但是，把数学模型法提高到方法论来认识，则是 20 世纪以后随着计算数学发展而形成的。这里首要的问题是建立数学模型，而建立数学模型又有一定的方法可循，这就是数学模型法。这种对计算本质的再认识，对计算机科学具有理论和现实的意义。因此，计算政治学认为，当蕴含在自然界中的计算与描述它的算法建立起映射关系后，我们原则性地认为在系统输入与输出等价条件下实现了算法对现实的表征和模拟。这种研究模型的转换与传统的基于逻辑分析的推理模型相比较，是一种思维方式的转变。即在这种计算性思维方式中，系统由其处于某一特定时刻的性质和关系来刻画，但如果采用我们在前面的章节中所主张的计算或信息实在论，则这种说法可以用更一般的信息概念来重新表述，即一个系统的态就是由描述其所需的信息组成的。但是，这种思想必然受到传统政治学研究者的质疑。正如斯蒂格勒所指出的，一切现代性从某种意义上“都屈从于可计算性”。毕达哥拉斯学派的“数本说”认为“万物皆数”，即认为数是万物的本原。此时，每一个数都有属于它自己的个别的面目、某种神秘的氛围、某种“力场”。[①] 正是在近代哲学开始发展的时候，普遍的数学作为认识的理想出现了。正如莱布尼茨认为，数学知识之所以如此有效，就是因为它有一套特制的符号语言。通过建立一套“普遍的符号语言”来表达思想和概念，像数学那样可以用来进行“思维的演算”，即“要是我少受搅扰，或者要是我更年轻些，或有一些年轻人来帮助我，我将做出一种‘通用代数’，在其中一切推理的正确性将化归于计算。它同时又将是通用语言，却和目前现有的一切

① 列维-布留尔. 原始思维[M]. 丁由，译. 北京：商务印书馆，1981：201.

语言完全不同；其中的字母和字将由推理来确定；除却事实的错误以外，所有的错误将只由于计算失误而来，要创作或发明这种语言或字母将是困难的，但要学习它，即使不用字典，也是很容易的”。这样，按照用计算代替推理的思想，当人们遇到争论时，就可以拿起笔来，说“让我们来算一下吧!”便可以判断谁是正确的。这是试图创立这样一种理性的关系体系，它能把合理化了的存在的全部形式上的可能性、所有的比例和关系都包括在内，借助它能把所有现象——不论它们客观的、物质的差别如何——都变成精确计算的对象。在对复杂事物无法进行直接研究的过程中，这种建构作用的发挥就是通过信息结构的异化性建模，达到对事物或过程进行研究的目的。正如马克思所说：“这种算法通过肯定是不正确的数学途径得出正确的(尤其在几何应用上是惊人的)结果。人们就这样把自己神秘化了，对这种新发现评价更高了，使一群旧式正统派数学家更加恼怒，并且激起了敌对的叫嚣，这种叫嚣甚至在数学界以外产生了反响，而为新事物开拓道路，这是必然的。”①

① 北京大学《数学手稿》编译组. 数学手稿[M]. 北京:人民出版社,1975:88.

第四章　计算政治学技术空间域

科学技术特别是技术文明的进步，不仅促进了经济社会的发展，同时也极大地推动了人们思想观念的转变。从某种意义上看，现代技术哲学的思想发展，已经不再将技术局限于当今人类生活中的工具、器具等具体物化的科学器械，同时在思想认识层面也不再限制于与机器有关的狭窄特殊领域中分析和解释现象。其理论研究更加强调自近代以来所发展起来的技术发展，在深化人认识世界的能力的同时，更重要的是以“物化”的理论形式来表征实在世界理论本质。因此，技术发展与实在世界之间究竟存在着何种关系的问题，不仅是当代科学哲学的基本论题之一，同时也成为影响政治学研究的重要思想渊源。正是在技术哲学思想不断渗透和影响下，政治思想家在解释政治现象和思考现实性社会问题时，早已将科学和技术作为认知的范式和思想武器，从而呈现出两者相互影响的历史进程，这也成为计算政治学发展的重要技术路径与方向。

一、政治学方法论技术域空间基本特征

所谓的“技术政治学来自技术的调节，这些技术调节是构成社会的许多社会群体的基础”[①]，也就是说，在技术与政治的相互融合过程中，“社会中复杂技术的出现趋向于改变和控制那个社会中所有人的思考习惯、动机、个性和行为”[②]。正如著名技术哲学家伊德所言：“科技是以中立的姿态，

① 芬伯格．技术体系：理性的社会生活[M]．上海社会科学院科学技术哲学创新团队，译．上海：上海社会科学院出版社，2018：11.

② 温纳．自主性技术：作为政治思想主题的失控技术[M]．杨海燕，译．北京：北京大学出版社，2014：164.

以一种支配力量与政治力量的形式被隐蔽。”[①]纵观人类社会发展，特别是政治发展历史，本质就是一部不断被技术体系介入和形态转换的发展历史，即“技术体系是个试图控制自然、经济、管理或其他环境的技术实践领域”[②]。在17—18世纪，随着自然科学领域研究中牛顿力学思想的巨大成功，力的概念所涵盖的范围不断被拓展，人们开始用“力”的观点来看待一切，从而形成了以机械为决定论的世界观。19世纪前期起能量守恒定律和新的能量形式的发现，以蒸汽机、内燃机等为物质载体更为抽象的能的概念也开始在思想认知领域中不断拓展与泛化。而20世纪初的物理学理论革命，又进一步揭示和赋予了能以新的认知角度与内涵，结果产生了宇宙中的一切皆为能的哲学理念。随着电子计算机和互联网的广泛应用，以计算为物质形态的“信息”取代了“能”，进一步发展成为我们这个时代的象征。从力到能再到信息，技术的承载理论不断发展进步，同时技术物质形态所赋予的认知功能也在实现特定功能和目标过程中，以内隐的方式物化在特定的物理客体中，从而实现了“物质性诠释学的批判性的、解释性的活动”[③]的历史发展规律。在这种解释过程中，通过这些客体以“工具”或“机器”形态与对象内在关系存在，按照隐性表征或固化解释框架来执行和表现一定的功能，“使‘物’或物质性的东西‘说话’”[④]。从上述分析中可以看出，作为一种具有影响社会发展和思想认知的重要中介因素，技术通过一种“中介”的方式实现主观世界和客体世界的统一。技术不仅被科学所忽视，而且占主导的科学哲学以数学—逻辑的模式来解释科学，体现了科学中技术的作用。正是借助于技术的外部性作用，人的本质发生了变化。人的主体性以及对诸客体的统

---

① 伊德. 技术哲学导论[M]. 骆月明，等，译. 上海：上海大学出版社，2017：34.

② 芬伯格. 技术体系：理性的社会生活[M]. 上海社会科学院科学技术哲学创新团队，译. 上海：上海社会科学院出版社，2018：232.

③ 伊德. 让事物“说话”：后现象学与技术科学[M]. 韩连庆，译. 北京：北京大学出版社，2008：97.

④ 伊德. 让事物“说话”：后现象学与技术科学[M]. 韩连庆，译. 北京：北京大学出版社，2008：27.

治力量和支配力量，在技术化时代成为技术统治最可靠的工具。

正如在海德格尔的理论体系中，用 Gestell 即“座架”这一概念来概括和表达现代技术所具有的这种功能。海德格尔认为，座架即装置框架，强调技术并不仅仅是手段和工具的总称，即技术是一种“解蔽”方式，实现了主体对于客体认知的深层次把握与解读。[①]所谓“解蔽”，其本质特征强调技术不仅是一种使用性工具，而且是一种认知和分析的手段，是一种发现和剖析事物本质的方式。作为工具的技术，其能力被看作是内在于技术这种人造物系统以外在的使用性，来剥去外部事物所覆盖的“遮蔽”现象，通过技术所特有的理性应用在实践中将一切事物的本质进行挖掘和探讨。在这种思维范式中，技术的价值和意义不满足于把现实的问题变成观念的问题，把人类时代积淀的经验、知识融会到“预置”框架的计划或设想中，经过综合技术的运用，用大量技术要素所进行可控的叠加、分解、重组和验证，从而达到探寻和发现事物各种可能性的目的。

技术哲学基本观点认为，我们生活在一个由“技术的神话”所塑造的世界体系中，人与机器的关系以及如何通过机器维持彼此关系，不仅形塑了人类的物质生活状态，同时也影响着社会发展的历史进程。面对着一个迅速变化和高度技术化的世界，不仅需要自然科学家对这些现象进行严肃的、批判性的反思和分析，更需要哲学家、社会科学家、人文学者从人文关怀的角度对技术发展的现象做出回答，这就催生了现代哲学思想的技术转向。而从技术与政治关系角度看，技术哲学认为，技术与政治的关系体现在一种“技术领域中的政治能动性”[②]的能动关系之中。这种能动性强调，不论是经济的、政治的，抑或是管理的因素，本质特征都是社会技术体系的作用对象。也就是说，技术体系的作用机理在于强调技术最根本地依赖于一种解释性的抽象行为，即抽象提供了技术元素。这些技术体系的元素在技术架构的组合过程

---

① 孙周兴. 海德格尔选集：下册[M]. 北京：生活·读书·新知三联书店，1996:926.

② 芬伯格. 技术体系：理性的社会生活[M]. 上海社会科学院科学技术哲学创新团队，译. 上海：上海社会科学院出版社，2018:80.

中，构成了一个现实性的社会物质形态解释框架。这种解释关系的本质体现在，技术具体性应用和抽象的认知活动结合，使得技术上与现实的方面得以识别并从直接的背景上分离出来，并为各种技术要素的意义予以界定和说明。[①]正是在这种要素体系的耦合过程中，实现了把现实世界的认识转换为“技术空间”视域下的研究对象。因此，在技术与政治的能动性作用关系中，“为了控制技术，尤其是在整体上，这更像是在控制一个政治系统或文化系统”[②]，这也就是技术政治学的外在表现形式。

因此，通过技术哲学所强调的技术本质，我们更好地理解了技术不仅是人类社会发展的重要组成部分，同时也更加清晰地展现出技术的进步与人类思想，特别是政治思想发展之间的内在联系。“人类与技术关系的现象学任务是揭示那些模糊关系的各种各样的结构性特征。”[③]也就是说，在世界的技术外化和人造物化的过程中[④]，技术本身所承载的某种工具性价值，有助于对诸如政治、文化等人文社会科学领域现象的解释。正如技术哲学家所认为“有了概念模型，在概念层面实现数学化运行，有了物质模型，演示采用的物质关系可以表征其因果关系”[⑤]。在技术加持下，政治分析方法所采用的研究和行动的手段已远远超过了前人以逻辑分析方法所进行表达和理解所能达到的认知深度，即在“技术环境中又贯彻着一种实践的因果关系”[⑥]。

---

① 芬伯格. 技术体系：理性的社会生活[M]. 上海社会科学院科学技术哲学创新团队，译. 上海：上海社会科学院出版社，2018:260.

② 伊德. 技术哲学导论[M]. 骆月明，等译. 上海：上海大学出版社，2017:125.

③ DON IHDE. Technology and the lifeworld: From garden to earth [M]. Bloomington and Indianapolis: Indiana University Press, 1990:72.

④ 斯蒂格勒. 南京课程：从《德意志意识形态》到《自然辩证法》：在人类纪时代阅读马克思和恩格斯. 张福公，译. 南京：南京大学出版社，2019:164.

⑤ 贝尔德. 器物知识[M]. 安维复，译. 桂林：广西师范大学出版社，2020:39.

⑥ 斯蒂格勒. 技术与时间 3：电影的时间与存在之痛的问题 [M]. 方尔平，译. 南京：译林出版社，2012：261.

二、计算政治学方法论机械体隐喻形态

以伊德为代表的技术哲学家认为，从海德格尔、埃吕尔和马尔库塞等诸多技术哲学家思考范式中，技术所体现出的“具身关系、诠释关系、它异关系、背景关系”[①]，往往被当作一个与诠释学和分析思维有关的术语来首先被看待和使用。这种基于分析哲学的思想强调，作为一门“具身技术”的方法，技术的解蔽性和可读性表现为一种解释性的作用方式，其最集中的体现是以技术的“隐喻”方式所体现出来表征性方法。也就是如前文所述，这种解释的过程体现在现代技术的核心是一个装置范式，一个被隐喻的机械和技术构建的生活世界。[②]所谓隐喻，通常被视为从一个概念域（或源域）到另一个概念域（或靶域）的语义映射，借此来达到对后者的认识和理解。从认知过程和结构形式上看，这里的概念域可以是单词、句子、段落甚至整个文本，它们分别表示单个概念、命题、故事和理论。这就是说，从语言表达方式上看，隐喻是涉及两个不同概念域的陈述；而从认知机理上看，它主要是基于概念所涉对象之间的相似和类比，这就使得隐喻具有了认知的功能。而从技术哲学角度理解，这种概念域所体现出的认知工具，即借助于人们已经熟悉的技术形态源域去认识和把握未知的靶域，也就是把更为熟悉的事物的特点和结构投射到相对陌生的事物上，从而帮助认识后者的特点和结构。换言之，在这种隐喻的转换过程中，“文字性技术将现象置于和理论的客观联系中，正如技术的物质体现将现象置于和人类经验的客观联系中一样”[③]，从而达到西方近代哲学思想体系中基于文本分析范式向技术分析范式的转变。这种具有技术所特有的“可读性”的实践能力，使得先前未被感觉所察觉的实体成为认知理想所分析和判断的对象，从而达到了一种人与机器的

---

① 郑雨. 从工具到机器——技术人工物个体化式微的追问［M］. 南京：河海大学出版社，2012:15.

② 伊德. 技术哲学导论[M]. 骆月明，等译. 上海：上海大学出版社，2017:115.

③ 贝尔德. 器物知识[M]. 安维复，译. 桂林：广西师范大学出版社，2020:9.

“解释学关系”关联关系，通过技术的中介手段“完成了语义学的转换，完成了可信赖的信息输出”[1]。

（一）基于“机器”形态的机械隐喻

从技术的诞生角度看，人类技术发展的本质就是主客体相互统一的过程。理论不是在直接描述客体对象世界，而是用一个模型或一类模型来描述和拓展表征世界的一部分。逻辑上的“模型理论”就是在极其抽象的层面研究对象的结构以及结构间的关系。因此，技术隐喻的理想化建模是一种理想化的建构性方式。这种技术的隐喻作用所体现的进步意义在于，在本体论和认识论之间形成了一种有效的紧密的耦合。即基于技术隐喻的理想化模型在实体世界之间建立某种具有结构或功能的相似性关系，从而达到对现实世界的状态及其动态演化过程进行简化表征和分析的关系。在这个分析框架下，理想化机械结构与真实物质世界结构之间的关系，是一种具有现实性的部分等值性表征关系。正是基于这种分析原理，几个世纪以来，与科学和技术发展的历史进程相适应，“机器”已经好几次作为强有力的隐喻来帮助人们建立关于世界运行规律的基本图景。

从人类进化史上看，技术的诞生也就意味着真正意义上的人的出现。马克思主义认为劳动创造人，而劳动则以能够制造工具作为标志。而这里之所以能够称之为“制造工具”并区别于一些灵长类动物似乎也有“制造工具”的能力的关键，是因为一块儿石头被砸成什么形状，行为者就利用什么形状，需要行为者的思考和认知。即石器制造者会按照事先已有的意图来拣、砸或磨石块儿，以赋予其特定的技术功能。实际上制造者是将思想运作所生成的“知识”外化，并将这种思想认识在石块儿上实现。这种最早的“机器”形态，不仅奠定了文明基础，而且成为古代思想家认识世界的有力武器。作为古希腊时期科学知识的系统化达到集大成的规模，奴隶制社会的技术文明以其系统化、精密化、逻辑化的特征影响了当时诸多思想家的认知结构。当时重视科学技术知识在各生产领域的实际应用，不仅使之转变成为现

① 贝尔德. 器物知识[M]. 安维复，译. 桂林：广西师范大学出版社，2020：19.

实生产力，使得西方文明早期农业、手工业、工程技术、城市建筑都达到古代世界高峰，同时也为思想认识和认知体系构筑了强有力的理论基础。以苏格拉底、柏拉图和亚里士多德为主要思想体系的古希腊哲学世界里，对于技术与哲学的论述就散见于他们的著作中。正如柏拉图所认为的，要彻底了解某个事物，就要按照技工、医师或其他技艺精湛的人了解其工作及产物的那种认识方式来对之进行了解。这种综合知识系统与发扬实用理性的思想传统，对古希腊诸多的政治思想家产生了重要的影响。随着西方现代科学的发展，以机器化大生产为特征的近代工业文明不仅带来了生产力的迅猛发展，而且迎来了自然科学原理被大量引入哲学分析范式的历史时刻。在此时期各种新的科学理论的出现，不仅加强了人们对自然规律和社会发展规律的认识，更为工业革命的开展提供了强大的思想武器。以牛顿、莱布尼茨等开创的基于机械因果联系确定性实体解释特征的本体论哲学，开启了西方近代哲学以定量分析为特征形态的认识论哲学重大转向，西方政治思想领域迎来了机械分析的范式时代。在这个以机械化为“座架”的时代，思想认识的量化特征得以充分展现。而这种以机械化为特征的分析范式则被视为在人类活动的每个领域通过理性得到的具有绝对有效的方法的理性象征，从而被延伸到与机器无关的社会发展领域，成为解读统摄人类一切活动的逻辑。

牛顿所创立的经典力学把“钟表”这个基于具体技术形态的机器形塑为人类近代历史上第一个具有自动运行功能的隐喻。一个机器概念把自然规律与机械论关联起来，使得我们以机器作为认识隐喻工具实现对外界的现实运行图景更加深刻的认知。在历史上，之所以由重力驱动的机械钟能够第一个成为解读世界图景根隐喻，其存在深刻的历史必然性和规律性。这种基于牛顿力学规律为运行规则的简单的机器之所以能有效地运行，是因为它们与其他自然系统一样遵循某些基本的自然规律。研究它们，就有可能发现关于世界运作的深层原理，这就为运用机器作为隐喻或模型认识世界提供了本体论的依据。在技术哲学家视野中，钟表作为一个包括了各种各样、相互连锁的机械过程的整体机械结构而不停地自动运转。这种机械过程各要素之间相互依赖而且彼此平衡，使得系统任何部分的正常运行都以其他所有部分的正常运行为条件。正是基于这种分析模式，当时不仅自然科学领域把宇宙看作是一个巨大的钟表，同时基于钟表制造者的助力，已经制作出类似钟的装置来描绘太阳和行星的运动。当人们把宇宙运行过程看作是一个巨大的钟表，并进一步认为包括人在内的万物皆为机器时，其基本寓意并不只想提供一种关于世界的形象的、比喻性的说法，而更多的是希望能从根隐喻本身的结构中辨认并挑选出具有认知作用的概念框架，据此达到对世界的新的或更深的理解的目的。通过以钟表为原型的“机械仪器”，实现了在抽象科学理论与现实认识对象之间的联系和沟通。这种将机械作为技术体现的居间调节者和获取新知识的途径，不仅增强了人类的身体感知能力，更为重要的是在生活世界与科学世界之间进行了一种巧妙的衔接。

（二）机器“隐喻”从自然到社会的延伸

那么，为什么以机器为物质载体的机械哲学思想具有强大的生命力量和表征功能呢？这与现代解释学发展的基本规律密不可分。从解释学基本原理看，理性主义传统认为所谓解释不能简单依靠直觉从整体上来对一个事物的特征进行分析，必须通过分析事物概念与其他基本概念之间的关联来揭示概念的基本特征。也就是说，由于实在世界的结构和变化过程的复杂性，我们通常需要编织一张以概念为要素的结构之网才能真正认识和理解实在事物的基本特征。但基于技术的解释框架与这种基于文本的逻辑解释方式不同，科学的主要任务是探寻实在世界中存在的大量不同种类对象的共同性质和规律，弄清产生各种现象的一般机理，并且要寻求与那些同样以“机器”作为根隐喻的机械论世界观之间也存在着密切关联性。在认识过程中，面对客体对象以及它们所呈现的现象纷繁复杂特征，为了把握事物的共性结构，就得通过机器这种人工物构建的方式简化所研究对象的复杂性。这是因为与自然界所存在的各种各样的复杂系统相比，人类建造的机器人工装置在组元和结构上一般要简单得多，但又能在简化认知对象的过程中以模拟其运行方式的形式，对其本质进行深入解读。同时这种分析方式最为宝贵的价值在于，通过制造这种机器本身从而能够达到深入理解本体的最好方式，不仅能够更有利于将机器为我们所认识和把握，同时能够采取一种可检验形式，通过对机器运行过程的分析，达到对这种外部表征体符合客观物质对象程度的判断，即“通约性”关系的解读与分析。

正是这种通约作用，使得人类技术的机械化必然带来了“人类行为和社会关系的机械化”①，在此进程中政治思想方法的发展也与其中技术的进步脉络相一致。从人的认知角度看，为了对未知问题得以明晰和研究方便，研究工作者通常会把认识对象简化到最低限度，但这一限度就是简化后的对象仍能显示出一般系统的主要性质、行为和规律。明晰性和确定性是科学假说或理论的基本要求，机械论的要旨与自然科学实际上是结构同构。因此，这种以钟作为机器代表的根隐喻之所以能够在很大程度上促成机械唯物主义的产生和发展，是因为人们倾向于把各种带有自动运行特征的有机体看作是机器。即动物是机器，人是机器，甚至社会的政治形态也是一部大机器，而整个世界被构想成一幅由机械技术和数学结构为模型的机械化图景。从技术哲学角度看，这种带有普遍机械化色彩的思想体系，使得“当作为器物的装置的工具拓展为作为一般机制的工具时，工具的形态为了实现任务或其他任务所采取的方法，此时似乎政府、组织、社会等级制度都应该像锤子与钉子一样被解释为工具”②。也就是说，一个充满秩序和统治的政治社会系统，是与一个人工的技术世界相适应的。换言之，人类世界能够在多大程度上以理性机器的分析模式出现，就在多大程度上受制于这种统治模式。“政治发展是指：社会结构为了逐步吸收所积累的和大量涌现的现代技术而重建自身时，对新的并且更复杂的政治和政府体制的精心设计和创建。”③政治现实之所以能够变成受技术要求支配而形成的一套制度和实践活动，这一演化着的

---

① 温纳．自主性技术：作为政治思想主题的失控技术[M]．杨海燕，译．北京：北京大学出版社，2014：165.

② 皮特．技术思考：技术哲学的基础[M]．马会端，等译．沈阳：辽宁人民出版社，2008：12.

③ 温纳．自主性技术：作为政治思想主题的失控技术[M]．杨海燕，译．北京：北京大学出版社，2014：40.

秩序的特征是“严格的运行标准、硬性的结构限制，以及使人与技术的主奴关系发生微妙变化的趋势”①。也就是说，技术的政治渗透涵盖了技术对有生命及无生命对象加以改造、支配和调整，使之与纯粹的技术结构和程序完全相符的全部能力。正是基于这个原理，霍布斯所设计的利维坦中，与人的运行结构相类似，国家的运行体系中心脏就是发条，神经只是那么多游丝，而关节不过是那么多齿轮，它们如创造者所意图的那样，使整体能够运动。因此，在利维坦的分析体系中，基于技术的技艺不仅模仿了大自然的有理性及最出色的作品人，同时也凭借技艺创造了那个被称为“国民整体”或“国家”的庞大“利维坦”。正是在这种分析模式的引用中，人类政治思想发展迎来了机械空间的隐喻时代，即在政治体系运行过程中“制度化的决策过程，如社会体制以及投资机构可以被描绘成具有技术的特征”②。也正是基于这种思想认知，按照霍布斯提供的解决方案，正是凭借技艺，那个被称为联邦或国家的“利维坦”才得以建立。

（三）政治方法论机械“座架”的本质分析

在技术哲学研究者的视域中，传统哲学思辨所依据的以逻辑判断为基础的研究方法，正在被基于观察、实验、归纳逻辑和有组织的科学研究相结合的技术哲学方法替代。以机器作为隐喻的机械论产生以后，由人类发明的机器的种类、性质、复杂程度和用途的改变使机械论的内涵、具体形式相应地发生了改变，使得它能够与自然科学的发展相协调，并通过自身结构特征对外部对象行为进行分析和解释。但在这种隐喻表征过程中，可能存在一种分析隐患，即单纯按照技术来分析客观对象运行规律，可能存在一种循环解释的困境。也就是有可能把一些基本功能置于关联的技术要素网络中，虽然能够用相互包含的共同功能结构实现彼此运行方式来阐明，但如果无法通过这

① 温纳. 自主性技术：作为政治思想主题的失控技术[M]. 杨海燕，译. 北京：北京大学出版社，2014:202.

② 皮特. 技术思考：技术哲学的基础[M]. 马会端，等译. 沈阳：辽宁人民出版社，2008:17.

种隐喻关系的实质做出回答，那么其解释还单纯停留在基于现实的表征分析阶段。为了破解上述解释学困境，必须采用的是还原或归约的方法，采用一个更为基本的分析框架对两者关系来加以说明。

以海德格尔、伊德、斯蒂格勒等为代表的技术哲学家认为，技术体现为“对象性的器具和数字化的计算”过程，即“用数学方法构成的理念存在世界偷偷摸摸地替换了生活世界”①，换言之，即计算决定了现代技术发展的本质。正如莱布尼茨开创的现代科学技术发展基础，人类需要一种普遍的人工符号系统。这就像算术和代数中所使用的特殊符号以及他为微积分运算引入的符号所组成的逻辑空间，一个是推理包括符号表征的操作，另一个是逻辑可以看作形式的演绎系统，使得推理以演绎的形式根据规则加以展开，从而能够表达和组织人类的知识领域。基于这种原理，莱布尼茨确信通过形式推理的分析方法可以解决任何争论，也就是说，只要把某个引起争议的陈述形式化，它的有效性就可以机械地检验，即“对两个哲学家之间的争论能够与两个会计之间的争论一样对待。因为只需这样做就足够了：各自把笔握在手中，坐在石板上，相互说：算——让我们计算吧。”甚至在某种意义上理解人类思想发展历程，“世界的技术性是一切计算的生存根本。理性的本质是计算构建，计算是存在的数字化和量化”②。这种思维范式，为机器隐喻的解释机理提供了重要思路。但与此同时斯蒂格勒认为，“以计算方式去系统地组织主客体的关系而造成的后果，它们本身无法自我维持”③。如果仅仅是一种抽象的计算分析方式，则无法解释清楚机械能够成为隐喻的根本原因。因此，以机器转向为特征的机械分析方法，本质含义在于其“所面对的技术与计算的器具性”④。在这种思想指导下，基于钟表运行的原理，

① 张一兵. 斯蒂格勒《技术与时间》构境论解读[M].上海：上海人民出版社，2018:32.

② 张一兵. 斯蒂格勒《技术与时间》构境论解读[M]. 上海：上海人民出版社，2018:35.

③ 斯蒂格勒. 技术与时间 3:电影的时间与存在之痛的问题[M]. 方尔平，译. 南京：译林出版社，2012:102.

④ 张一兵. 斯蒂格勒《技术与时间》构境论解读[M]. 上海：上海人民出版社，2018:51.

生产机械的计算装置成了当时诸多思想先行者的探索之路。以帕斯卡的加法机器和莱布尼茨的乘法机器为技术模型，在此基础上现代计算机的先驱者巴贝奇于 1822 年发明了专门用于航海和天文计算的“差分机”。而到了 1834 年，因受到利用穿孔卡控制编制纹样原理的启发，巴贝奇又开创性地设计出了世界上第一台具有普遍计算功能的“分析机”。在这种机器结构中，有保存数据的齿轮式装置（寄存器）、从该装置取出数据进行运算的装置和选择所需处理的数据、控制操作顺序以及输出结果的装置。其所实现的是对抽象计算过程的机械操作，系统地把抽象实体和运算映射到物理机器的实体和过程，从而将机械“隐喻”功能的本质界定于计算性之上，从而为现代技术哲学思想发展做出了突出贡献。也正是基于这项技术的重大进步，使用符号表征和演绎规则的机械装置可以通过“计算”来实现机器的隐喻功能，从而达到破除循环解释困境的目的。正如芒福德所提出的，“所谓人类一切行为，通过适当机械技术手段加上抽象符号，都能转换为量化系统”[①]。在这种思维模式影响下，政治学所基于的根隐喻与其他本体论的根隐喻的关联性在于强调与机器运行背后具有相似的计算普适性，即在“社会中礼制规则转变为机械规则，即将具体物体和复杂事件都大量转变为抽象数字和符号”[②]。

三、计算政治学方法论有机体隐喻形态

从上述分析可以看出，在人类与世界的相互作用中，技术总是表现出的一种结构，是人类—技术关系的一个本质特征。在基于技术哲学的解释学关系中，技术代替了形式逻辑成为现象的解构者，在工具与客体之间形成了一种结构耦合关系，从而实现了由“主体—客体”认知结构向“主体—工具—客体”认知结构的转换。在这个哲学认知的“格式塔”转换中，技术向人类

---

① 芒福德. 机器的神话(上)：技术与人类进化[M]. 宋俊岭，译. 北京：中国建筑工业出版社，2015：115.

② 芒福德. 机器的神话(下)：权力五边形[M]. 宋俊岭，译. 北京：中国建筑工业出版社，2015：162.

展现的是一种具有实践性价值的“表征空间”。由于基于经典力学的机器隐喻的作用解释，机械论得以在18世纪的机械论者所主张的“人是机器”的观点中盛行，这种表征空间的体系是以机器是由杠杆、弹簧和齿轮等组成的机械装置为特征。但是，随着人类科学发展的进步，以这样的装置作为分析框架，无论是在行为对象的灵活性、适应性方面还是在逻辑功能的严密性、完备性等方面都远逊于以人或其他高级动物为特征的生物“有机体”分析模式。特别是随着20世纪初人类生物技术的发展进步，生物学技术的信息化特性越来越得以显现，导致计算生物学和生物信息学等重要科学部门的诞生，更加影响了技术哲学的发展路径。正如越来越多技术哲学家认为的，技术分析的本质在于“为了创造出各种通用符号都联系起来的机制，为了能输入无限的变量和内容，需要在物质操作和抽象思维过程之间建立一个联系”[①]。以技术有机体为形态的分析框架，不仅影响了现代科学技术的走向，同时也对政治学方法论的范式转换产生了重大影响。

（一）生物有机体的隐喻特征

从自然辩证法角度理解，从机械体到有机体的转换过程，首先是一种哲学方法论的重大转型。通过生物学研究视角的转换，在科学技术领域首次发展了以“系统”和有机体系概念为特征的分析方法转换。其中，系统性用来形容把生命组织起来的一种方式，而有机性则用来描述被简化成有组织的生物化学运动规律的一种现象。从技术哲学角度看，这种转换的原因在于人类技术发展进步所实现的“转型实践经常用到的模式或隐喻是一种有机体—环境的模式，而不是主体—客体的模式”[②]，即系统性科学观的建立。系统思维方法是人类社会在机械运动认识方法基础上所形成的一种方法论革命，一旦我们用这样的方式来看待事物，就能够用系统要素分析、结构判断、运行

① 奥尔斯瓦尔德. 代码经济：从远古食谱、城市到区块链、人工智能[M]. 高子平，等译. 上海：上海社会科学院出版社，2019：54.

② 伊德. 让事物“说话”：后现象学与技术科学[M]. 韩连庆，译. 北京：北京大学出版社，2008：9.

机制研究、系统与环境关系等思想或理论来加以认识和把握，并在此基础上形成解决实际问题的思路。

技术哲学认为，技术所承载的机械外化形态的工具实现了将生物体各种器官功能以一种“投射”的方式，即技术活动实际上可被理解为一种“器官投射”。正如霍布斯在《利维坦》中的机械化思维模式所展现的方法特征，最高程度的确定性存在于纯粹的人造产物之中，因为那些利维坦运行所据以推理的线条和数字是由基于机械体运行过程所描画或标明的。但与先前基于牛顿力学规律的机械运动观把主体看作简单或抽象的机械模型世界中质点或零件的运行不同，生物学基于机体生化研究的方法论在适应复杂环境的能力方面却大大超过已有的机械形态。这不仅体现在生物体运行过程中功能结构的运行过程分析，更为重要的是面对复杂的自然界，生物体成功地达到自适应并且得以进化的能力给人以启迪，于是便有了利用进化的机理和自然法则来解决复杂问题、产生新的更好的解的进化计算方法。正是基于这种分析方法相较于机械观的优势，技术哲学理论认为“用有机生命方式描述人类发展进化基本模式，比机械论世界图模型图提供的解释方式，要丰富，准确得多”①。

（二）政治学方法论的有机体“座架”

技术哲学认为，技术的特性强调“没有器具就没有‘理性’或‘理念’，因为本质和逻格斯从来都是技术。这个技术逻格斯是观念性和一般科学的载体”②。从生物有机体系统功能运行角度看，“人造物、制度和法律被看作是由社会角色维系在一起的功能部件的组合”③。但这种分析方法的关键需要在大量不同的系统中选择既相对简单又能体现出共性的对象作为研

---

① 芒福德. 机器的神话（下）：权力五边形[M]. 宋俊岭，译. 北京：中国建筑工业出版社，2015：451.

② 斯蒂格勒. 技术与时间 2：迷失方向[M]. 赵和平，等译. 南京：译林出版社，2010：50.

③ 芬伯格. 技术体系：理性的社会生活[M]. 上海社会科学院科学技术哲学创新团队，译. 上海：上海社会科学院出版社，2018：86.

究的出发点，通过抽象出真实世界中那些对于求解问题重要的特征，建构一个嵌入机器的、模拟真实世界的系统分析框架模型，通过对简化了的人工世界中的对象机器关系加以研究，进而达到对人的认知过程的认识目的。机理解释是要回答一个具体的系统如何运作，而不是从一般原理到特殊结果的推演。即这种系统模型的建构过程的本质，是科学理论作为建构的系统模型通常以结构功能模拟而非直接的方式表示实在世界，因而超越了现象的目的。

这种基于现代生物学技术发展模式的新的研究思路，在近年来政治学研究方法使用中得到越来越多的关注和重视。因此，从学科发展和方法论体系结构看，生物政治学本质属于一门跨学科的领域，其中涉及生态学、心理生理学、医学、生物化学、神经解剖学、心理药理学，即利用生物学科的研究成果和科学发现，来分析和解读政治行为和政治现象背后所蕴含的有机体特点。在行为主义政治学方法论研究中，政治系统的理论家习惯从生物系统进行类比和分析，在政治学研究中将其称为“政治系统”分析方法。所有技术装置或组织的有效运行要求政治主体的存在形式是一种基于大量的组成部分被联合成为一个合理的、功能上的整体形态，在所产生的系统中，运作的各组成部分之间存在着多重的、各种各样的相互联系。正如伊斯顿在政治系统分析的描述过程中，这种分析方法将政治过程中的复杂事项简化成清楚明确的运行程序，将这样的程序转化成一系列详细的机器运行的使用说明，或者他们对这些任务的执行者的工作进行的监管过程。系统分析之所以被认为是现代政治经济学研究的一种科学有效的分析方法，不仅是因为其以行为科学为特征的逻辑运行体系，更为重要的是其所承载的系统分析模式与生物学研究方法的高度契合。系统分析构成了其模仿整个复杂结构的网络，这一网络是由若干机构及一个个行为模式所组成的，通过政治系统内部要素运行和与它所处环境之间运行的相互关系，实现各系统之间功能的有效分析。社会系统构成包括日常所说的经济、文化、社会结构或人的个性这样的各种行为、态度和观念。作为社会系统社会的功能部分，政治系统本身只是它们的一个组成部分。在某个社会中，政治系统之外的许多系统造成了对政治系统的种种影响，而在这种内外部关系的运行体系中，创立和形成了政治系统运行的条件。也就是说，对于政治体系而言，其运行过程不再拘泥于现实性个体因素的过多介入，而采取一种基于模拟化运行的分析方式，通过要素之间联系的途径、渠道解读，从而更加有效地分析和判断政治主体行为的本质特征与规律，进而达到更加深入研究和分析政治学现象的目的。

系统哲学对世界所做分析的框架特点体现在，当人们把一个事物视为是处于一定的环境中、由相互联系或相互作用的元素所组成、具有特定的结构和功能的整体时，该事物就成了一个系统。因此，在这种系统分析框架体系中，现代高度组织化的技术具有一种扩大其领域的趋势，以使之前的外在变量成为系统内在结构的运行部分，即一种功能主义为表征的思想方法转变影响了现代政治学研究的诸多理论方向，其中尤以多伊奇的政府神经理论突出。正如在《政府的神经：政治沟通和控制的模式》一书中，多伊奇在信息技术革命来临的前夜就敏锐地把握到信息技术对政治过程分析范式的重要价值，强调对组织的信息传播的研究与生物体神经传导的方式相类似，组织的分散部分利用它们掌握的信息作为神经连接手段，促使其自身有机体功能结构目标的实现。从关于生命本质的论述中可以看出，这种相互作用恰恰是一个信息的接收、处理和输出的计算过程。因此，多伊奇所借鉴的这种分析模式特别强调集体运行是通过生物数据的获取、处理、存储、分析和解释等方面的内容，以期阐明和理解大量数据所包含的政治学意义。正如在生物学领域中科学家想要理解信号是如何在神经元之间传递的，就倾向于基于系统要素功能机理解释的分析方法。其根本任务是要弄清神经元本身的组成部分和各个部分之间的联系，通过分析神经元之间的连接方式，实现集体信号传递的基本通道及其性质。从生物技术层面看，一个神经网络是一种分层的构架，包括输入层、内部表征层（或叫隐藏层）和输出层。在神经信息传递过程中，通过各组织体之间的自主性与关联度，以及彼此的神经网络连接，实现了各要素之间的紧密联系和协同。生物神经计算并不是在显式的符号层次上描述，而是隐式地体现在亚符号层次上。有机体神经网络就是由类神经元（节点）交织连接而成的系统，其中每个单元通过激发或抑制的方式影响其他单元的活动。这种生物学研究方法对于政治学发展过程中的方法论意义而言，可以将这种基于抽象信息传递的模型应用于政治系统自组织体形态分析的过程之中。也正是这种基于生物体神经运行的认知方式运用，多伊奇开创了基于政府信息沟通的理论先河，通过对政府信息输入、编码、存储和输出模式的研究，借鉴神经系统信息接收、变换、传输模式的框架，强调了通过传播学方法的应用，打通政治系统各要素之间信息沟通的节点和纽带，从而使近代政治行为研究中信息分析模式的广泛应用。

（三）生物有机体系统运行的计算模式转型

早在 17—18 世纪，一些哲学家在探讨生物体机体运行和人的心智运行过程中，就做出基于机械的解释或探求人的思维的分析结论。而对于现代科学技术影响下的生物体认识来说，虽然机器外在形式有的是开关、真空管和线路，而生物体有的是血液和灰质层，但形式差别本质上对于“隐喻”而言无关紧要。重要的是信息模式的输入和输出，即人类身体本身即为人机交互的一个原型，是通过神经、细胞等形态进行信息交换的。在此过程中已经开始在更加广博性的意义基础上来使用“计算”这一概念了。从技术哲学角度看，生物学的隐喻特征已经与“计算”的概念描述紧密相连。同样，从生物学视角看，计算的含义早已不囿于这样一种狭隘的理解，已不再是人们最初只把它看作是人进行某种数值的输入和输出的变换的层面价值。“一位训练有素的系统专家通常既是分析者也是设计者，不仅为现有系统建立模型，而且将它改造成一个新的、更有效的、适于计算机管理的信息流。”[①] 在早期运用计算机模拟方法研究生命现象时，常常是通过建立支配所研究的生态系统的模拟数学方程来实现的。通过自下而上的模拟方法创造一个数据结构的群体，其中数据结构的每个实例对应于单个实体。这些结构包含确定个体状态的变量，而规则决定个体之间以及它们与环境的相互作用。计算生物学侧重于运用大规模高效的理论模型和数值计算来研究生物大分子的结构、功能以及动力学特征，而以这样的方式来表征知识和规则，看起来更接近于实际

① 温纳. 自主性技术：作为政治思想主题的失控技术[M]. 杨海燕，译. 北京：北京大学出版社，2014：186.

生物运作的机理。通过生物模拟实施，这些数据结构的群体便依据局部规则发生相互作用，结果系统的整体行为就从这些相互作用中涌现出来。随着信息技术的发展，生命过程的计算机模拟是通过建立所研究生物的结构或进化的计算模型，把它转变为程序在计算机上运行，然后将获得的结果与观察或实验所得的结果进行比较，以达到对原型——所研究的生物的认识。

这种基于计算生物学所体现的具有自组织、自适应和自学习的特征，能够根据环境的变化来分析生物有机体生存和发展的特性和规律，从而成为技术哲学认知行为的重要方式，并且在政治学研究中获得了广泛应用。这是因为从原理上讲，在这些以复杂的生命和心智现象为研究对象的学科中，科学家实际上采用的是另一种解释模式，即机理解释。这种解释现象的模式并不是基于外在形式的比较和判断，而是从内部本质特征分析中依据一个系统所具有的特定的组成部分，以及这些部分的组织结构或发生的过程来分析系统所呈现的功能或现象。因此，“生物系统性”分析方法的运用，关键是指理论与其表示的实在之间是一种系统而非孤立的对应，在这个过程中，理论的组元并不一定具有真实的指称物，而构成理论的计算模型往往在其中起主要作用。因此，基于计算科学的生物学在发展过程中，特别注重对生物体形态的计算和分析。在模拟中通过数据建模的方法所创建的数据结构，包含着表示被模拟实体状态的变量体系，同时这些数据也被视为某些真实生物体的模型表征。通过计算机模拟所实现的进化计算，采用基于遗传算法等生物体模型实现各要素自演化的特征的模拟，进而达到对其行为模式进行分析的目的。而在政治学研究中，这种基于生物计算的遗传算法、演化策略、演化规划和遗传程序问题在政治决策等领域正在发挥着巨大作用。虽然从形式上看，政治系统分析与生物有机体之间存在较大差距，但它们在本质算法实现层面存在共同运行基础，都是借助生物进化的思想和原理来解决问题的。这种利用生物运行算法，通过计算来获得政治行为模拟的方法近年来已经在决策机器学习、政治行为过程控制和政治系统工程优化等方面取得了诸多成功应用。

四、计算政治学方法论算法体隐喻形态

从历史发展角度看，科学或技术的重大变革往往会改变人类对世界和自身的基本看法和认知模式，相应地，一些基本概念就会被泛化，直至上升为基本的哲学范畴。某个概念被泛化为一个基本的本体论范畴，也就意味着一种关于世界的新观念的形成。从技术发展的历史看，力、能和生物技术等座架形态的隐喻性功能泛化，都有相应的新的观察工具和世界观的产生。而随着技术哲学发展的不断进步，这种分析方法在社会科学领域的引领性作用也在很大程度上显现出来，特别是在政治学研究中，面对极其庞大的社会组织，传统技术框架和分析手段已经感到无能为力，急切盼望依靠更新的技术手段来解决那些由先前分析框架无法解决的困境。正如伊德所认为的，技术的解释学关系中，通过技术的中介形态所表现的世界中，机器“本文”为解释对象的发展经历了由机器到生物体再到信息化模式的转变。在这个转化过程中，可以清晰地看出可分析的世界与仪器的表征世界相互统一，除了在仪器产生数据的仪器分析意义和价值联系上，其仪器装置本身并没有独立存在的意义和价值。特别是随着计算机与网络技术的广泛应用和普及，计算渗透进了人类社会的方方面面，改变着人们学习、工作和生活的方式，所产生的影响无疑是革命性的。当今世界上，计算几乎无处不在，实际上已经成了我们这个时代的基本特征。而在这种技术哲学思想驱动下，政治学分析运行模式的发展通过这样一种新的方式来引导驱力，即通过数学算法来运行一种自动化的社会控制形式。①

（一）普遍计算思想的形成

在前文论述中曾提出，牛顿力学的巨大成功曾强化了人们把宇宙看作一个巨大钟表的观念，并形成了机械决定论的世界观。而在当代生物学发展过程中，在脑科学神经学、生物信息学、元胞自动机理论和 DNA 计算、量子

① 贝尔纳·斯蒂格勒. 南京课程：从《德意志意识形态》到《自然辩证法》：在人类纪时代阅读马克思和恩格斯[M]. 张福公，译. 南京：南京大学出版社，2019：37.

计算等生物科学技术的前沿领域中，生物有机体的研究也往往被看作是一个带有“计算”性的过程。因此，可以看出在认识世界方面，过去由钟表和生物体形态所引起的隐喻向我们提供了两种解释论框架体系，而这两种认识体系和范式结构，均蕴含着以“计算机”作为建立新的世界图景根隐喻的共同趋势。正是这种泛化，使得计算概念所涵盖的范围越来越广，于是开始演变成一个哲学层面上的本体论范畴。正如前文所论述，由于对计算概念的泛化理解程度不断深化，人类赖以生存的世界是建立在各种各样的计算之上的，计算已经融入人们的整个文明思想和认知体系之中。人们对世界的知觉越来越需要通过对信息技术所显示出来的数据、图像、符号等因素的解释而形成。正如斯蒂格勒所认为的，主体的认识过程必须与某个对象建立联系，必须拥有那些构成某一对象概念的统一性，一般意义上的数字若要被构思出来，就必须处在某些痕迹所组成的体系里。[①]即通过对象征符号的操作而进行的数学方法的内在化，也就是将某些人为动作内在化于以数字形态为特征技术体系之中。“不建立任何计算，实际上什么也不建立，它是无计算本身，但是又融化、浸泡并铸造在计算之中。”[②]这种将计算思维普遍适用化的思想，在现代技术哲学思想中被称为计算主义。

计算主义也被称为普遍计算思想，作为一种认识世界的新方式和范式，与其他曾经作为隐喻分析工具实现技术的认识中介性载体不同，为我们提供了一幅关于世界的新图景，即由计算或信息流构成的对物理实在表征的基本过程。在这种分析框架下，人类可以运用计算或信息的语言来描述和解释世界上所存在的事物和发生的各种各样的过程，也就是说，其本质含义在于强调计算与实体计算载体的分离性、与计算过程即计算方法（算法）的普遍适用性。也就是说，“计算机是一种物理客体，但是要描述它的运算过程时，人们并不描述它的晶体管中的电子的振动，而是描述它的开、关触发器组织

① 斯蒂格勒. 技术与时间 2:迷失方向[M]. 赵和平,等译. 南京:译林出版社,2010:68.

② 斯蒂格勒. 技术与时间 1:爱比米修斯的过失[M]. 裴程,等译. 南京:译林出版社,2010:68.

层次”[①]。就计算机结构（即硬件）而言，它是根据布尔代数的二值逻辑，利用电子管或晶体管的开、关（或通电、断电）两种状态来实现的，而布尔代数是一个二值逻辑的演绎系统。在19世纪中叶，由叶布尔所创立的逻辑代数本质过程就是要把人类思维的规律数学化、符号化。这种用字母表示逻辑符号和概念体系，通过所确立的字母与代数符号键的类的运算体系，实现形式逻辑向代数运算方法的转变。正是基于这种逻辑运算体系，布尔代数实现了将形式逻辑的二值逻辑变成了代数，把演绎推理过程变成了代数计算过程，从而奠定了现代计算机发展的技术基础。在这种思想影响下，计算不再被简单地视作一种数值的分析运算过程，而最终成为一种逻辑分析工具，即计算方法与逻辑方法的同构性。推理只不过是计算，也就是对我们大脑中的一些符号与表达的结果进行加加减减。因此，现代信息技术认为，“我们必须圈定计算机信息加工的界限。一个解算描写模拟信息加工装置的方程式模拟这个装置功能的数字计算机，并不是在模拟它的‘信息加工’。它所加工的不是模拟后的模拟机所加工的信息，而是有关模拟机物理或化学属性的全然不同的信息”[②]。因此，有学者提出在计算普适化的认知框架中，当我们脱离有形的计算时，称其为文本或符号；当我们向他人展现计算过程时，则称其为数据或算法。也就是说，除了计算方法能够使信息从世界的一个部分传递到另一个部分的过程之外，目前没有新的认知结构能够统一人类自然科学的认识对象和方法。也就是说，从某种意义上理解宇宙中的每一个物理系统，从宏观语种星系到微观蛋白质与DNA，都是一种以计算为方式的信息处理过程，它们各自执行着这样或那样的计算方法来体现物质运动的规律性特征。这也就解释了作为曾经承担技术中介和隐喻功能的机器形态，在钟表和生物有机体形态阶段的模式都无法成为一种普适的分析模型。究其本质，两

---

① 德雷福斯. 人工智能的极限——计算机不能做什么[M]. 宁春岩，译. 北京：生活·读书·新知三联书店，1986:187.

② 德雷福斯. 人工智能的极限——计算机不能做什么[M]. 宁春岩，译. 北京：生活·读书·新知三联书店，1986:203.

个阶段还是利用机器和机器的表征，根本上还只是一种物质运行的功能，并不是物质运行规律本身。若要制造与自身类似的其他机器，一台机器必须要知道自身的组成部件、新机器的设计说明以及可用于组装新机器的部件和工具。这种功能主义还只是停留在技术对原料对象中聚合和设置过程中适合技术的一种外在手段的阶段，因为其并不具备从本质上切实有效地模拟其他物质系统的功能。

（二）政治学的“计算”座架

正是基于计算主义所体现的分析范式的隐喻性的新特点，使得其他关于世界的本体论分析方法与之前人类使用的技术隐喻不同：计算主义认定实在的本质是计算，所以它是一种本体论上的计算实在论；计算的自反射性和普适性表明，这个计算的实在世界是可知的，认识则是对认识对象的计算过程的把握，这就是认识论上的计算实在论。正是这种分析结构，使得计算机不仅是一个强有力的根隐喻，更重要的是其与客观物质世界的基本结构之间具有一种“建构性”的关系。因而可以利用它的普适性来再现包括自然界在内的物理系统的基本结构和演化的过程，甚至可以采取这种方式实现对生命过程的模拟，以一种特殊的建构性方法对生命过程的形成进行实验化分析。正如多伊奇所说：“就这些符号、图像和理论的正确性而言——它们在一定方面相似于它们所涉及的具体的或抽象的事物，它们的存在给真实世界一种新的自相似性。”在普遍计算的隐喻形态中，客观性的形式是从无限复杂的实在中抽象出来的，而决定一个外在系统本质的是它的计算。因此，一旦人类通过计算手段寻找和编辑出某种程序，并把其输入计算机运行，如果所得的结果与对该物理系统所进行的测量值相一致，就可以合理地认定两者在认识论上是等价的，这就是著名的图灵分析。图灵分析精确地分析了“机械程序”或“算法”的等价性原理，因而可以给出“形式系统”概念的精确算法性定义。也就是说，如果存在一个普适图灵机，一旦其算法设计中包含着关于该计算程序对象的指令和数据的完全描述，并把对该机器的输入作为完整形态的输出，就能机械地复制即模拟前者了。在这种分析范式中，算法相似性强调一台普适计算机是以程序化方式运作的被预编程为致力于达成某一目标的“机器”装备，它既可以是电子形态，也可以是机械形态，甚至是有机生物体形态。而算法程序则被看作一种进行可预判性解释的逻辑演算过程。通过赋予计算设备关于另一机器的计算描述（即程序），然后根据输入运行所描述的机器。人类对于某种具体事物的认识可以通过纯形式的布尔代数方法转化为一种特定形式的逻辑代数表达方式，即可以从程序的数据结构和推理规则中推导和转化出来。通过这种转换，人们对于事物的认识往往通过找到的某个或某类系统的算法作为认知中介，即如果这种算法模型能够在普适计算机上运行，就会产生对认识对象的“完美模拟”。也就是说，在计算体系结构中，技术解释的中介性体现在如果一个理论的算法与所表示的实在的计算过程之间具有某些高度的相似性，我们就认为实现了一种以“计算”为隐喻体的对于认识对象真实性的认识过程。

从历史的发展看，政治科学及其方法论的发展始终与技术哲学的发展如影随形，而技术发展的本质却始终与数学化思维的介入紧密相连。在政治系统分析模式中，主张应有一个充分包容性的概念框架，由此来鉴别政治生活的基本范围，体现这些范围与其他领域的关系。霍布斯在其主要的著作《利维坦》中就曾大胆地主张，我们的心智所做的一切都是计算。而随着计算政治学理论的发展，站在抽象的层面上来进行思考，就会发现，支撑现代行为主义政治学研究的基质是由数字符号所组成的一个个程序，即一个个计算过程，而其表象上的丰富多彩和千变万化恰恰就是算法复杂性的具体显现。因此，正如斯蒂格勒所认为的，以计算为本的普遍化数学，经过内在化之后的数学和几何观念构序运算，会外在化为一种“即一切行为都屈从于可计算性”的“机械行为”。[①] 在这种分析框架和体系结构视角下，政治制度不是由逻辑来维系的，而是由基于一种实验和方程式的因果关系和符号关系来维系的，是与科学和数学具有某些相似性的程序所表达的现代社会具有相当的重要性的程序结构。例如，有技术哲学家就明确提出“影响政治决策的任务是通过重复文字相关差异的程序悬置来找出模拟——数字的相关

① 张一兵. 斯蒂格勒《技术与时间》构境论解读[M]. 上海：上海人民出版社，2018：308.

差异”[①]，也就是斯蒂格勒所表达的数字已经承载了文字和超越了单纯计算的、通达过去的新途径的重要思想。技术哲学思想的发展强调“数字化研究不是简单的数字化人本主义，而是一种面向所有知识的新范式”[②]，因此，从海德格尔到斯蒂格勒，知性已经被自动化为依托于算法的分析权力。

（三）政治学方法论的“计算”转向

与自然科学实验性不同，人文科学研究对象的获得与其所处的研究过程不可分离。其解释性框架呈现出解释性的理论与符号性相互融合和叠加的状态。具体到实验政治学方法论发展的困境而言，如果基于实验的干预性作用机理，我们必须对每一个政治行为主体从环境进入系统时发生的作用机理进行研究，并且用种种干预方法去确定行为人在某种外界或内在因素作用下可能对系统运行造成的影响。但是，传统意义上政治学方法对于这种影响性的分析还局限于一种基于逻辑推理的抽象理论模型构建阶段，无论是学理性还是科学性都存在一些被质疑的问题。那么，如果借助技术的中介性作用，就能够实现一种基于抽象形态的解释性空间构建。即在计算模型所构筑的数据形态中，通过技术手段的运用，将这种系统运行过程演化为一种基于参数形态变化的模拟运行过程。通过外界输入与系统输出之间计算模型的构建，通过变量分析方法来进行政治系统运行状态的分析和解读，政治学研究方法能够采取实验的方式追踪研究政治系统要素与环境相互作用的关系，从而实现构建实验政治学研究方法体系的可能性。这种基于计算机算法模拟的方法，不仅广泛应用在大气气象学、地理构造学、信息生物学、生物医学及核物理、天文学等众多科学研究领域，而且在现代技术制造和经济学、历史学等社会科学领域得到了广泛的应用。这些研究方法的本质是一致的，即运用在计算机中建构虚拟客体及其过程的方法，使得我们能够绕过实在世界的现象而直接通过对替代算法的研究来分析和认识客体对象的本质特征。

---

① 斯蒂格勒. 技术与时间 2:迷失方向[M]. 赵和平,等译. 南京:译林出版社,2010:144.

② 贝尔纳·斯蒂格勒. 南京课程:从《德意志意识形态》到《自然辩证法》:在人类纪时代阅读马克思和恩格斯[M]. 张福公,译. 南京:南京大学出版社,2019:110.

当前政治学方法论的主要研究对象和工具使用，集中体现于对现实政治主体间因果关系本质的分析和把握，而分析的方法则是集中于如何能够建构一种数学化的算法模型，借助于协调模型系统和政治系统行为的变化来达到研究的目的。正是在这种思想影响下，符号计算和外化经验计算的思想开始渗透到其他领域，使得计算的概念进一步泛化。这些问题必须由一系列的复杂计算解决，这些计算显然依赖于社会运行模式相关的技术体系的模式化。人们对于人类社会发展体系的认识形态由具象性的概念认知，向其背后所隐含的数据结构认知转换，即其感兴趣的是系统计算过程如何执行的机理，也就是信息处理或加工的过程。正如吕埃尔对现代民意度量技术的分析所指出的："这一系统将之前无法度量的事物带入了统计学领域。"同时，这一方法"导致可度量事物和不可度量事物的划分"。不同个体和群体的自然关系与社会关系都是建立在以"比特"为单位的数字化信息的生产、存储、传递、交换和控制的基础之上的，并通过一系列的数字化过程而被反映和确立下来。因此，在现代政治学分析方法中，"凡是不能用数字表示的事物都将从整体中被剔除出去，或是因为它无法被计算，或是因为它在数量上可以忽略不计"。可被数量化的意见，被转化为汇总性的统计学表达方式。①

"技术在人类日常生活中的位置远远不仅仅是计算思维。"②从上述分析可以看出，技术所表现出的"'自主性'本质上是一个将自由和控制结合在一起的政治概念或道德概念"③。也就是说，技术在过去两百年的政治思想中一直是一个主题。特别是技术发展通常被认为是塑造现代社会形态最为重要的原因之一、根本原因之一，就是技术能够将传统认识论中的主体和客体

---

① 温纳. 自主性技术：作为政治思想主题的失控技术[M]. 杨海燕，译. 北京：北京大学出版社，2014：184.

② HANS ACHTERHUIS ed. American philosophy of technology: the empirical turn[A]. Bloomington: Indiana University Press, 2001: 140.

③ 温纳. 自主性技术：作为政治思想主题的失控技术[M]. 杨海燕，译. 北京：北京大学出版社，2014：13.

二元对置，替换成主体与技术，而过去，这个技术只是作为主体与客体的一个看不见的中介条件。[①]而在这种中介环境的作用形态中，用现代化技术手段所表征和抽象的量化结构世界，只不过是客观世界以技术为认识框架及模式的主观化表现方式，两者在逻辑上是对应性的。所以，尽管引人关注的议题的定义一再转换，但已经清楚明了的是，如果忽视了现代技术本质中的某些东西，思想者将付出不菲的代价。[②]这是因为，技术的工具性、价值性都在与具体的维度、层次相关联，都以具体指涉为前提。人的超越性并不是抽象的，而是存在于一个由我们的技术构成的世界之中，必须借助于各种中介物才能由可能变成现实。人类创造了技术，同时也为技术所创造。人的生活所要求的一切拓展都被理解为技术发明和技术活动相联系的同构过程，在现代技术中隐藏着的力量决定了人与存在着的东西的关系。伴随着工业革命的发展和科学技术的进步，西方政治哲学呈现出技术转向的历史特征，其核心思想认为技术从本质上看也是一个创造和运用符号的过程，是通过量化的符号系统表示世界秩序与结构的所谓终极性的表达形式。正如吕埃尔在《技术社会》中提出："从这个角度看，或许可以说技术就是人类通过理性手段来控制事物的想法向行动的转化，就是对什么是潜意识加以说明，就是对事物性质进行量化，使自然的轮廓清晰而准确，控制混乱局面并赋予它秩序。"[③]与其他外化的符号化所生成的知识不同的是，构成技术核心的是知识的蕴含。一个技术体系就是某一特定时期内不同工艺之间相互联系而形成的一个协调的整体。一个技术体系总是与一个由知识、技能、论述及可以被广义的"技术思想"一词所涵盖的一切组成的整体相伴随。因此，这种思维范式的转变，所带来的是对政治学方法论技术空间的构建与体现，而这种思维范式

---

① 张一兵. 斯蒂格勒《技术与时间》构境论解读[M]. 上海：上海人民出版社 2018：101.

② 温纳. 自主性技术：作为政治思想主题的失控技术[M]. 杨海燕，译. 北京：北京大学出版社，2014：1.

③ 温纳. 自主性技术：作为政治思想主题的失控技术[M]. 杨海燕，译. 北京：北京大学出版社，2014：106.

的转变集中体现在不同技术的隐喻形态上。正如温纳所提出的，在政治科学领域，“技术现象”出现于如何改进这个学科的权威观点之中，即要通过调查方法、访谈技巧、数据分析、概念分析的不断刷新，以及方法论领域永不停歇的更新重组而改进。“那种认为这个学科与人类共享的政治智慧有关的观点已逐渐变得过时了”，即“技术理性显露出它的政治品性”。①

① 温纳. 自主性技术:作为政治思想主题的失控技术[M]. 杨海燕,译. 北京:北京大学出版社,2014:149.

第五章　计算政治学工具空间域

从计算政治学研究空间分析看，经验研究的目的在于获取有关政治现象的科学知识①，从而确定两个事件或趋势的因果关系。获取有关政治现象的知识并理解这些政治现象是政治学家的兴趣所在。一个政治系统是因为特定的集合才成为选择的系统。其中任意系统的模型是变量大小和代表特定背景的参数的总体结构，从模型中通过辨析系统基本构成要素的关系模式来分析政权结构，高阶结构的政治要素功能反映在特定关系中。②空间是一种特殊要素，既是人类社会运作的先决条件，又是人类社会实践的结果。结构可以概念化地分解为行动者在跨越空间和时间的互动情境中利用的规则和资源，两者都与制度化的具体生活形式紧密相连。具体到政治空间而言，社会系统自我化约结果，政治系统通过对社会系统的"摹写"实现了自身的构建。在从现实空间到政治的规范空间的转换过程中，政治面临着从现实关系复杂性到结构要素复杂性的转换困境。这使得政治系统运行不得不求助于拟制的方式，并在对现实政治关系抽象化的基础上化约出一个较为简单、可供认知和把握的政治的规范体系及运行环境。政治表征理解仅代表它是一系列可以追溯到的潜在的结构，或许是看不见的转化的结果。因此，抽象模式构成一种方便的研究工具，其方便性表现在从主体的观点来看的简单性和它具有导致预见性的能力。③而计算方法的引入，则是这种抽象方法空间构建特性的重

① 约翰逊，雷诺兹．政治科学研究方法（第五版）[M]．燕继荣，等译．北京：中国人民大学出版社，2016:2.

② 伊斯顿．政治结构分析[M]．王浦劬，等译．北京：北京大学出版社，2016:296.

③ 皮亚杰．人文科学认识论[M]．郑文彬，译．北京：中央编译出版社，2002:133.

要实现方式与工具。

一、计算政治学分析工具的“数据化”视域转换

从计算政治学发展的历程分析，计算的关键是以“数量确定”或定量的方法，通过严格的测量和数据处理过程代替不精确的数量确定。人们相信通过这些方法政治科学最终可以成为一门基于测量和解释的科学。而在这个过程中，统计方法的运用是计算政治学赖以存在的基础。数据是统计工作的灵魂，是进行统计制度建设和运行机制设计的核心对象和焦点内容。以数据为中心的统计要素分析模式，就是利用统计信息的特性，把统计信息系统作为经济系统运行过程的反映，通过对统计信息的获取、加工、处理、开发，提高国家治理的科学化水平。在统计工作实践中，处理和分析的对象总是通过数字表现出来，很长一段时间以来，从统计数字中获取统计信息成为统计事业工作的基本特征和根本属性。但是随着现代技术特别是信息化产业发展的不断加速，“统计无处不在、数据无处不在”的特点不断增强，如何让数据说话、用数据决策、用好数据管理、提升数据创新是统计工作的重要时代使命。这种时代发展的趋势，体现为计算机技术的发展，使得财会、审计电算化程度不断加深，传统由人工进行的数字统计大量地被计算机处理数据的过程替代。“在一定的范围内可以通过人工智能的方式实现信息聚类，将沉淀的数据价值重新发掘，对散落的数据价值实现聚合。”更为重要的是，现代统计理论认为，统计实务中所面对的“数字”绝对不是抽象的数字，统计数字不再是一种冷冰冰的抽象工具，而是像蕴藏着资源的矿床一样，存在着大量亟待开发的信息资源，是一种基于数字形式之上的“数据”资源。没有数字所蕴含的数据实际价值，就无法解释抽象数字本质上是不具备统计特征的资源类型，也就不具备统计数据要素所要求的构成要件。因此，从数据的角度看，只有当对数字所蕴含的信息给予表征和解释，该抽象数字转换为数据时，才能表现为现代统计学意义上的统计性资源类型。

（一）从“数字”到“数据”的统计全过程体系构建

“数据是推动数字化发展的关键要素。”在数字化发展时代，数据不仅是

一种基础性资源，更是具有介入性质的关键性生产要素。从数据运行角度看，现代统计实践发展的本质是一种基于信息学理论视角不断深化和发展的过程，是对于统计信息功能不断挖掘和应用的过程。从历史发展角度看，现代统计技术发展已经不再局限于对数字信息的搜集整理和分析的过程，而是通过现代化技术手段，特别是大数据等技术方法的应用，对数据资源进行系统分析、开发和利用，以进一步深入挖掘统计数据的价值过程。而统计数据从抽取到介入的视角转变，使统计系统不仅用于发现统计信息，更重要的是实现监督功能。即通过利用已整体化的统计指标体系，反映因果关系、目标与影响因素之间关系的统计模型，进而实现上述数据对经济活动的“再入”，以系统的调节功能制订决策方案。通过技术手段的运用，不仅能获取科学有效的统计数据，而且能对统计信息进行深入挖掘和再开发，实现了数据集基本构成结构性联系的规则性与秩序性，从而获得了原始数据要素所不具备的深层次结构性和体系性规律；不仅能够对事物的未来发展进行定量预测，而且能进一步发挥统计在经济社会发展方面的监测预警与监督规范作用，使得运用数据信息对未来经济社会发展进行“介入性”管理，充分发挥“数据赋能”的重要作用，提高数据资源在政治模型构建中的应用水平。

从统计的过程来看，面对现实政治对象的复杂局面，如何能够从浩如烟海的现实经济活动中搜集和整理出能够反映经济社会发展现状的统计数字，是关系到统计事业发展的基础性工作。在现实实践中，按照事先设计的统计模型所预设的指标轨道，通过统计工作流程，获取各项经济活动的标准数据原生数据。在此过程中，现实性的经济活动必然被抽取出固有的“数字”性特征，只保留了形式和符号性价值，成为进入统计系统的输入性要素。而统计的本质，就是把统计数字背后蕴含的信息作为客观经济系统运行过程的反映，通过对统计信息的综合分析，实现对经济系统运行过程的统计。随着时代的发展，新的技术手段推陈出新，在数字中国发展的大背景下，传统基于人工调查的统计工作方法正在被计算机信息化自动化统计数据获取方式取代。在新的技术环境下，如何保障数据的真实性成了更高的要求。这不仅是对统计工作人员技术能力和责任意识的考量，更涉及统计信息系统设计科学性的重要现实性问题。因此，“确保统计数据真实准确，是统计工作的生命线”。

（二）从“指标”到“结构”的统计全视域组织架构

数据要素作为系统运行全过程的对象性要素，是统计体系的关键对象。但是，仅仅具备数据要素，还远远无法达到数字化发展对于统计建设的新的标准和要求，必须从系统运行层面重新构建新的监督组织架构。这是因为，统计系统运行利用数据关联性来实现其基本运作，如果统计数据各自独立、互不联系，其中所蕴含的信息价值将无法得到有效体现。只有当统计数据资源按照一定规则与秩序相互联系而形成一定的层次结构时，才能在人的认识层面实现社会现象数量之间联系的具体反映，才能有效发挥出统计工作对于政治学研究的重要价值。因此，如何构建完善的以数据要素为中心的统计模型的架构，成为实现计算政治学发展建设的重要内容。

统计指标体系就是统计指标之间存在的一种联系，是社会现象数量之间联系的一种认识过程体现。从统计系统构成角度看，统计构成要素在统计工作实践中就是统计指标体系。即通过统计要素之间的结构性和衔接性，实现对客观经济过程各现实性因素之间的联系和因果关系的一种抽象和制度设计。因此，统计的系统构建过程，本质上就是通过统计指标及由若干指标组成的指标体系，实现其对经济过程的数量方面的监督控制。在这个过程中，不能由单个指标，而必须由若干相互联系的统计指标体系来实现对现实经济社会发展现状的分析和拟合。具体而言，就是围绕统计数据的运行流程。根据统计系统中的指标采集现实经济社会生活的统计数字，将采集的统计数字经过系统要素之间的加工、处理，使得现实性的社会关系通过统计指标作用转换为具有信息价值的数据资源，在加工处理后实现作为社会治理活动重要工具的价值。统计指标体系所包含的指标和体系结构不同，其所发挥的作用也不相同。具体而言，按照统计对象全过程的因果关系构成的指标体系，能够在统计活动中发挥其他统计指标体系所不具有的独特作用，实现监督、控制、调整、决策等整体功能作用。在这个过程中，如果统计指标设计得不够合理，体系化、系统化程度不够完善，那么在监督体系的设计过程中就无法把客观经济活动过程中的各种因素及其相互关系的各种指标全部纳入系统构建范畴之中，使得指标的要素构建无法达到现实发展的需要。因此，在现实中对于指标的体系化设计，关键要考察上述过程能否反映客观政治行为的全过程，包括对经济过程的各个环节和各个侧面的全面性进行分析和处理。同时，更为重要的是对各指标之间是否相互联系或相互衔接进行结构性的分析和处理。

系统结构是指系统内部各组成要素或组成部分之间相互有机联系的方式与秩序。统计信息之所以能够承担统计系统作用，重要的不是其构成指标的具体分类，而是系统构成结构的现实体现。正是因为统计体系作为以数据运行为对象的抽象信息系统，无法独立于经济运行系统而单独存在。正是由于现实经济社会发展活动的复杂性特征，在统计系统设计过程中，内部的各个统计指标绝对不能是一种杂乱无章的随意堆砌，而必须是按照一定结构体系和方式与次序实现的相互联系的整体结构。同时，统计指标体系内部各要素或各组成部分之间，只有实现与外部环境之间的高度媾和，才能维系系统运行的有效性和可持续性。两者之间一旦无法实现系统衔接，将会导致整个系统功能作用的失调。所以，在数字化发展的背景下，统计系统的组成要素只有按照结构化体系进行系统设计，只有有效进行系统科学设计，才能使得指标之间的关联性达到外部环境所需的有序性和整体性目标，也才能使得统计指标体系的结构具备高度的灵活性特征，对各因素的变动以及其变动对计划目标可能产生的影响等数量关系进行综合的、总体的反映。这样不仅能正确反映经济社会发展变化出现的新情况、新问题，更为重要的是以结构化的体系目标，实现对现实经济社会发展的有效规制。只有这样，才能有效发挥统计在国民经济和社会发展中有效的治理手段作用。

（三）从“模型”到“算法”的统计全流程运行机制

正如前文所述，统计指标是构成指标体系的基本要素，整个指标体系的构建将直接关系到统计系统要素的构建能否科学有效地反映现实经济社会发展的运行现状。统计体系由反映经济过程的众多统计指标构成，这些指标按照经济过程各要素之间相互连接的秩序与因果关系联系起来，并用一定的数学公式表达出来，即统计系统模型。虽然从传统意义上理解，统计指标体系不一定要数理模型化，但随着统计数据规模的扩大，基于外部数据量规模的不断扩大，统计指标体系必然要进入模型化的阶段。只有通过构建一定的数学模型来描述统计指标体系中各指标之间的相互关系，才能有效提升监督的科学化和规范化水平，才能具体明确和合理设置各指标体系之间的逻辑关系，利用其来有效分析经济社会发展的现实特征。

没有指标体系就谈不上系统模型；但有了指标，这些指标没有形成相互联系的整体，以及它们相互关系的数学表达式，有效的监督仍不能进行。这是因为从本质上理解，信息关系是经济关系的抽象，经济关系是信息关系建立的基础和内容。基于信息化发展规律，计算机作为一种技术工具只是一个先进的计算方式，在具体的运算过程中，必须由人工设定程序进行操作，才能发挥作用。从统计系统构建角度看，不进行统计指标体系的模型化，运行系统中的软件系统就无法进行开发；而软件系统无法工作，只有硬件系统的电子计算机系统也就无法发挥重要作用。因此，在具体的统计工作中，统计的信息化过程首先是电算化，基础就是模型化。只有依据统计工作的目标，设计出相关的统计模型，才能开发出相应的软件，并利用计算机的工具达到目的。在这个过程中，统计的模型设定，就是将实体系统抽象为一个信息系统。把实体系统的运动抽象为一个信息交换的过程，通过模拟系统的行为功能，并模拟研究对象的信息特征及其联系，分析综合对象系统，揭示它的运行机制。而在构建数据模型过程中，一项重要的工作任务就是通过模型的构建来有效选择、确定或重新设置统计指标的问题。因此，模型的构建过程需要对统计指标体系进行有效设计，从对经济现象的规律性研究入手，对其数量特征进行科学的抽象，通过对指标体系之间“量”的计算范围、计算方法和计算单位等内容进行抽象的模型设定，实现对统计工作模型化的重要目标。在传统基于统计模型设定过程中，一个重要的指导思想是基于流程化的模式设定，按照统计指标间的因果关系，进行数学逻辑推理。对于已知的输入模型的变量值，进入模型的分析过程之后，所获得的实际输出与目标预判的偏离程度应当是可预判的。也就是说，统计系统模型中各项指标的数据分析与处理，在实际运行层面的逻辑设计应当是可知的。统计指标体系和模型的设定在遇到新的事项和内容时，必须找到或者重新设置一个对应的统计指标加以反映，重新确定指标之间的相互关系和作用方式，以及各个指标在执行控制中所发挥的不同作用。借以对客观经济现象进行模拟和反映。但是这种分析模式在大数据时代将受到新的挑战，若将所有监督要素都纳入监督指标体系，不仅不会因此达到体系完善的目的，反而会影响或破坏经济指标之间的相互联系的结构稳定性，导致统计有效性目标和任务得以实现。在统计模型中所处理的数据，不是孤立的存在，而是统计系统内部相互关联的重要构成部分。这些相互关联所构成一个整体的数据，不仅在空间体系上相互衔接，而且在历时态层面紧密相连。

没有数据支持的算法没有任何意义，同样没有算法支撑的数据将是无生命的数字。统计系统是由各构成要素，按照逻辑统一性的要求组合而成的整体。数据的集合性是构成系统的各要素或各构成部分集合形成的一个复合体。从传统统计模型看，系统中所有的要素、所有的部分都是相对独立地存在并得以表现，这种情况就只是集合而未综合。而只有在大数据算法的应用过程中，系统中最基本的要素成员被整体纳入，系统中各要素或构成部分的集合才具综合性。统计数据表明的是政治行为中各种事物的总体特征。这种基于大规模数据的抽象是受多种因素影响的经济过程的结果，不仅将各种影响因素抽象化，同时这种抽象更具有高层次综合特征，所反映的事物具有总体性和关联性特征，使统计信息资源又具有可开发性。从大数据技术发展的本质特征看，数据规模的数量性使一般信息所具有的特性在统计信息上得到了加强。当大数据资源按照一定的规则与秩序相互联系而形成一定的层次结构时，便形成统计信息资源。统计信息资源的开发以挖掘新的信息资源，增加与扩大信息量作为目标价值定位，从而使统计大数据分析对象统计指标体系就是统计指标之间存在的一种以数据间“联系”为特征的新的算法结构，不再突出强调模型中指标体系之间的有机联系，而更加突出以数据为中心的联系方式与秩序的系统性目标价值所在。

二、计算政治学分析工具的“集合化”视域转换

大部分复杂因果组合都隐藏在相关性分析的背后，比如定性比较分析方法可以用于复杂的因果环境下。与线性技术相比，定性比较分析方法着重于变量的组合。如果一个变量必然会在某一结果的关联结构中现身，而在其他组合中不出现，那么该原因与该结果的相关性就可能为零。拉金（1987）开创的“定性比较分析法”利用布尔代数，基于案例导向的定性比较分析融合“集合和布尔代数”等分析技术，从而实现将定性和定量研究方法的优势进行整合。通过分析初始假设，会指出何种条件组合对结果的发生与否是必要或充分的，实现了密尔所开创的逻辑分析方法的“代数化”和“软件化”路径。通过软件系统的分析，以检验特定条件是必要的还是充分的，真值表能够提供所有条件和结果的组合，展现这些组合在案例集中出现的频率，从而实现了密尔开创的“差异法”“求同法”“剩余法”等方法技术路径。

（一）QCA 方法的计算化实现

在传统定性分析模式体系中，受分析工具的限制，无法有效处理变量间的共变问题，因此分析得出的因果关系推论无法得到有效推断。而“定性比较分析法”（crisp-sets QCA，以下简称 csQCA），以集合论和布尔代数等技术手段为基础，旨在融合定性和定量研究方法的优势。该方法考虑了变量在逻辑上所有可能的组合和互动，实现案例信息的简化表达。该分析工具运用真值表，以矩阵形式将所有具备逻辑可能性的因果关联条件的数据进行组合。在分析过程中以真值表为基础算出结果特征是哪些原因特征组合的子集，最后通过布尔代数算法简化这些原因特征组合。这主要是运用集合关系和集合间的逻辑运算规则来探索多个案例中事先确定的原因条件对结果产生的影响。

定量研究假定社会现象的因果关系是线性的，而定性比较分析则假定社会现象的因果关系是非线性的，原因条件对结果的效应是相互依赖的，且同一个社会现象的发生可能是由不同的原因组合所导致的。因此，QCA 分析方法通过将案例汇集在真值表内的方式转换，研究者可以评估得出哪些案例出

现了一致性的因果条件建构。实现了非常复杂的对变量系统进行的多变量分析，这种方法实质性地强化了因果关系的推论。QCA 尝试超越传统的个案研究方法，系统地考察事件发生的成因以及内部生成因子之间的互动关系、可能性关系组合，试图解释促成事件产生的关键因子、因子之间的相互联系以及激发事件产生的复杂的成因组合，以期深化对事件产生的复杂因果关系的理解。这种方法的特点将标准计量经济学技术应用到模拟数据集，通过集合中产生数据的基本过程分析。根据评定标准运用集合理论矩阵参数、模型设定标准、稳健性检验、分析后重新考察案例等标准，运用迭代法发展诠释性模型，实现了理论和论据间的有效交流，因此这种比较分析法在解决数据矩阵转化为真值表所反映理论与论据间矛盾的过程中发挥的作用，特别是对遗漏的因果条件进行识别确认具有较好的效果。但是，由于该方法确定的数据集只能代表一个特定的系统，其均衡状态完全由预先确定的变量和外在表征对象的关系所确定。因此，在系统设定过程中，不同的数据库使用不同的分析单位，导致系统间分析关系很难进行整合，从而发挥协调作用。同时，由于受该方法采用的布尔代数分析工具的算法复杂性限制，其所允许的最大变量数无法拓展，因此在处理现实复杂政治系统时，只有通过减少变量和简化变量来减少复杂性的问题，从而带来了分析工具的不确定性。

（二）模糊集分析方法的改进

在政治因果分析过程中，布尔代数方法将每一个案例都看成是由多个原因条件与结果条件组合而成的。这种基于布尔代数的比较分析法实质上是一种集合运算，其运算逻辑是“或”“且”“非”，不同于传统回归分析对单个变量的概率回归分析，将每个案例视为一系列条件变量的“组态”，旨在寻找导致预期结果出现、不出现的条件变量的组合关系，即充分条件和必要条件，其本质是一种决定性因果。但如果案例数量较多，这种关于原因条件与结果条件的深度分析将超出算法负荷，这就需要以基于变量的定量分析来做简化。因此，在社会学模型体系中，为了应对复杂性问题，往往采取构造理想模型的方式，即突出强调某些特征而弱化其他特征从而减少模型自变量的数量，从而减少分析的难度。因此，拉金进一步坚持布尔代数运算法则简化原因条件与结果条件之间的关系，并尝试将模糊集合引入定性比较分析，提出了“模糊集定性比较分析”（fuzzy-sets QCA，以下简称 fsQCA）技术。充分分析社会现象的多样性与因果关系的复杂性，能提供不同的因素组合对结果的影响作用，以便于研究者更深入地挖掘变量与结果之间的作用机制，为更深入的研究提供方向。而将定性比较分析逻辑扩展到模糊集，采用分级编码的形式通过模糊集允许测量误差的存在。定性比较分析法得出数据集，并修改“模拟”可能的测量误差与对范围条件的错误界定，每次变化仅产生一组数据集。基于独立变量中的编码随机变化而生成的大量“新”数据集，实现以数据集对政治行为对象的模拟。因此，在确定集的二分法基础上，对变量的数值进行多分，以增加变量的信息。多值集在扩展二分法的基础上，将原来的清晰集拓展成了一种可以处理类别变量的方法。这种方法还可以通过分类的方式，将定距变量转化为类别变量而纳入分析模型之中，并且研究者将所有的组合作为分析的基础，根据布尔代数对由所有条件组合所构成的真值表进行简化，从而在“对象集”层面的分析中得出导致结果变量发生或不发生的原因条件组合，实现量化分析的目标。

（三）QCA 分析方法的工具实现

QCA 主要是针对政治系统中小样本研究情境所开发的，这就要求研究人员与案例数据建立更密切的关系，并且按照集合形态的不同，QCA 应用主要分为清晰集（csQCA）和模糊集（fsQCA）两种类别。其中，csQCA 是将变量转换为“0”或“1”的二分变量。而 fsQCA 则允许取“0”或“1”之间的部分隶属分数，即评估条件在“完全隶属”与“完全不隶属”间的隶属程度。因此，应用该分析方法关键是使用小样本量的研究应当遵循理论抽样原则，根据理论和案例的特点选择样本，以确保案例间具备足够的异质性用于比较建立理论上合理的组态模型，根据研究问题选择合适的条件与结果变量。经过仔细定义和选择，以便最大化研究因素的多样性，并最小化背景条件的变异性，并通过常用软件 TOSMANA 和 FSQCA 等环境进行模拟。在软件环境中同时处理的被解释变量和解释变量均为多值的 QCA 数据，能实现包括多值逻辑化简、数值关系自动生成以及一致性、覆盖率计算等分析功能。通过软件模拟，出现在简约解中的条件被称为给定组态的核心条件，表明与所关注的结果之间存在很强的关联性因果关系。而出现在中间解但没有出现在简约解的其余条件称为边缘条件，与结果之间因果关系较弱。

三、计算政治学分析工具的“关联化”视域转换

信息空间理论范式的引入，从认知和传播的角度为行政管理活动构建了有效的研究桥梁和分析工具。随着现代信息技术的发展，香农开创的信息理论开启了第三次工业革命的浪潮。信息论的主要应用领域进入以二进制为信宿传播的电子信息时代。这种改变不仅局限在以信息化为分析视角对行政活动实施过程的解读和分析，更为深刻地体现为一种对于现代行政管理理念的重塑和变革。而这种理论范式的变化，集中的体现就是行政行为外部环境样态从“信息空间”域向“数据空间”域的深层次转变。作为信息空间理论的延伸和发展，电子计算机和互联网技术的诞生，无论是信息数量，还是传递速度均呈现出指数级的规模拓展，并以现代电子信息技术作为传播路径，构建新的信息空间模式样态——数据空间。数据空间又被称为赛博空间，强调以现代信息技术特别是以互联网技术为代表的数字信息时代所带来的技术变革，直接引发的包括现代行政管理范式在内的社会生活交往环境和模式的重大变革。在基于数据空间环境的电子政务时代，不同的政府部门借助各种网络信息平台与通信技术来改进公共管理手段，提升公共服务质量。在这种以数据结构和处理为特征的数据空间体系结构中，以数字信息形态处理方式解读行政管理理论，其重点演变为通过“代码”的编辑和抽象形成概念性的研究过程。

（一）从物质模态向数据模态的主体向度转换

从静态角度看，数据从物理形态来看是记载事物状态的符号载体，但从动态角度理解，则是蕴含着对事物基本存在形态的判断分析过程。从信息哲学视角分析政治行为过程，其核心含义是将信息特别是数据资源作为一种“原材料”生产的对象，通过模型化的处理工具，有效实现信息价值的提炼和挖掘。基于抽样的数据结构处理模型成为行政信息管理的重要途径，理想

化的数据信息处理模式的模型设置在于忽视了计算的资源和效率问题。但是在大数据模式下，数据规模性和彼此弱关联性特征，使得数据空间域政治行为活动必须面对如何在海量信息中获取有效信息集，并以此为基础实现有效数据信息模型构建等问题。数据空间的建构是对特定信息环境对象携带有用性信息资源的构建过程，是从人们认知的世界中抽取信息并使之符号化，进而通过储存、组合和加工实现信息空间化的过程。从信息空间向数据空间的转换，本质是分析对象从物质模态向数据模态的主体转换，是从建构性的视角对信息和知识进行分析，由从各种真实实体中抽离产生的信息重组后的结构体系成为一种新的实体性存在，从而为认识世界提供了更加丰富的观念体验，以及更为新颖和独特的方法和模式，即一种“数据库化的社会”[①]的理论逻辑范式。按照上述逻辑分析模式和研究视角，从数据空间的主体要素形成看，这种研究范式取代了传统以实体为物质特征的研究模式，更加突出强调抽象数据对象中所蕴含的信息价值，从而完成了数据空间行政行为从物质模态向数据模态的主体向度转换。

从传统意义上理解，要想把生活事实归入制度事实模型，将事实进行格式化处理，首先就需要依照法律体系发现或构建与选择制度事实模型。在数据空间中寻求能够证明的待证事实信息非常抽象，必须运用特定的载体进行识别和运用。数据空间搜集数据的本质其实是以二进制编码形成的信息镜像或编码，获取的这些代码无法直接为人所感知，必须借助计算机翻译和输出，克服这种感知方式的局限性。基于制度经济学研究的基本思路，认为在有限信息中进行决策制定，必须依赖于试错过程，这是数据蕴含信息的复杂性和不确定性所带来的必然结果。但是，为了减少这种试错所带来的成本积聚，必须要通过制度的规范性来减少信息盲目搜索所带来的巨大成本负担。这就要求在证据搜索过程中，遵循模型化的发展理念，最大限度地通过预期的理性化路径，减少可能存在的无效性行为。因此，在信息空间中主体向度从物质模态到数据模态的转化，必然带来客体向度具象模式向抽象模式的转

① 弗洛里迪. 计算与信息哲学导论(上)[M]. 刘钢，译. 北京：商务印书馆，2010:7.

化过程。随着现代科学技术对社会发展影响的不断深化，抽象化成为社会系统运行与控制的基本趋势。信息哲学认为，数据空间结构化的构建过程，本身就是管理要素从具象模式抽象为数据模式的过程。在这个过程中，数据抽象并没有消除实体的信息内容，而是通过标准化的抽象，更加突出事物的实证要素信息，从而进一步摆脱具体场域的实体性限制。这不仅是对现实的一种精确描述，更是对现象感性层面的超越和扬弃。通过对事物信息的抽象化抽取，进而以抽象系统诠释社会运行规律，进一步提高社会管理的科学化水平。在这种向度的转换过程中，数据空间对象更加呈现抽象化的特征，并且更加依赖于符号系统的载体作用。从数据空间的结构性组成来看，数据信息不再成为某种客体性存在，而成为主体事物空间的组成，所有空间都可以向信息空间进行投影，也就是主体必须首先符号化才能实现现实空间的投影性。具体到行政数据的采集处理过程，对信息资源的需求分析和采集必须围绕特定的“编码”结构进行处理。只有进行有序的组织结构化处理，才能在系统检索和分析中发挥出行政信息资源的有效作用。在这种转化过程中，政治活动运行和管理的重点从信息对象载体转变为信息本身所蕴含的数据要素，也就是重点在于内部控制，实质上就是在组织内部收集、筛选、加工、传输、反馈和处理信息，以指导组织内部各项业务按照预定目标运行的有效调控机制，从而实现管理活动从定性分析到定量处理的质的飞跃。

（二）信息获取模式的数据挖掘技术应用

随着信息技术的发展，当前的人类社会正处在一个由模型和控制论所支配的信息和符号的时代。[①]在这种新的逻辑分析工具视野中，政治主体做出的行政行为将被抽象为数据产生、储存、分析、处理的流程处理过程。传统基于文本层面的信息空间结构处理模式已被基于数据结构的处理模式替代，即如何在复杂的行政行为信息流中寻找定位数据要素、明晰数据结构，进而抽象出行政组织管理、行政行为实施、行政效能监督、行政政策影响的数据运行模型。行政信息资源管理的核心内容和任务在于对分散性和异构性的信

① 曾国屏，等. 赛博空间的哲学探讨[M]. 北京：清华大学出版社，2002:73.

息资源进行有效整合，在信息要素的编码和抽象传播过程中实现信息在不同实体之间的有效流动和传播，进而实现政务数据资源的有效获取和资源价值增值的目的。可以看出，在数据空间结构中分析和解读行政行为，更加关注的是数据的处理过程而不是数据资源本身。

传统政治行为分析主要基于数据规模的可预测性，强调将因果关系搜集的目光置于承载信息的载体之上，基于载体与信息的不可分离性，特别突出信息原始载体的重要意义及其经历了从注重对主体的过程、结果式研究路径转向对普遍、抽象规则适用研究路径，经历了从假定其他因素不变的理想化模型到宏观把握经济活动要素间相互关系的系统化模型研究范式的转变。在这个转变过程中，对于经济活动中行为主体搜集和掌握的信息作用机制，以及关键信息的搜集、传递、分析、处理研究成了现代信息经济学，特别是博弈论的理论基础，实现了从“完备信息”假设到“不完备信息”假设的视角转换。因此在方法论的选择上，从统计学贝叶斯定理的再运用到盖然性理论运用到证据法领域，构建以概率性分析为基础理论的证据法经济学研究范式，成了学科发展的热点问题，对于证据法研究领域而言具有划时代的意义。围绕行为人政治活动中的“可预见性”作用运行机制实现问题，则进一步形成了包括信息经济学、制度经济学、组织经济学、行为经济学等诸多分值研究的主要对象。其中，共同知识理论是博弈论研究的一个基本问题，如果在博弈过程中信息能够成为共同知识属性，那么此时博弈过程就是不完全信息条件下的信息和决策选择。在数据空间中，海量数据不仅刻画了主体行为的时空动态性，同时数据流在传输各个环节所带来的“流转痕迹”蕴含着巨大的证据证明力价值。但是相较于传统数据，数据空间的数据结构和形式呈现多样化的特点，包括文本、多媒体等结构化和非结构化等不同类型，以及如何把这些数据耦合为规范性的数据集合体。因此，在数据空间体系中，从信息哲学本体论研究视域来看，数字空间的存在形式虽然呈现虚拟化和数字化的特点，但是这种空间并不是一种“虚空”，而是由物质属性的数字和符号化信息构成的混合态，是一种客观实在性的具体体现。在这个超越人类感官但有客观存在的现实空间里，数据规模巨量化、数据结构超限化、数据模型非线性化等特征，使得对于数据的分析和处理已经远远超出人工认识和分析的能力范畴，呈现出复杂性的空间结构特点。面对海量数据的冲击，从信息技术层面去解决现实存在的问题已经成为必然的路径选择。但随之而来的问题是，这种完全依靠计算机算法为支持的分析范式，能否满足人类价值理念的要求，担忧陷入韦伯所提出的"技术理性"与"价值理性"的对立之中。数据模式下证据的运用无法再通过简单要素之间的"一一映射"或是"一对多映射"模式进行分析，而是直接进入"多对多映射"的复杂结构空间进行数据分析。

（三）计算政治学分析方法的关联性模式转换

数据空间规模的巨量性，使得数据空间证据的搜集必然无法是漫无目的的随机行为，必须是以特定的搜集对象设定特定的搜集范围，通过信息间的相互印证和信息与事实信息之间的相互印证，完成证据的搜集。从纷繁数据中寻找到需要的证据，不仅是数据本身的信息内容，同时其记载内容包括文件的产生时间、地点和形成者，以及文件的修改、编辑和读取性痕迹，从而形成机构性信息基础上的背景信息。这就需要在网络及其设备中寻找发现和识别待证事实信息，并需要一定的技术方法提取固定上述信息。在网络空间中去捕捉和提取待证信息，搜集客观完整性，必须要基于数据恢复和解密以及信息搜索和过滤技术。因此，在数据空间中，数据规模的指数级扩大，使得数据与数据之间关系的复杂性和关联性匹配规模急剧扩张，同时也带来了以准确性为度量单位的数据效度迅速下降。面对充斥着海量信息的噪声数据环境，信息的价值低密度化特征异常凸显。对于这种复杂的数据环境，只有通过特定的技术和分析方法才能实施有效的数据搜集和分析，进而实现对数据密度集聚化的要求。上述数据分析的过程，就是对数据空间中隐藏在大量无效数据中的有效信息进行提取，最终形成有效数据的信息集合形成过程。而通过有效的数据挖掘技术，可以实现对碎片化信息的有效整合和聚集，进而逐渐形成一幅完整的证据"图谱"，从而达到证据要素获取效率性的目的。从计算信息学角度看，实体要素构成了基础的实体层，在此基础上通过算法的解析和运算，对实体数据之间逻辑关系进行系统性填充，这个过程在数据挖掘技术中被称为"实体对齐"。这种耦合性的制度实现过程，就是在海量的数据空间中，从浩如烟海的数据中搜寻和定位具有有效性、关联性特征的证据材料，并得出可以作为判断或决策依据的结论的基础环节。

因此，通过与规范要素这个实体"参照物"模糊性算法匹配，充分挖掘数据与行为之间背后的关联性特征，从而彻底脱离传统人工进行关联性匹配的证据搜集模式，实现证据法理论从"实体"优先向"关系"优先价值性判断的根本转变。换言之，数据要素自身所蕴含的信息量已经不足以支撑证据的证明力，只有大量数据要素之间的关联性结合才是证据证明力的来源。如何在理论层面对数据运算处理和证据法规范体系衔接性问题进行深入研究，成为沟通数据"虚拟"空间与规范"现实"空间的桥梁和纽带。数据空间的工具选择和应用的重要作用就是发现复杂数据集间客观存在的"耦合性"关系，从而更好地揭示出数据集合各要素之间表明所呈现出的无规律性特点。数据黏合度是用以衡量数据之间关联性的范畴。传统物理空间环境下的经典证据理论将各个证据看成证明过程和证据体系中独立的要素和个体，而证据链条的形成和构建也是基于这些要素之间彼此的关系集合所形成的综合结果。但是，这种预设和规律在数据空间中已基本无法适用。这是因为从数据产生和运行的特征来看，有效信息的获取将不再依赖于对每个要素的分析，而是更加关注对要素之间关系分析之后得出的结论。在这种积累信息的反向搜集过程中，前期搜索决策对后续事件将具有重大的影响作用，因此特别强调信息处理演化过程中的"路径依赖性"，这也构成了演化经济学的基本研究思路。制度经济学则进一步明确指出制度规范在信息搜索和发现过程中的重要引导性价值，特别强调了通过规则体系内在的系统联系性对信息搜寻的范围和规范性意义。[①]在这种引导作用的发挥过程中，以规则的外部性规范作用取代了盲目的搜寻所带来的无秩序性，从而有效提升了信息处理的效率，实现了成本的降低。

---

① 柯武刚. 制度经济学——社会秩序与公共政策[M]. 韩朝华，等译. 北京：商务印书馆，2000:39.

依托模型化技术手段，利用算法实现数据的采集、分析和整合的全过程。在传统经济学模型的抽象性基础上，增加与现实性的联系渠道和环节，并从宏观规范性的角度，对运行机制的作用机理进行系统动力学的研究，获得规律性的认知。而基于抽象数学模型在经济学中的运用，将现实世界为一定目的而做的抽象、简化的数学结构，通过对现实对象的抽象刻画，进而实现对现实对象信息进行提炼、分析、归纳，从而在更加规范和可预见的范围内实现经济学研究的重要价值追求。在模型的构建过程中，如何将文本性的数据量化为可供计算机系统识别和计算的数据种类，构成了任何系统实现“数据”结构化研究的基础和前提。因此，借鉴信息经济学模型方法，从信息规范中抽取系统组成要素，进而建立面向实际法律运行规律的数据信息采集需要的数据库，并对包括要素的指标、目录、项目等构成元素进行模型化和算法化转化，成为保证数据采集和处理的规范性和效率性的基本路径。在模型的构建过程中，对于数据空间的证据模型进行必要的简化、抽象和模拟，并用适当的数学工具和符号化规则语言将其主要特征描述出来，是实现计算政治学分析从定性到定量的思维转化的重要方式。

第六章　计算政治学实验空间域

政治学要成为一门“科学”，必须要对政治现象做理性、系统、经验性的因果解释，以便使政治学能够成为一门基于“经验解读”和“精密分析”的科学。这就要求政治学研究从以对本质的“价值性”研究转向以对行为“规则性”研究，而在此过程中也体现了政治思想研究向政治科学研究的转变。特别是随着20世纪20年代行为主义研究范式的兴起，将观察、分析和现代经验科学方法引入政治学研究，尤其将注重规则性验证、技术量化分析为特征的实验方法引入政治学研究领域，从而产生了一场具有科学意义的范式革命。区别于传统古典政治学研究中诸如历史分析、法律规则分析和运行机构权能分析所带有的浓烈的道德和哲学色彩，行为主义运动从诞生伊始就始终坚持政治学中的“科学”性目标，使政治学成为一门真正意义上的科学，这种重构使政治的可能性变得更加开放，并提出了政治学研究必须应对的新课题。此时，一种科学的政治哲学应提供一个框架，通过这个框架便能对科学实践的政治影响及其向科学之外的适度拓展做出批判性的评估。而“在政治学研究方法革命中，实验方法的发展和应用在近年来异军突起”①。政治学中的实验研究虽然相当长的一段时期内都处于学术边缘的尴尬境地，但得益于政治学研究方法及研究技术上的进步，其重要性日益受到学术界的认同。②

---

① 臧雷振. 政治学研究中的实验方法——近年来的应用进展及研究议题分布[J]. 国外理论动态,2016(5):68.

② 王金水，胡华杰. 境外政治学实验研究的发展及其对于中国政治学研究的价值[J]. 中国人民大学学报,2016(3):147.

那么，为什么一门学科要想成为科学，必然要建立起实验范式呢？从本质上分析，实验是根据一定的研究目的，运用研究技术和设备等工具，以预设的研究方案执行为依据，在可控的设计环境下，对实验对象活动进行观察和处置的实践活动。正如马克思主义实践哲学观点所指出的，科学实验的本质来源于人类物质资料生产活动，是人与自然主客体相互作用关系在科学技术认识和实践活动中的具体体现。即在实验环境和范围内构造简单的、可控的“微观世界”，为人类认识和改造周围的现实世界提供了理性的可塑性工具。近代自然科学的重要标志就是在人工可控制条件下对自然客观现象进行研究以获得认识的一种实践活动，从而带动了近代自然科学和工业革命所取得的巨大成就。正如马克思主义所认为，科学是实验的科学，科学就在于用理性方法去整理感性材料。归纳、分析、比较、观察和实验是理性方法的主要条件。从自然科学发展的历程中理解和思考实验范式，是人们根据科学研究的目的，运用科学仪器和设备等物质手段，人为地控制或模拟所研究的自然现象，排除其中弱化的干扰因素，人为加强和突出主要因素，通过人为控制和干预对象的进程在可控与预判条件下对实验对象进行观察的一种经验方法。而作为自然科学的实验对象，则是明确所研究的行为中各种变量之间的关系，阐明变量之间因果关系的作用机理，从而为在现实宏观世界运用因果关系解决问题提供理论支撑。

一、计算政治学实验空间域的理论基础

在实验过程中，可控性和精准性对于自然科学的实现较为可行，而在这种可控环境中能否更好地控制环境和社会过程，成为自然科学与人文科学实验思想的争论焦点。一种意见认为，随着现代实验手段和方法的逐步完善，社会领域也可以进行有其特点的实验。但另一种意见认为，人文科学与科学以外的各种经验即哲学、艺术和历史本身的经验方式结合在一起了。作为非自然科学亦非社会科学的人文科学有其特殊方法，即强调非实证性，主要是通过人的生命体验感悟获得真理性的认识。所有这些都是表达某种真理和价值性的经验判断，是不能用科学方法论的手段来加以证实的。正是由于现代

科学实验诞生于人与自然关系的维度，所以实验室建设长期以来用于自然科学领域。人文社会科学领域实验技术的引入和实验室建设曾长期存在"不能论"的认知。正是受此观点影响，有学者提出"政治的科学属性在于观察性，而非实验性"[①]的判断，对政治学研究实验性的可能提出了怀疑。受此影响，在人文社会科学研究中，"尽管传统政治学的研究范式已经从偏重于制度解释、价值分析发展到现有的实证研究，但采用更具科学价值的实验性研究仍然较为匮乏"[②]。对于上述问题，必须从实验政治学的基本特征入手，破解对政治学实验方法的理论误解，才能正本清源进一步构建完善相关研究体系。

（一）政治学实验空间域的解释性特征

"实验方法是科学的解释最为接近理想的方法。"[③]无论是自然科学还是人文科学，只要能够通过一定的技术手段建立起对应的实验环境，实现人为控制"自变量"产生"因变量"预期的变化，从而对其中所蕴含的因果结构进行有效解释，那么这就达到了实验的基本目标。从方法论上看，实验是定量研究的一种特定类型，比其他几种社会研究方式更直接地基于实证主义的原理。实验组与控制组、前测与后测、自变量与因变量，任何一项实验研究，一般都会涉及这些基本要素。尤其是在解释变量之间的因果关系方面，实验研究具有强大的力量。"实验政治学在探究政治现象之因果关系上有独到价值，其发展反映了政治科学对因果关系探究和经验理论创新的优先价值导向。"[④]因此，作为实验本质所要揭示变量之间的因果关系，必须由实验者自由操作某一变量（自变量），控制其他的变量（控制变量），考察由自变量的变化所引起的另一变量（因变量）的变化。这里所说的自变量就是

---

① A L LOWELL. The physiology of politics：presidential address，sixth annual meeting of the american political science association[J]. American Political Science Review，1910(4)：1—15.

② 李柯柯，马华. 实验政治学的缘起及研究方案设计[J]. 社会科学家，2020(12)：157.

③ LIJPHART，AREND. Comparative politics and the comparative method [J]. American Political Science Review，1971(65)：682—693.

④ 孟天广. 从因果效应到因果机制：实验政治学的中国路径[J]. 探索，2017(5)：30.

实验因素，又称实验因子，是由实验者操纵的。因变量就是实验的结果，是实验对象在实验因素和其他控制变量的作用下的反映；控制变量是指那些除了实验因素（自变量）以外的所有影响实验结果的变量，这些变量不是本实验所要研究的变量，所以又称无关变量、无关因子、非实验因素或非实验因子。科学实验就是要建构一个微观的世界，这个世界一方面把实验对象予以隔离，另一方面也是对于整个世界的局部模仿以保证其真实可靠。换言之，实验室就是建构现象之微观世界的场所。在自然现象的具体复杂性中，必须选择一种现象，以明确方式阐释这种理论的含义。然后把这个现象从周围的环境中抽象出来并进行微观环境构建，从而使理论能以可控制性的和可再生性的形式受到检验。实践中，为了突出研究客体的特定属性规律，必须采取阻断机制“纯化”研究对象所处环境。因果推论的根本任务是在控制其他“干扰因素”的情况下，建立两个或多个变量之间的因果关系；而在实际研究中，利用既有经验证据来“推测”与“证明”发生结果的原因。同时，为了明晰不同影响因素可能带来的实验对象条件的变化，在必要条件下需要采取对特定要素的强化性作用，以人工模拟再现一些复杂的条件，从而分析研究对象在特定环境下的特殊属性。

（二）政治学实验空间域的介入性特征

实验的本质是一种介入，其主要作用在于创造现象。由于实验是一种介入，那么必然会引起实验对象的自主运行过程受到人为因素影响程度的问题，即实验中研究的对象是否受实验过程控制的问题。实验就是不断地介入实验对象，然后人为产生出新的现象来。实验研究要检验因果机制，就需要设计多个实验，分别操纵原因变量、操纵中介变量或者操纵影响中介变量的其他干预变量（相当于做中介变量的工具变量），然后再考察中介效应或因果机制。[①]介入不是被动的介入，而是以一种特定的方式操纵建构起来的微观世界。对于被建构起来的微观世界进行全程的控制，这种控制不同于观

---

① 余莎，游宇．不操纵无因果：实验政治学几个核心的方法论问题[J]．甘肃行政学院学报，2017(2)：60.

察，而是一切实验都包含有外表的行动，明确地改变环境或改变我们与环境的关系。在自然科学实验中，实验介入能够产生我们能够观察到的现象；我们可以对原则上不可观察到的实体进行操作，使之作为我们实验的工具；使用不同仪器对实体做实验，如果它们产生了稳定的因果关系，那么它们就是具有了科学意义的结论。发现和核验科学事实的感性认识活动，是科学理论形成的实践基础，也是科学研究的重要手段。通过设计的计划使实验表现出现实的政治活动，这些活动在实验过程中是可以控制的。在实验中，研究人员可以有效地控制情境、时间、地点和具体实验过程。不论实验对象如何，就实验过程而言，关键的问题是决定性事件和实验对象的发展，受实验道具和测量技术、选择实验对象的偏差等介入性因素的影响。因此，实验的“介入性”体现在人们根据特定的目的、计划、旨趣进行实验设计，通过操作科学工具或运用科学方法，作用于研究对象，使研究对象在人为控制、限制和支配的条件下，以抽象、纯粹、简化、强化的形式呈现出来，进而对现实对象进行感知和描述。正如哈贝马斯所认为，“能够把目的理性活动的结构反映在社会系统的层面上，那么人也能够同他的技术设备结为一体，另一种行为类型所体现的社会的制度框架，似乎被目的理性活动的子系统吸收了”①。而与之相类似，人文社会科学实验范式的构建是在思维观念设定的一种介入性活动，这些观念要符合于引起积极探究活动的问题所需要的条件，并且设定相关可控制因素的作用。在实验目的指导下的活动所得到的结构构成了一个新的经验情境，而这些情境中对象彼此产生了不同的关系，并且在指导下从事活动的后果形成了具有被认知的特性对象。

（三）政治学实验空间域的可控性特征

“实验法是社会科学探索和检验因果关系的最重要手段。”②实验的设计

---

① 哈贝马斯. 作为“意识形态”的技术与科学[M]. 李黎，等译. 上海：学林出版社，1999：64.

② 郝龙. 互联网社会科学实验：方法创新与价值评价[J]. 中南大学学报（社会科学版），2020(11)：163.

不仅仅要考虑自变量与因变量，更应该注意设置需要控制不变的控制变量，才能更有效地检测出自变量与因变量之间的关系。因此，实验是一种经过精心的设计，在高度控制的条件下，通过操纵某些因素来研究变量之间因果关系的方法。实验的基本目标是确定两个变量之间是否具有因果关系。在实验过程中，研究者通过引入或操纵一个变量即自变量，以观察和分析它对另一个变量即因变量所产生的效果。而这种操作性在自然科学领域中集中体现于对实验仪器的操作，就是把某种物质原材料按照不同方式整合到物质世界里的某种安排。在自然科学领域中，一个仪器就是服务于某些自然系统的工作模型，其变化是由实验操作带来的，必然应解释为类似正在被建模的自然系统状态。仪器操作结构（仪器的设计、运作与呈现）之于真实的世界结构，以仪器的同构性和理论解释的语言真实一致性来验证科学理论。此时仪器操作结构与真实世界结构之间的“同晶性”、仪器操作结构与真实结构的直接关联性、语义分析结构与真实世界结构的间接关联性，使得仪器系统在获得信息和变换信息过程中保持同构性。仪器、实验模型和理论之间的相互影响或“可塑性”，显示了实验环境中的“局部稳定性”。通常只有工具的状态与世界的状态有直接的因果联系，而对于仪器而言，无论是自然“驯化”模型还是仪器体系，它们的因果联系只发生在自身内部系统。而这种内部系统的构建与分析，可以通过仪器的工具性获取对外部世界的知识，即通过仪器获得的知识则确切地来自仪器模型内部所构造的“世界”。在此过程中，系统与环境的适应性体现在科学实验环境所构建的 “内部”世界与更广阔的“外部”社会环境之间的辩证统一性。因此，在实验室范围内构造简单的、可控的“微观世界”，为重构自己周围的世界提供了模型和策略指导。

（四）政治学实验空间域的建构性特征

不论是对自然科学还是对社会科学来说，“科学”研究的目标都在于解释和预测自然现象和社会现象。但社会科学的实践本身就是一种需加以科学理解的人类行为，而自然科学的实践则不是它本身必须加以说明的对象。因此，科学之所以称其为科学，主要的特征在于理论与数据之间具有某种形式关系，即基于经验数据对理论和现实的建构。基于建构主义对科学实验的探讨，经历了一个从宏观社会建构论到微观实验实践建构论的转变，这种转变逐渐脱离了传统科学的表征主义倾向，越来越突出科学实践对于我们理解和说明科学的重要性，同时也使我们更好地理解科学实验实践的重要性。具体到实验政治学，其主体相关的性质发展出一门更为充分的政治科学，那么它的论证还需考虑到每一种情况并涉及每一种学科的目标和实践。如果从本质上理解实验即仪器的操作，就是把某种物质原材料按照不同方式整合到物质世界里的某种安排，那么实验过程就被看作一种仪器——世界的复杂联合体的解释性过程。而实验本身就是服务于某些观察对象的工作模型，其变化是由实验操作带来的，必然应解释为类似正在被建模的实验对象的状态。因此，实验哲学认为，一个实验者试图实现实验对象和实验工具的相互作用，从而以这种方式在对象的特征和工具的特征之间产生一种稳定的相互关系，而“社会学的一般概念和方法论策略，已经完全被语言、仪器以及各种技能的异质性和专业力量所压倒，这种状况已经通过数学家、科学家和许许多多其他领域的研究者对自身活动领域的有力说明而证实”[①]。在实验政治学方法论体系中，理论不再看作是相互关联的语句或概念图式之网，而是可拓展的模型，是一种面向对象世界的能动性的建构性活动。当内在理论模型化中的操作外化影响社会现实活动的建模时，实验开始沿着自己的方向发展，探索理论还未论及的领域，开始拥有其特殊的建构性特征。

行为学派强调采纳和解释数据的正确技术与使用研究方法的工具在实验与模拟上的适应，研究实验的方法、实验室的设计、政治现象的模拟、观察系统的设计、实验技术等，包括计算机技术、内容分析、本体论与科学哲学、实验设计、数据收集、测量和索引整理、模式建立、统计分析、调查设计和分析，可以产生正确的、可靠的和有比较的数据。行为研究建议采用精密的工具，如多向的分析、直接探查、数学模型和模拟试验等。当代比较政治研究大量运用经验手段、统计学手段和数学方法，越来越多的定量方法和

① 皮克林. 作为实践和文化的科学[M]. 柯文，等译. 北京：中国人民大学出版社，2006：15.

测量方法得到采用。这些在计算政治学方法论视域下的研究工具的广泛使用，使当代政治学的研究方法和手段发生了很大变化。通过这些技术手段，采取实验的方式避免和消除了研究人员在计划、执行和评估自己的研究工作时过多的主观主义倾向。实验手段的广泛使用，能够客观观察、记录和分析数据。

二、计算政治学方法论的实验空间构建

实验是人类获得知识、检验知识的一种实践形式。它是发现与核验科学事实的认识活动，是科学认识的基本方法之一，是理论研究的一种实证方法。一定的实验过程，必将需要构建一定的空间环境。所谓实验空间，是一种用来建构和模拟实验现象所产生依据客观环境的场域，这种微观世界并非指虚拟的领域，而是指在实验室中被实际建构出来的空间体系。在这种基于人工活动所构建和创设的空间体系中，科学家可以自主地减少某些无序和复杂性因素的影响，从而促使所期待现象的呈现，并希望以特定的方式操纵相关可控因素对现象进行剖析。因此，科学实验是人们为实现预定目标，在人工控制条件下研究客体的一种科学方法，是人类获得知识、检验知识的一种实践形式。虽然自然科学与人文社会科学之间在研究方法、实验室建设途径方面各有侧重，但从整体来看，实验室的建设和运行不仅仅是各种实验要素围绕知识发现和验证所形成的空间场所及其结构特征。具体而言，政治学实验空间的本质在于“实验政治学开发出诸如实验室实验、现场实验、调查实验和自然（政策）实验等丰富的工具箱”①。一系列包括实验方法、准实验设计、统计方法、定性比较分析等社会科学研究方法的发展及成熟，为探求因果关系提供了丰富的工具箱，并发展出一系列在方法论层面判定因果效应、检验因果机制的研究方法。

（一）思想实验空间形态

在传统的人文社会科学实验室建设中，与仪器在自然科学实验中的工具

① 孟天广. 从因果效应到因果机制：实验政治学的中国路径[J]. 探索，2017(5):31.

性作用相似，思想实验常被哲学家和理论科学家普遍使用。思想实验不是实际进行的实验，而是一种理性思维活动，这种思维活动按照实验的格式展开，所以也被称为“实验”，可以说是把思想实验当成一种科学方法加以研究。当真正的实验在实践操作过程中或者在理论应用层面不可能实现时，可以通过想象创设一个情景来检验某个假设。设想对研究的内容做出各种条件的干预会产生什么样的结果，而不是真正实施这种干预，从而发挥想象来表明什么情况是可能的、什么情况是不可能的。由于思想实验使用虚拟推理，营造了非真实氛围，构建了假设的问题或理论，在大脑中想象模拟真实实验的场景，以求得出预见性的结果，因而思想实验的应用范围更加广阔，不仅仅在哲学、科学等领域，而且延伸到了其他的领域，如认知心理学、社会心理学、经济学、政治学、法学、市场学和组织学等领域。思想实验作为一种实验类型，只不过是在思维中进行的实验，无须像真的实验那样在特定的场合借助一定的实验设备进行。因此，虽然思想实验不同于真实操作的实验环境，可以在特定的物质性实验室中进行操作，而思想实验往往是在实践上无法操作时才具有非实际的可操作性，但随着技术的发展，终究会建构一个跨越主客观技术具有实际操作性的实验模型。同自然科学实验相类似，思想实验同样具有构建性和表征性。一个分支是通过考察类比物之间的相似性研究模型，形成了类比模型研究传统；另一个分支是通过考察理论的形式化语义解释，赋予模型以特定的理论解释意义，形成了语义模型研究传统。正是由于社会现实活动可以抽象为符号化的表征方式，那么对社会实在的任何干预以及任何潜在的对事件过程变化着的反应也可以是符号性的存在，所涉及的不过是工具、问题及方法相对于一个特殊领域所具有的特性，这就使得社会科学与自然科学在某种意义上具有了相同性质的研究手段和方法。

（二）模型实验空间形态

对于自然实验而言，它不同于在自然条件下实验室环境中进行科学研究，必然与纯粹自然环境之间存在诸多不同，必须采取特定的实验手段进行环境的重构。而对于人文社会科学而言，同样需要隔离和介入外部因素对实验环境的影响。科学家还“追踪”被建构的微观世界以保持它的有序结构，包括建构之初到整个实验进程的控制，从而构建起包括纯粹人工创设环境中开展的实验室实验、将自然事件当作干预的自然实验、在真实社会环境中开展的致力于平衡内外效度的田野实验三种实验空间形态。因此，从本质上理解，社会科学与自然科学实验的实验过程具有相似性。研究者根据已有知识积累、数理或形式逻辑推理等提炼出若干解释性机制，并通过（机制变量）概念操作化、对时序的操作等方式观测已被定义的（因果）机制性变量，再基于采集的有关干预变量、机制性变量和结果变量等信息，恰当地检验因果机制。[①]正如塞蒂纳所认为的，通过实验空间对象域的构建，实验室研究成为事物被“带回家中”的自然过程，自然对象得到“驯化”，自然条件受到“社会审查”。[②]人文社会实验科学的仪器操作不是一种物质性机器形态的存在，而是基于一种提升“社会秩序”和“认知秩序”操作机理的形成和发展。人文社会科学的实验仪器，不是由实验对象、实验仪器设备、实验主体组成的物理性空间，而是一种实验赖以进行所有现实条件的整体性构建。正如夏佩尔所认为的，科学发展的过程就是由经验事实和来自“科学信念”的信息等共同组成“信息域”的不断扩大、问题的不断转移、整合和分化的过程。[③]在自然科学领域中，实验能创造地球表面自然状态下难以出现的特殊条件，如超高温、超低温、超真空、超强磁场、超纯度等，认识在自然状态下不能得到的新现象、不能发现的具有重大意义的新事实。而要延缓成加速自然过程，人们可以通过一定的物质手段，创造条件，对研究对象的发生变化过程人为地加以扩大或缩小、加速或延缓，有助于捕捉倏忽即逝的现象，进而探讨其规律性。而在人文社会实验中广泛使用的理论检验、实验设计、全盲与半盲方法、群体控制法、要素孤立法等方法，同样在社会科学研究中构成了表达和描述实验活动本身的基本特征。通过符号化的实验环境的构建，人们

---

① 孟天广. 从因果效应到因果机制：实验政治学的中国路径[J]. 探索，2017(5):35.

② 塞蒂纳. 制造知识：建构主义与科学的与境性[M]. 王善博，译. 北京：东方出版社，2001:28.

③ 夏佩尔. 理由与求知[M]. 褚平，等译. 上海：上海译文出版社，1990:195.

在其中对复杂化（技术上的）进行制度化，可以同样运用实验性手段研究人类社会的复杂性特征。通过对实验设置的固定，实验研究简化了识别因果变量的过程，加强了辨识的准确度和效度。因为在其他实验设置都被控制的情况下，因果变量之间的区别通过实验操作的施加就可以实现。政治学学科内在知识的表达既包括对政治行为、政治现象的描述和归纳，也包含对其的解释和预测。而后者传递出的政治学价值更容易被公众接受，当然，解释和预测紧密相关，在研究中也常被理解为因果效应探索。① 比如政治学研究中比比皆是的“普适性”“特殊性”“民主”等概念。测量效度通过解决研究对象指标界定、指标选择等相关概念问题，进而实现因果效应分析的可靠性。在此基础上，通过实验中对因果变量的辨识与隔离以及对研究各环节的有效操控，构建政治实验与实际社会运行之间牢固的因果链条，从而探寻理论与实际之间真实的逻辑关系。

实验作为一种主体的活动，是一个由简单到复杂、由表象到本质、由形态到结构的过程，因而不可能由完全排除了主观因素的纯粹实验或者中性实验来完成。而政治学方法论所采取的模型方法，其适用的测量程序是被客观化的结果与活生生经验的对象都需要解释。实验政治学的存在意义，在于这种认识性通过制度化的现实建构、客体关系以及人类主体的重构而得到例证。而实验理解为一种在有控制的条件下可重复地观察其中一个或更多的独立变量受到控制，以使建立起来的假设或者假说所确定的因果关系有可能在不同情景中受到检验。科学实验过程的统一性，体现在其实验研究对象无论是自然界还是人类社会，实验程序都需要经历确定实验对象、设计实验方案、进行实验操作并获取实验数据，通过数据精简、数据描述、数据转换、数据分析、数据合并、数据比较和数据导入等过程，最终对取得实验数据进行分析和解释实验结果。在研究获取数据的过程中，需要对不同研究对象的情况进行“重组”，其实质就是通过改变变量之间的因果关系，考察实验对象在自变量变化的情况下做出的因变量变化情况，并通过数据的分析对其中

---

① 臧雷振. 争论中的政治学实验方法及其发展前景[J]. 社会科学，2016(11)：26.

的规律进行分析和判断。而从政治实验学角度看，这种实验环境的构建与实验关系的重组，集中体现为对因果关系的构建性问题。从本质上看，因果解释比纯粹的实验结果的相关性更严格，但因果性也为实验介入提供了基础。换言之，因果解释对关联关系的解释意义源自通过操纵相关原因所做的可能的介入。

例如，在政治数据分析和模型构建过程中观测数据时，研究者通过选择测量与研究的变量、关注数据的某个特定方面，对数据和测量的选择进行了操作与控制。此时，实验性体现于使用观测数据的研究者简化并排除了若干因素，或对无法测量的因素进行了假设。更为重要的意义在于，通过模型化方法，一个实验能够也必须从具体的物理条件中抽离出来，这样才能把现象整体的部分孤立出来，使其可以被数学化，并且用一套科学法则来表达。但是，它却不能从科学的逻辑中抽离出来，同时还始终是科学的。[①]因此，从政治科学角度理解，“一种科学的政治哲学应提供一个框架，通过这个框架，我们便能对科学实践的政治影响及其向科学之外的适度拓展做出批判性的评估”[②]。模拟政治场景，无论是由个人充当政治角色，还是由电脑根据事先输入的数据和决策标准做出虚拟化处理，两种情形得到的是已有资料下的可能的结果。通过有控制的实验，分别观察每一对变量之间的关系。在简单地考察了其他一组、一对以后，因素被结合进一个方程式，在模型体系中它们作为因果规律陈述中的变量出现。分散开的，以简单形式被理解的成分结合或聚合在一起再次形成整体。但与实验室实验相比，政治田野实验能在复杂的现实环境中捕捉实验对象的行为，田野实验通常可以测量研究对象行为的结果，但很少能捕捉到行为背后所包含的内容。在实验室中，实验研究对象在一定程度上可以脱离其真实的生活环境，人工的实验室环境有助于实

① 沃格林，政治观念史稿（第6卷）：革命与新科学[M]. 谢华育，译. 上海：华东师范大学出版社，2009：245.

② 劳斯. 知识与权力：走向科学的政治哲学[M]. 盛晓明，译. 北京：北京大学出版社，2004：6.

现对介入或混淆因素的广泛控制。例如，在政治实验中，研究者在实验室中通过数据模型创造出观测数据采集中根本不存在的环境，研究者能就实验对象在现实中无法实现的小组决策实验和个体决策等活动进行实验。研究者不仅可以随机提供信息，还可以随机改变政策执行过程中的相关因素，以便观察这种操作的效果是否稳定，因此实验室研究者能察觉到理论预测中由于数量和观察种类有限而未能察觉到的细微差别。

（三）计算实验空间形态

传统政治学理论认为“不可能存在与自然科学的理论相类似的关于人类能力的理论，即完全清晰的、抽离开特定情景的、普遍适用的、用分离的要素表达的、系统化的、完备的和有预测能力的理论”[①]。政治科学不使用自然科学的方法接近“政治事实”，而是分析人与人之间的关系，提出某种假说，然后重新建立“社会事实”。这里所谓的“事实”与自然科学研究的“事实”不同。但随着行为主义政治学的兴起，其方法论深受自然科学方法论中实证论的影响，基于“自然主义”的“科学”模式，集中体现为“实证模式”及其方法的适应，即根据自然科学的方法论原则来构筑政治“科学”体系。政治实验通过对社会环境的数据模拟和再现，营造出符合相关学科特点和实验课程需要的特定数据空间，为政治学科发展的相关问题提供重要的实验性环境。但是，在传统方法论环境下实验数据规模还极为有限，导致实验环境的模拟性水平较低，进一步传导到实验结果的复原性程度严重失真，实验目的和意义还远远无法满足现实学科发展的迫切需要。唯有范式的改变才能有效破解当前人文社会科学实验室建设中的理论和实践问题，从而跳出传统实验政治学固有的认识窠臼，以计算政治学研究视域实现新的发展思路。

“计算范式”是基于一种社会的信息加工范式，信息加工对于解释和理解社会复杂性方面具有重要作用；但计算方法并不脱离历史、统计、数学等

① 劳斯. 知识与权力：走向科学的政治哲学[M]. 盛晓明，译. 北京：北京大学出版社，2004：138.

方法，并且还依赖于田野调查、可视化分析等其他方法，以进一步解释和理解社会复杂性。[①]数学模型是采用形式化的数学语言来描述某个特定对象或问题的特征及数量依赖关系的一组数学关系式或一个具体的数学算法，以此来表达事物的状态、关系和变化过程。经过对数学模型的推导、演算和分析，可以形成对所研究系统现象的解释、判断和预言。社会科学同信息科学和计算机科学的相互融合，已成为量化社会研究方法创新的主要方向之一，由此催生出“计算社会科学”的方法论。基于计算范式的政治实验空间以计算社会科学的方法论研究为切入点，通过对政治学科研究的分析范式的重构，以“行为的规范刻画、建模和可计算”性为特征带动对学科基础理论问题研究思维的转变，从而引发政治学实验学科发展思路的转向。[②]所有的“计算”涉及针对量化后的数据，并全部采用针对编码数据的基于规则的计算。因此，在这种空间范式中，以政治实验科学为代表的人文社会科学实验建设的关键，就是借助日益发展的先进科学技术和手段，改变基于传统文本性资料统计和分析方法的研究范式，探寻将研究过程进一步数据化和模拟化的实现路径，通过研究对象数据化的处理方式，增强实验对象选取的科学性和代表性，从而最终使研究成果更具严密性和科学性。因此，作为有效研究方法之一的计算实验，能够突破自身经验和已有理论与方法的局限，避免传统单一的定性或定量方法的不足。换言之，计算机程序化的语言为社会学家提供了一个切实有效的描述理论或思想的方法，特别是在建立关于复杂且相互依赖的社会现象的规范性理论的研究中，通过抽象实际环境、社会系统的基本要素和演化机制，对应现实社会中每个决策主体建立主体模型，利用多主体系统描述实验对象，从而利用计算机技术构造计算实验需要的各种环境要素，利用适当的数据结构描述主体间关系构成的社会动态结构。尽管社会科学研究方法受自然科学方法的影响较大，出现了强烈的计算化和量化性倾

① 罗俊. 计算·模拟·实验：计算社会科学的三大研究方法[J]. 学术论坛，2020(1)：39.

② 王国成. 计算社会科学引论：从微观行为到宏观涌现[M]. 北京：中国社会科学出版社，2015：9.

向，如在社会学、经济学领域使用某些实验方法，但与自然科学实验方法还是有着较大差距，要达到自然科学实验方法的高度和水平，还存在根本限制。目前，这种范式的发展还取决于具体运行科学研究的内容和优化组合研究队伍，还包括与研究高度关联的历史文献与情报资料的收集、整理及数字化，以及基于互联网的信息采集交流共享的知识平台。通过上述形态的转换，政治学研究也进入了实验科学阶段，“科学”一词越来越趋向于指向经验科学，建立一门纯政治科学的热望也趋向于指一门经验的政治科学了。①

三、基于“数据空间”的实验范式转换

从上述分析可以看出，虽然客观上传统人文社会科学与自然科学在研究方法和手段上有很大不同，但随着科学技术的发展，以量化模型分析为特征的综合性研究方法的确立，社会科学与自然科学在概念、方法和手段上日益呈现出交叉性和整体性趋势。从实验本质看，“实验的过程”表现为模型、现象、仪器以及对所有这一切进行表征的产生过程。作为“实在的差异”的数据，则需要通过模型的解释对数据信息进行合理的解释。数据来源于对经验研究的现象和对象的考察，考察现象就意味着观察现象或对它进行实验，即由此所产生的实验结果也得以以某种方式被观察。原始数据不可能确定一个现象的理论模型，但是必须经历数据分析的过程，且被纳入数据模型的形式中，以便于进行实证检验。实证确证发生在数据模型与理论模型之间，而不是发生在数据与现象之间，也不是发生在数据与理论模型之间。数据分析的结果就是一个数据模型，只有当原始数据被“转换”为一个数据模型时，我们才有可能对现象的理论假设进行检验，而其中关于现象的理论假设为数据搜集提供了出发点。

近年来，随着一些实验心理学、实验经济学等应用文科领域开展的实验室建设，人文社会科学实验室建设也取得了诸多可喜成绩。但作为人文社会科学研究的对象，人的主观活动及其外在行为的规律性是其研究的主要内

---

① 达尔. 现代政治分析[M]. 王沪宁，等译. 上海：上海译文出版社，1987：192.

容。可以说，人文社会科学实验教学就是通过实验手段再现人的内在思维和人与客体之间外在行为的规律性，正是基于这种活动客观上所具有的主体性特征，其复杂性远远超过了自然科学实验中对研究对象的控制难度。在模拟时代，实验往往面临着组织实施方面的难题，而且成本也高。经过多年的信息技术积累和数字产业化发展，“数据空间”得以形成，并呈现指数级的规模拓展，构建起了新的空间模式样态和分析工具。这种基于信息化环境形成的新的研究范式正在改变着传统文科实验室建设的理论基础和实践方式，并将引领文科实验室的改革发展趋势。这是因为“数据空间”研究范式区别于传统以实体为物质特征的研究模式，更加突出强调在抽象数据对象中所蕴含的信息价值，从而完成了数据空间实体行为从物质模态向数据模态的主体向度转换。这种范式的转变对于人文社会科学实验室建设而言具有重大理论和现实意义。特别是随着“数据空间”实验科学范式的形成和发展，数据模型的任务是将原始数据变成一个标准的形式，这就使得它能够对实验中所产生的数据与理论模型的预测进行对比。因此，在政治实验环节的构建过程中，基于理论模型的数据解释被看作是对科学实践的一种“认识论”的解释过程。这也就意味着实验对象的确立都是在特定的模型框架中完成的，构造这种模型框架的因素包括客观实在本身、认识客观实在的主体及其知识背景，以及与该主体形成的其他共同体的成员共同的模型结构。而科学模型在实验政治学研究中的解释性作用，也为我们分析模型与世界之间的关系提供了一个新的思路。

（一）基于“数据空间”范式的本质属性分析

自然秩序与社会秩序的形式重组在事实上不可能被完全包含在实验室空间中，只是通过一种理想化的环境设置实现对实验因素的技术可控，进而达到实验的目标。自然实验将研究对象从复杂环境联系中纯化出来，排除各种次要、偶然因素对事物发展变化的影响，从而发现在自然状态下难以观察到的事物规律性和特征性存在。自然科学实验研究过程借助于科学实验装备和手段，通过模拟化构建实验环境，进而实现对研究对象的数据观测以获取新的认知结构。只有当特定的事件按照一些规则或规律性重复发生，如在可重复的实验中，我们的观察在原则上才能被人检验，也只有按照预先规定的方式来实施一个适当的实验，科学上重大物理效应才能被人有规则地重复。可以说，实验环境的模拟化和精确化程度，将直接影响到自然科学研究结果的准确性和科学性。但与之有所不同，人文社会科学的研究对象是人的活动规律。在传统意义上，主要采用思辨性的研究方法，以抽象思维形式对人的行为活动进行文字性描述。但是随着现代科学技术对人文社会科学研究方法的影响程度不断加深，基于自然科学系统动力学模型、量化统计分析、数理模型构建等新的研究方法被包括经济学、心理学和法学等在内的传统人文社会科学研究领域所采用，人文社会科学实验的观测可重复性得到了进一步加强。但研究对象的不可规约性导致了实验过程与实验结果之间存在因果联系的错综复杂性，无法像自然科学实验过程一样，简单地纯化和隔离环境对实验对象的干扰。正是上述原因，使得人文社会科学实验实践环节中往往无法有效实施定量分析和建模预测等技术手段，无法实现严谨数理逻辑科学方法和实验手段的运用。

而数据空间范式的确立，则是以数据要素作为研究对象。所谓数据要素，是现实主体在信息系统中以数据形式所进行的综合、归类和抽象形态。在实验过程中，数据空间的形成以外部客体为研究对象，面向外部主体将数据按照分析主题重新组织。从数据空间中获得一个针对实体而言具有特定意义的数据集，并以处理数据集合的方式来对实验对象进行分析。其理论基础在于强调在数据源中的信息要素和整合数据空间构成中的数据要素之间建立的映射关系，实验数据整合所带来的环境的构建也是根据数据间映射关系来实现的。数据实验的对象是数据集和数据工具，数据能够表达自然界的现象，所以数据实验还可以直接用于研究自然界的现象，即以自然界的某种现象为研究对象。与自然界的物理实验、化学实验不同，在数据自然界，数据实验的实验对象和实验工具都是数据，或者说是数据集或数据工具。一个数据实验需要有实验环境、实验对象、实验工具。实验环境为计算机系统，实验对象为数据集或（和）数据工具，实验工具为数据工具和数据集，即数据集和数据工具既可以做实验对象又可以做实验工具。因此，在实现中由于数据资源生成速度不断加快，现代社会科学的实验对象已经脱离传统文字层面的数据容量认识层面，在实验室建设中必须寻找符合大数据时代信息收集、储存、分析处理的新的工具和载体。而“数据空间”实验环境的建立，就是确定好统一逻辑数据模式后，在统一逻辑模式和各数据源模式之间建立数据关系映射。因此，基于数据空间范式的人文社会科学实验室过程的解读，其本质是对该数据集进行数据研究分析，以数据挖掘或者进行数据实验并发现其整体特性，进而发现数据空间的规律性运行机理。而人文社会科学实验过程可以说就是一个数据挖掘的过程，是在规模庞大的数据集合中，从特定媒介和环境中选取和定位所需要的数据资源。通过实验目的的设定，确立合适的数据抽样所需要的关联规则，定义好实验对象即数据模式的抽取对象，进而从大量的真实法律关系中抽取相关知识点作为实体，从而在实体与要素之间建立联系。以此为基础，通过实验数据结果的分析，梳理数据之间已有的联系结构，进而建立基于实验目的的新的数据结构和结论。

(二) 基于“数据空间”范式的实验环境营造

正如皮克林所言：“科学是从与社会秩序相关联的自然秩序的一种特殊形式重组中推导出其认知结果的，如在利用并超越活动与事件的自然过程中、重组力量者与对象中推导出认知结果。”[①] 实验的意义就在于对不同变量相互关系的组合性环节，也就是说，在实验室环境下通过对可变实验因子的调节，以达到在实验过程中检验实验设计目标和预期实验结果的目的。如果说自然实验能够有效实现研究者对变量的操纵以引发的对结果的观察测量，那么在人文社会科学中如何实现对研究对象变量的高度控制，其原理也是实现人为操纵改变因变量来研究变量之间的因果关系。但是由于人文社会科学研究对象往往是人的社会性行为，在有限实验室空间中基本不可能模拟出对应的现实性社会环境，更难以实现变量间的对应关系。在人文社会科学实验室建设过程中，有学者提出人文社会科学的实验场所就是社会整体，其

① 皮克林.作为实践和文化的科学[M].柯文,等译.北京:中国人民大学出版社,2006:137.

实验手段就是社会调查和田野调查方式，通过调查观察来收集获取第一手数据资料。但是，从实验哲学角度理解，实验室必须围绕环境的可控性原则来构建，否则实验的基本原则和意义将无法实现。在现实中，虽然不能像自然科学那样用物质性的仪器设备来观测自然现象，但是随着新的实验手段和技术手段的完善，人文社会科学领域也可以构建起符合其自身特点的实验环境，用信息化、数字化的实验方法揭示社会发展规律。最为可行的解决策略是采取“数字化”环境的设计，将实验对象行为的实验环境以数据空间的形式展现出来，通过数据之间的衔接性关系，在数据空间环境中实现变量间因果关系的实验“模拟”。

从数据空间的属性看，社会科学实验室的任务是通过利用计算机等信息设备和教学手段，实现实验对象“数据实验环境的”营造。而不断增加的海量大数据意味着我们已经从一个缺乏行为数据的世界进入一个行为数据极其丰富的世界。不论是在自然科学领域，还是社会科学领域，人们已经越来越多地倾向于运用计算机模拟实验来研究实际系统所呈现的现象和规律。所谓计算机模拟实验，简单来说就是把表征实际系统的计算模型以程序的形式在普适计算机上进行运行，以期通过对这种运行过程和结果的研究来达到对实际系统规律性的认识。计算机模拟实验已经在社会科学领域得到了广泛的应用，并取得了巨大的成功。在实验手段的创新中，探索如何在实验教学环节中增加虚拟仿真技术，以加强实验效果也成了政治实验室建设面临的严峻挑战。运用电子的方式传递信息的“虚拟实验室”，提供了虚拟操作的可能性，使得在数字环境中与环境信息被激活并与对象信息相结合，即可以对一些不可能轻易地以自然方式重建的历史场所或实验进行虚拟性重建。在社会科学实验中，这种优势的体现也更为明显，这是因为在政治实验方法中组织实施上的限制因素无法进行一项实验或因为道德伦理因素而不想进行一项实验时，虚拟数据模拟的实验性的方法可能会有帮助。利用已经存在的数据设计一个随机对照实验，实现实验性目标的获取。正如有的学者提出：“实验室是一个由网络连接的‘互联空间’或‘信息空间’，而不是传统实验室所定义的一个物理‘场所’。”[①]通过构造虚拟环境仿真模拟现实社会环境，可以将数据信息系统分析作为实验手段，有效解决前文所提出的实验对象不可重复性和实验环境不可复原性问题。学生以物理平台为“硬件”环境，以专业化案例数据构造的虚拟性“软件”实验环境中，能够有效适应社会发展对人文科学素养培养目标的新需求。

（三）基于“数据空间”范式的建设思路转换

从社会科学实验室建设的初衷来看，主要是创造能够模拟社会实际工作的必要的实验环境和动手条件。实验的本质是主体运用特定的行为和方式，通过建构微观的实验“世界”，模仿实验对象存在的微观环境和场所，并以一种特定的方式介入这种微观世界，从而实现对实验对象的人为控制和观察的实验效果。长期以来文科教学和科研往往被认为“只是一支笔一张纸就行了”，这种基于有限规模数据环境的思维模式，极大地束缚了政治实验室建设的思路。从数据空间角度看，任何客观自在事物都需要通过外化信息场来显示自身的存在，这种信息场首先以物体本身的直接存在为第一层面，而信息场的存在则在于外部的间接存在方式。在这个过程中就存在编码的可能性，通过对信息的分析和加工，创造出新的概念和符号化再生信息。数据空间范式的产生是在思维和符号空间基础上形成的一种革命性的中介空间体系，通过模型、符码和符号形式创新再现真实的社会运行规律和秩序。可以说，数据空间实验环境的构建，就是以数据模型来拟合真实的世界环境，并在数据空间的模拟状态中通过实验手段的运用进行实验环节的设定。数据空间视域下的实验过程是一个分析给定的数据集、标识其组成部分、确定各部分的内在联系、获取数据集的信息属性的数据分析的完整路径。从数据空间范式角度理解，“信息域”的构建和生成为信息编码和解码的过程提供了可供选择的实验空间。借助于计算技术，大量的社会科学数据被转换为可处理的数量或图形，以数据分析的形式实现对实验所研究事件的选择、分析和处理，通过人文社会科学背景知识层面理论的指引，实现对实验对象规律性的

---

① 陶茂芹. 文科实验室建设中存在的问题及对策[J]. 科技情报开发与经济,2007(28).

正确解释和新的规律探索。正是由于实验环境构建的重要性，使得自然科学实验室建设高度倚重于实验仪器的基本配置、高效实用和更新升级。

在实验室建设的评价体系中，自然科学实验室建设的指标往往以硬件投入的资金为主，将购置高精尖设备作为重要的依据。但对于政治实验室建设而言，计算机设备和网络设施等硬件相对来说不是主要投入领域，而用于数据采集的专业化软件和专门化数据库建设的投入才是最为重要的衡量指标。近几年来，虽然社会科学专业实验室的建设和发展投入经费巨大，但主要投入领域依然集中在实验室建设和仪器设备购置方面，甚至出现计算机和服务器硬件设备盲目采购的现象。而政治科学数据库软件环境的缺失，导致实验室建设既满足不了科研的需要，更造成了有限资源的浪费。因此，实践中“不能完全照搬理工科实验室的管理、评估模式，更不能用建设理科实验室的标准和模式建设文科实验室”①。从以硬件设备为核心转换为以实验数据对象为核心的评价体系，以数据空间要素为核心构建人文社会科学专业实验室指标体系，成为新文科实验室建设的重要评价标准。

在现实环境中，社会科学实验室是现代人文社会科学类专业教学中不可或缺的一部分。它利用现代教育技术，结合人文社会科学各学科的课程设置以及教学特点，实现对信息的系统分析，营造虚拟环境进行模拟教学，为实验者学习和探索人文社会科学领域的相关问题提供了便利条件。实验室作为人类认识自然、改造自然、进行实验活动的场所，不仅要为传统的理工农医学科提供实验条件，也应该为人文社会科学的学科建设和人才培养提供一定的实验教学平台，实验室建设范围因此拓宽，进而形成了充分体现人文社会科学研究特色的政治科学实验室。而当代比较政治研究对学者们提出了更高的要求，要求人们具有历史学、统计学、数学、社会学、心理学、语言学等各个学科的知识，这一要求促进了各个学科之间的合作与沟通。加强文科实验教学体系和环节的建设，关键环节是提高文科实验运行管理的数字化水平，提高实验室科学管理的质量和效益。提高人文社科实验室管理智能化水

① 周晓文.文科实验室面临的机遇与挑战[J].实验室研究与探索,2008(7).

平，同样也需要提升实验室管理人员信息化素养。通过提高程序的设计、组织、规划认识和管理水平，突破固有思想认识范式的束缚，进一步加快建设智慧型综合型实验室，实现不同专业学科之间实验资源有效整合和交叉融合、信息资源的有效共享，切实提高政治实验学科建设质量，提高科研和人才培养水平。

第七章　计算政治学运行空间域

随着信息强国建设与“放管服”改革的深度融合，在“互联网+政府服务”建设不断深化的过程中，行政管理理论对于政务信息管理、数据治理等问题的研究正处于由宏观制度设计向微观机制构建的关键环节。以数据为要素的空间结构是行政活动的特殊属性。在理论层面从传统信息资源管理到数字治理模式的跨越，成为当前政务信息管理理论面临的重要现实问题。在这个过程中对于如何理解大数据时代数据处理与传统信息管理模式的不同，数据空间行政管理行为如何进行界定等问题的回答，不仅需要从传统理论范式进行思考，更为重要的是从行政管理哲学角度进行分析。这不仅涉及技术层面对现实行政管理行为的影响，更是一种思维研究范式转换。党的十八大以来，习近平总书记在多次重要讲话中指出“世界处于百年未有之大变局”。对于如何应对和把握这种“大变局”，习近平同志进一步提出：“要顺应第四次工业革命发展趋势，共同把握数字化、网络化、智能化发展机遇。”[①] 面对以数字化为特征的信息化革命的深刻影响，在政府治理理论正处于从传统管制型理念向服务型政府转变的关键时期，如何积极应对这百年未有之大变局带来的机遇和挑战，确保服务型政府目标的实现，是当前行政管理理论研究和实践应用的重大现实问题。正如李克强总理多次在全国深化“放管服”改革转变政府职能电视电话会议上所强调指出，要紧紧抓住信息化发展重大战略机遇期，围绕政府网站建设、政务信息资源共享、行政执法监管、智慧城市建设等方面深入推进“互联网+政府服务”建设，积极运用大数

---

① 习近平出席第二届“一带一路”国际合作高峰论坛开幕式并发表主旨演讲[EB/OL]. http://www. xinhuanet. com//2019-04/26/c_1124420373. htm,2019-4-26.

据、云计算、物联网等信息技术提升政府效能[①]。新的时代呼唤新的理论，新的实践催生新的理论。作为身处互联网时代潮流推动下的行政管理理论，以大数据、区块链技术为特征的新一代信息化理论范式不仅深刻影响和改变着传统行政管理理论基本论域，同时也带了研究对象和方法的深刻变革。这种由“点”到“线”进而到“面”实践渗透性所带来的研究向度的转换，不仅是对传统理论研究模型层面简单的外延性修改，更为重要的是对研究视角的复杂性内涵式变革；不仅带来了传统行政管理模式的“信息化解构”，同时也带来了新的信息化时代行政行为外部空间的“格式塔建构”。

近年来，随着我国数字政府建设进程的不断加快，政务管理活动的数字化、智能化与现代化水平得到了不断提升。各地不断紧跟信息技术新技术发展趋势，紧紧抓住新机遇、培育新动能、塑造新优势，在强化政务活动数据、算力、算法、场景的要素融合方面不断做出新的探索，呈现出数据赋能条件下政务活动的事前预测、事中监测、事后评测全流程、全领域的信息化，政务服务呈现出更简洁、管理更精细、治理更精准的发展新动向。从某种意义上理解，“政务信息管理在公共管理模式转换为政府再造、提升政务公共信息资源开发与管理及提升公共服务能力方面发挥了越来越积极的作用”[②]。在看到数字政府建设已取得令人瞩目成果的同时，必须清醒地认识到当前数字政府建设顶层设计的理论研究和实务探索与底层技术和理念逻辑之间日趋密切的关系。特别是在如何实现自上而下的顶层设计与自下而上的底层逻辑之间的构建衔接与融合，成为当前数字政府建设理论研究亟待解决的关键问题。

一、以数据表征“同构性”研究为基础，夯实数字政府建设根基

数据治理现代化和精准化体现在数据方法技术的发展带来了公共管理现

---

① 以加快政务信息化建设支撑“放管服”改革向纵深推进[EB/OL]. http://www.gov.cn/zhengce/2018-07/24/content_5308747.htm,2018-7-24.

② 王乐夫,等.公共管理学[M].北京:中国人民大学出版社,2012:163.

代化发展改革，甚至从某种意义上理解是数据技术在倒逼政府改革。[①]在当前数字政府建设顶层设计体系中，核心内容是探索数据技术赋能行政管理流程的路径和方式，从而进一步提高行政管理信息化水平。那么，从底层逻辑角度分析，为什么数字能够赋能传统行政管理活动呢？换言之，以数字模拟和建构的行政管理流程，如何能够完美“重现”原有现实行政活动的基本规律呢？可以说，在现有数字政府理论研究中，对于这个底层逻辑问题还没有开展更为深入的系统研究，数字政府与现实政府之间相互关系的分析还不足以支撑当前日新月异的数字政府建设的发展需要。

（一）行政管理流程的数字化过程

从本质上看，数字政府所依托的计算机技术，其运行规律是以二进制数据存储和逻辑代码程序运行为主要形态，而其外在表现形式与真实行政管理活动之间则存在巨大差异。之所以能够实现政府行政管理活动数字化运行，其基础就是要实现行政活动实体信息的主体信息编码和抽象过程，即通过数据的表征将现实社会的主体内容以数字逻辑信息的方式表达。其过程体现为一定的抽象和模拟实现某种数学结构的转换，通过算法或规则映射到数字空间层面加以模拟、描述和表达计算。[②]这种将传统管理理念中具体经验转化为抽象概念的方式，不仅是技术路径的变化，更是公共管理思维、机制和范式框架与模式的重大转变。通过上述过程的转换，尽管现实社会生活中面对各种复杂行政管理活动现象和千差万别的管理流程，但可以通过数据表征的方式将其中“共性”的信息特征进行描述。通过编码和抽象可以去掉更多通过语言描述所无法清除的无效干扰信息。“这一编码和解码过程中，我们所关心的真实世界和数学表示之间建立起一种建模关系。”[③]并在此基础上，通

---

① 张楠，等. 政策信息学：大数据驱动的公共政策分析[M]. 北京：清华大学出版社，2019：15.

② 山西大学科学技术哲学研究中心. 爱思唯尔科学哲学手册：信息哲学[M]. 北京：北京师范大学出版社，2015：110.

③ 卡斯蒂. 虚实世界：计算机仿真改变科学的疆域[M]. 王千祥，译. 上海：上海科技教育出版社，1998：220.

过数据之间逻辑关系的分析和处理，挖掘数据背后隐藏的深层问题，在更高的维度可以发现语言文本场域中无法形式化和清晰表达的隐含逻辑，进而满足行政管理活动业务场景产生的不同管理科学化发展的需要。

可以看出，研究数字政府治理体系的首要问题，就是要明晰数据态与现实态之间的表征关系。在“对复杂事物过程无法进行直接研究的过程中，这种建构作用的发挥就是通过信息结构的异化性建模，达到对事物或过程进行研究的目的。”[①]这是因为行政活动调整行为的数量分析、社会运行规律的数量模型，都是事物数量特征及事物之间现实社会关系的具体反映，是以数据形式负载和表达出来的信息，也即是对社会公共事物存在状态及其运动形式公共信息变化的表征。[②]数据的表征意义在于，通过数计、度量、几何关系和秩序形态等把数学观念和自然界的事实联系起来，在这种表征的状态中，“理性的思维偏离了那种牵扯一定的种与属的不完整抽象境界，而进入完整的数学抽象境域了”[③]。在数字表征作用下，物质结构的建构通过信息结构建构的方式进行编码化处理，通过对信息载体进行加工和改造，实现新的数字形态和符号信息的编码再现，从而达到建构功能的基本作用形态的目的。因此，作为数字政府建设理论研究基础，开展数据表征底层逻辑研究的意义在于，通过特定信息结构模式的稳定性的持存，将某些事物的内容以间接存在的信息形式予以保存和进行分析出来。从数字政府实践运行的角度看，经过数字技术的运用，可以在数据对实体建模基础上，实现对政府管理活动进行可控的叠加、分解、重组和验证，进而探寻和发现行政管理活动中各种新的管理创新的可能性。所以，数字政府建设的顶层设计过程中，不仅要强调在技术层面构建有效运行机制，实现通过系统的集成提升信息处理的效率与功能。特别是在系统构建的基础环节，有效提升对事物信息的数据抽取能力，进而提升人们对于外部世界的认知理解和管理控制能力。

---

① 邬焜. 信息哲学——理论、体系、方法[M]. 北京：商务印书馆，2005:72.

② 谢俊贵. 公共信息学[M]. 长沙：湖南师范大学出版社，2004:47.

③ 怀特海. 科学与近代世界[M]. 何钦，译. 北京：商务印书馆，1959:3.

（二）数据表征的同构性特征

科技哲学研究领域认为，所谓“同构”，其意义等同于两个集合之间的映射关系，这些集合保持了研究域中实体之间的关系。[①]一般现实世界中的原型，通常都是具有多因素、多变量和多层次的比较复杂的系统。而这种相似性，并不是指采用载体物的相似性，而是指所表达的关系的相似性。[②]所以，同构性又称为同晶性，强调仪器所构建完成的外部操作结构与真实世界结构之间基于直接关联性而形成的数据的表征语义分析结构与真实世界结构存在反映性的关联关系。[③]从本质上理解，数据结构与实体结构之间之所以能够存在一种同态运行关系，是基于现代信息哲学所认为的“虚拟空间——相对于自然的实体空间——包含着各种事物的信息等价物”[④]。即数据与现实事物之间的结构性质同构，只有在高度技术化条件下，通过复杂的逻辑分析和技术方法构造出关于外在对象映像或符号，从而在外部数据技术环境与现实社会环境之间“以使这些符号（即我们对事物的观念）的逻辑推理总是‘被描绘的事物的本性中隐藏的必然结果’的‘映像’”[⑤]。可以说，以数据化为特征的数字政府建设的根基，就是在数据表征同态性的理论支撑下，“运用这些形式的数学模型作为方便的计算工具而与任何假设的‘现实’结构”之间的关系存在。[⑥]

传统行政信息管理理论认为，设置组织目标、制定政策并控制组织内部工作表现，对公共机构实现有效运作所需的信息类型及各机构对高质量信息

---

① 魏屹东. 科学表征：从结构解析到语境建构[M]. 北京：科学出版社，2018：238.

② 陈光. 科学技术哲学——理论与方法[M]. 成都：西南交通大学出版社，2003：352.

③ 郭贵春. 走向语境论的世界观：当代科学哲学研究范式的反思与重构[M]. 北京：北京师范大学出版社，2012：21.

④ 海姆. 从界面到网络空间：虚拟实在的形而上学[M]. 金吾伦，刘钢，译. 上海：上海科学普及出版社，2000：137.

⑤ 内格尔. 科学的结构——科学说明的逻辑问题[M]. 徐向东，译. 上海：上海译文出版社，2002：122.

⑥ 夏佩尔. 理由与求知[M]. 褚平，等译. 上海：上海译文出版社，1990：139.

的获取成为关键。[①] 基于上述原理，我们能够从人们熟悉的行政管理活动中抽取信息并使之符号化，进而通过储存、组合和加工实现与现实政府运行体系高度融合的数字政府运行体系的构建。数字化编码后的信息进行的行政活动和行政行为，会因为其对象的数据库形态而形成新的主体结构特征。在这种运行体系下，传统意义上基于文牍主义的行政运行体系为基于数据库的结构或语法所形成的数据主体关系所代替，是一种表征与被表征的关系存在。“从这个意义上讲，数据库通过操纵不同信息单位之间的关系构建着个体。”[②] 因此，在数字政府建设过程中，实现行政管理活动的数据表征过程，关键是要正确理解数据与现实同构性问题。只有夯实这种“同构性”的理论基础，才能基于这种结构的同态性不断提升数据对现实行政行为的模拟和分析能力，进而在数据空间中把握现实事物背后各种可能性的世界，从而探索将各种可能的因素转变为新的现实。[③]

（三）数据治理的“同构”处理机制

多伊奇所著的《政府的神经：政治沟通与控制的模式》，将国家的各种机能理解为由信息沟通系统所激发的，比作是人体功能由神经系统所控制，从而将信息沟通系统称为政府的神经。上述著名隐喻，奠定了政府信息管理理论的重要研究基础。在当前数字政府建设的诸多模式中，主要集中于围绕党政机关办文办会办事等信息管理系统的数字化进行探索。通过建设覆盖层级组织管理、公文管理和行政管理等内部管理，优化政府办公模式，提升行政运行效能。同时，加强对政务行政流程数据共享机制建设，通过对行政管理对象数据规范化采集与动态监控，实现数据统计分析进行辅助决策，并实现预警预测等功能目标。上述系统运用，将行政行为从烦琐费时的行政信息

---

① 格拉伯. 沟通的力量：公共组织信息管理[M]. 张熹珂，译. 上海：复旦大学出版社，2007:33.

② 波斯特. 信息方式——后结构主义与社会语境[M]. 范静哗，译. 北京：商务印书馆，2000:131.

③ 张明仓. 虚拟实践论[M]. 昆明：云南人民出版社，2005:73.

流转中解放了出来，行政管理方式逐步由人力密集型向信息效率型积极转变。从现实角度理解，客观实在世界是一个蕴含着多维信息的丰富载体，而人类对于客观世界的认识就是对于世界之中各种信息的“加工”与“生产”。信息作为一种调控机制和手段，使得社会结构能够在这种范式中实现有效运作，进而在多元化结构中运行。正是通过数据结构与行政管理过程内部结构的相互作用，“量化和数字化在实际中实现运用计算，随后将输出重新整合成与人类认知、表征和话语相似的世界”①，此时信息才能在复杂的同化和异化过程中分解组合成新的形态。因此，对于行政行为主体而言，其良好的运作都依赖于持续不断的信息（数据）流动。而根据对信息（数据）的处理能力，也能进一步评估不同类型组织和主体的组织能力的效能。

二、以算法规制“耦合性”研究为重点，确立数字治理建设原理

近年来，随着信息技术的发展，通过信息空间范式和分析框架的构建，在数据流与现实性选择之间搭建起有效分析工具的理论探索不断深化。对于数据所形成的新的空间形态而言，以计算机算法为规制手段的运行模式应运而生。那么，算法对数据调整的影响是如何对现实社会运行环境产生影响的呢？如何看待算法对数据的调整和规制对现实社会运行发展产生影响和作用呢？回答上述问题，不仅关系到数字政府建设理论中算法治理的基础性理论构建问题，更重要的是夯实数字治理底层运行的逻辑基础。这不仅涉及互联网时代信息化、数字化所带来的技术规则和行政管理手段与目标相融合的路径，更关系到如何解决高度抽象的数字化运行模式与高度具体化的现实行为模式之间的矛盾问题，从而成为信息空间与现实空间规则体系运行调整方式和治理方式转换的基础理论问题。

（一）算法规制的作用原理

正如前文所论述，在数据空间中数据存在的意义在于其可以于其信息（本体）之上抽象出一个抽象概念，是在较高层次上将应用体信息系统中的

---

① 拉德. 科学实验哲学[M]. 吴彤，等译. 北京：科学出版社，2010：227.

数据进行综合、归类和抽象。它是应用体某类分析需求所涉及的所有数据的集合，即这些数据能够满足该类分析对数据的所有需求。现代信息技术发展给人们带来了诸多的抽象化影响，真实世界被符号化为数学世界，然后再现为计算机虚拟世界，经过数据采样，现实多样性的存在转化为以代码为形态的没有实质区别的比特流。[①] 在劳伦斯·莱斯格（Lawrence Lessig）出版的《代码：塑造网络空间的法律》一书中，首次提出的“代码就是法律”[②] 理论观点在学术界引发了对于算法治理科学性的争论和思考。以技术路径为代表的学者认为，虚拟数字世界中运行着一套具有独立逻辑结构和识别系统的规范系统，即以代码（算法）为形式存在的规则体系。正是算法存在及其运行机制，决定了网络空间的软件和硬件设施及其运行逻辑。换言之，能够以计算机软硬件代码为基本的运行逻辑单元，以及在信息空间中能够对网络技术和行为形成有效规范作用的只能是算法。那么，对于数字政府建设而言，基于传统意义的行为调整规范行政治理手段和方式，必须通过算法的转换才能在行政管理的数据空间中有效发挥作用。与此同时，数据空间能够对现实事物的运行进行规制和调整，因此算法治理存在的价值和意义不仅在于对数据空间中数据运行发挥着规范和支配作用，更为重要的是这种对于虚拟空间的规范性作用通过相应的联系渠道对现实空间的各种现实行为和活动产生了运行一致性趋势和结果。

（二）算法治理“耦合性”特征

在处理大量信息数据方面，计算机程序算法对于简化这些信息至对决策者有用的关键指标发挥了重要作用。因为从数据本身二进制代码形态看，其存在的形式化状态并没有任何实质的意义。这些符号组合只有在一定表征意义和信息效用下，通过对一定具有规制性程序控制和操作进行的各种关系重构，才能形成新的意义内容，这个过程就是算法运行的基本原理。因此，从

① 崔子修. 网络空间的哲学维度[M]. 北京：中国财富出版社，2018：78.

② WILLIAM MITCHELL. City of bits：space，place，and the infobahn [M]. Cambridge，Mass：MITPress，1996：111.

技术角度看，任何一个问题要想用计算机解决，都需要找到一个合适的算法。数学必须从具体的特殊的材料中得到动机并再以“现实”的某个层次为目标。[①]基于上述分析，算法规制的耦合意义在于强调以信息系统自身规范尺度对外界做出的解释和改造。虽然计算机科学的基础是二进制和逻辑电路，但是在形式化逻辑基础上可以将现实社会在这种逻辑信息中实现数字空间的模拟构筑。通过抽象和模拟，计算机能够创造出一个复杂的数据世界，以更加丰富的形式对细节进行勾画和描述，从而在更高层次上实现对实体状态的丰富性构建。在实践运行中，在数字政府建设的系统构建体系中依然存在着大量以数据形态存在的逻辑实体，即使这种实体已经被抽象的数据结构所表征，但依然能够在这种空间中被认识和感知。数据的抽象并不完全消除实体的信息内容，而是通过抽象的过程去刻画面向机器世界中的事物实证内容。一方面，通过实体化、具体化以及实证化，便于形成概念；另一方面，所预见的生活事实需以算法为导向进行建构及调整。

（三）算法治理的运行机理

如何将算法应用于现实行政活动，实现社会治理目标呢？从技术角度看，面对数据空间中的一个数据集，用什么理论和方法来研究这个数据集，从而逐步揭开数据自然界的现象和规律，需要探索算法运行的功能。而在数字政府建设理论基础中，以卢曼为代表的法社会学研究则将控制论思想引入政治学研究分析范式之中，提出了包括对行政管理学研究具有重要指导价值的研究分析方法。卢曼认为，通过信息空间的干涉和耦合，社会子系统之间形成耦合性关系，系统运行的闭合性与环境的开放性相结合，从而形成自我调整来实现调整他者秩序、规制外部秩序的目的。上述思想所表达的社会系统结构的基本运行机制是通过符号代码的沟通，通过算法规制作用影响和调整外在环境复杂性的机制，对降低社会复杂性特征进行理论分析，为实现算法治理提供了重要指导意义。

---

① 梁芳. 计算机引起的数学哲学反思[M]. 北京：中国质检出版社，中国标准出版社，2014:86.

那么，数字政府的运行是如何通过算法而实现治理目标的呢？通过数据筛选和过滤清洗，从中抽取出各职能部门的重点展示数据指标，依托数据中心算法支撑，在数字场景中获取数据信息。这个过程实现了以政务信息为对象的融采集、清洗、存储、计算、治理及应用为一体的数据全流程处理机制，实现了计算行为动态地对政务活动全面感知及数据的前瞻性预警。通过整合数据资源，对实时、交互离散化的非结构数据进行融合处理，建立可持续化的监测分析模型，覆盖政府活动运行分析和决策支撑多场景应用领域。同时，在算法规制下，政务信息的上下级报送，体现了政府信息管理的规范性与效率性，实现各级部门之间的信息共享模式。可以看出，数字政府建设的方式，在于数字化模型运行的算法实现方式，通过构建“精密”的社会管理模型和运行机制，实现原型模型设计和具体计算机软件环境对输入系统信息的有效处理，从而达到计算机信息技术辅助人工进行社会管理活动的目的。而从算法角度看，上述运行过程建立的是行政管理活动行为预设的算法模型（规范空间）和现实的行为可能性（现实空间）之间的转变机制，是以算法为工具实现对政务信息多元异构数据进行自动化加工处理，利用算法发现挖掘数据背后风险，结合上下游行政链信息，为行政行为决策提供理论依据。

三、以算力增长“同步性”研究为目标，明晰数字技术发展导向

从信息的本质看，在给定一个数据集的情况下，从原理上讲即使不使用计算机，也应该能够对该数据集开展研究。从信息科学角度看，数据的处理不必然与计算机相关，但这种假设所依据的是在小规模信息环境下，数据分析人工处理的可能性。随着现代社会发展，现实行政管理活动面临的变量和可计算性因素大幅增加，如果没有大规模计算手段的介入，全面把握这些变量进行科学决策的目标是无法实现的，其将大大超出自然人有限的认知能力允许的范围。因此，数字政府的发展必然与算力需求的提升要求紧密相连。

（一）算力是实现数据表征程度的重要基础

所谓算力，是指以计算复杂性问题所需程序时间以及存储空间等所需资

源为计算能力的衡量指标。从前文论述可以看出，数字政府的实现是将复杂的操作通过把大量简单的基本运算连接起来而实现的，可计算性强调任何任务都可以由简单步骤组成的方法来达到管理流程信息化目标。信息空间对现实社会诸多要素的具象性、可描述性，更具现实意义和实践价值。数字政府实现的技术过程，是以数学定量分析方法实现对社会关系和社会结构的表征与模拟。它以经验数据为基础，通过映射和分析过程，对不同社会行为者的内在联系的网络结构进行分析和处理。①究其本质，在于强调在实现政务活动数字化过程中，行政管理活动本身必须将信息换成数据后才能用数据表征信息、实现数据关系对行政活动行为的模拟。而要实现上述数据收集、汇集与编目，整合与预处理、脱敏和展现的目标，推进数据资源在各个部门的组织机构间流通共享的数据运维管理服务，并以此为基础筑建多要素、全方位、全时空数据处理模型，这些过程实现的治理水平高低直接受到数据处理能力即算力优劣的影响。因此，数据表征的重要作用就在于将数据进行概念抽象形成本体（相应的名词概念及其相互之间的关系），而本体的数据化必然带来对现实计算能力的提升。所以，从算力角度分析数字政府建设的关键环节，在于如何发现隐蔽信息并从离散信息中识别聚类信息，并在混沌模糊信息中萃取有序的海量信息内容，进一步利用信息技术更好地理解和解决复杂公共政策和管理问题，这也是行政管理改革的重要领域和议题。

（二）算力是影响算法治理效率的重要保障

数字政府的建设，是用算法将难以处理的真实世界转换为可掌控的操作对象。在此过程中，算力因素的变化，将直接影响到数字政府管理活动的“具象化”与算法治理“抽象化”两个本来不属于同一层面的空间之间的关系和连接。从算法本身的特征来看，数字政府建设不仅可以被理解为一个规范语句和规范诠释的文本，同时也是一套基于调整现实社会关系的行动规则，必须通过行政管理治理算法的自身结构，才能解决和处置以及规制社会

① 张楠，等. 政策信息学：大数据驱动的公共政策分析[M]. 北京：清华大学出版社，2019:99.

现实状况的高度复杂性。并且通过外部信息的引入和自身的编码、结构程序调整信息，改变自身的组织结构，利用自身的逻辑完成外来信息的内化。在数字政府系统设计过程中，算法设计本身需要建立评价指标体系，坚持目标导向与问题导向相结合，指标度量与数据内容相关联，而这个过程对于数字系统实现而言必然带来大量的计算任务。同时，为了适应社会的高度复杂性，也需要增强算法设计自身的复杂性。只有通过自身内部逻辑结构的体系化和模型化，才能正确描述外部世界基本特征，通过规范化的结构来反映外部社会行为。可以看出，算法的规制作用发挥得越大，越要求管理对象与数据运算之间的因果关系更加具有规范性和体系化。由于信息获取、存储和传播及适用成本越来越高，行政组织需要决定应该分配多少资源来获取并分配这些信息知识，从而实现在更高的维度发现数据运行过程中隐含的逻辑特征和规律，这为数据信息的存储分析即算力的增长提出了更高要求。

（三）算力是突破数据挖掘深度的重要因素

政策信息学理论认为，大数据的影响贯穿公共管理和公共政策运行的全过程。面对数据激增及数据分析能力提升的新环境，公共管理与公共政策学科的研究范式和方法论体系也在经历转型和扩展。[①]一种现实社会关系的调整可能不止一种算法路径，执行算法的过程就是一个筛选最优路径的实现过程。在传统行政管理模式中，行政活动的规律性探索往往采取自上而下的方式，按照行政管理理论体系指导行政政策的制定。但是随着信息技术发展和行政活动数字化水平的不断提升，“大数据”时代主要采用的是自下而上的数据挖掘方式，是从大量实际产生的数据中通过数据挖掘技术找到数据之间的关系并建立模型，这种以数据为先导的方式颠覆了传统的基于“自上而下”的数据统计研究范式。往往不事先预先设定具体的研究目的或方法，也没有选择关联关系和假设前提，而是直接从大量实际产生的数据中通过算力支撑下的生成性算法进行数据挖掘，从而找到数据之间的关系并建立行政管

① 张楠，等. 政策信息学：大数据驱动的公共政策分析[M]. 北京：清华大学出版社，2019：1.

理活动的算法模型，进而通过数据抽取形成新的认知模式和技术发展路径特征。因此，在大数据分析范式体系下，数字政府的建设发展不仅仅是实现计算的某种具体函数，更为重要的是发现其中的算法。行政管理活动模型运行的目的，在于通过构建“精密”的运行机制，通过原型模型设计和具体计算机软件环境实现对输入系统信息的算法能力的提升，因此实现上述管理活动目标的过程与算力提升是密不可分的。

四、以数字孪生“互构性”研究为目标，凸显数字场景的再入机制

通过上述论证可以看出，“信息使用的观念和方法必须逻辑上一致且能反映现实世界，而不能完全不切实际”①。信息技术认为，数据来源于场景，又在场景中得到应用。在数字政府建设的底层逻辑体系中，数据空间结构和运作程序高度复杂化，使得在数据空间体系中，能够提供“算法”上尽可能充分的“数据化场景”实现对行政管理过程的虚拟处置。在行政管理活动过程中，管理者对管理客体的认识和判断是以信息为媒介的，一方面是信息资源本身的管理，另一方面是信息资源活动对社会行为的外在影响。因此，所谓数字孪生的“互构性”，即互为条件、互为因果和相互影响机制。其意义在于强调数据与场景之间构建高效场景化数字政府治理模式和形态。通过数字化的抽象和模拟与场景的再现，实现数据对场景的赋能，使得数字政府自身脱离二进制代码层面形式束缚，能够以更加丰富的场景形式对细节进行勾画和处理。

（一）数字场景的特征分析

所谓场景，一方面意味着数据表征所体现着对象涉及符号自身与意图和被表征物之间的复杂关系，另一方面又和特定语境中的交流、传播、理解和解释密切相关。全场景数字政府解决方案必然依据政府特征组织模型设计的目的高度还原政务管理的现实流程，这就需要强健而稳定的支撑平台场景驱

---

① 格拉伯. 沟通的力量：公共组织信息管理[M]. 张熹珂，译. 上海：复旦大学出版社，2007:63.

动数据要素化。那么，这种场景的形成必然需要对数据进行有效编码，通过对信息的分析和加工，实现内部信息模式与外部对象信息的匹配，创造出与现实场景相呼应但又相对独立的概念化和符号化再生数字化孪生系统，从而实现信息结构与外部客观世界物质结构的统一化。编码规则越有效，则描绘对象所需的数据规模和数量就越少，也就意味着主体能够在信息空间中有效发现客体更为丰富的内在关系和本质特征。因此，数据场景的构建意义在于，通过投射的方式让某些东西直观地表现出其基本特征，为系统间整合与交互提供通路，建立系统间信息枢纽、打通数据与流程，实现信息空间域信息交互和应用场景的融合互通。从数字场景构建角度理解，数据空间交互性特征，使得传统行政管理模式获得了重大变革，仿真性和建构性特征使得技术发展能够更加有效地运用于现实之中，更加有利于对现实新的操作和改造，改变模型设置并进行重组，从而研究不同行政管理学基本问题，探讨在数据空间可能性的结构分析。在场景的构建过程中，外部环境的复杂性被映射到规范内部空间，同时也能够通过规范系统空间要素算法规制，将自身系统的规范性特征再次反馈“投射”到外部空间之中。通过开放性的结构特征在实体抽象化和模型具体化的互动中，实现主客体作用以及工具性和价值性的融合统一，数据空间算法关系能够有效调整社会关系，进而实现数字政府的治理目标。

（二）数字孪生政府运行机理

信息空间的构建不仅是虚拟生活的实践场所，同时也是基于信息资源的一种构建和拓展，是信息的一种新的组成架构和关系体现。现代社会系统具有抽象化的趋势，摆脱具体场域的实体性限制，用抽象化机制来诠释社会系统，以新的结构化联系模式内生出抽象和虚拟的空间特征，从而形成一种新的表现形式。基于数据空间所产生的虚拟世界本身是一种人工产物，即以符号为基本特征的表征形态反作用于原型。从建构性的视角对信息和知识进行分析，从各种真实实体中抽离产生的信息重组后的结构体系成为一种新的实体性存在。这不仅体现为一种主体与环境的相互作用，更体现为一种基于过程的互动性。高于现实性和实体性的抽象形式，是一种新的认知模式和改造世界的手段。

当前在数字政府建设的理论研究中，许多学者将研究重点集中于信息管理方面，忽视了从整体上分析数据场景对现实世界的反馈机制作用的可能性。传统数据管理和分析系统是基于关系数据库的关系管理系统。[①]这种管理模式的基础是任何事物的结构和状态都是其自身历史发展和现实环境作用的现实存在性体现，也就是说，客观事物的存在结构和状态都是其信息的表征对象。而数字孪生政府的本质就是通过模仿模本而得出的现实模本运用不同的翔实形式取代了过去的拟像体系，即侧重“发展一种人与世界、人与人之间的新型关系。社会是通过这样的‘符码’来完成的——其结果便是景观社会的概念发挥到了极致”[②]。因此，从场景构建的过程来看，数字孪生政府理念和技术路径的提出，是对虚拟现实的模仿和重现，但这不仅是对现实的一种精确描述，更是对现实的超越和扬弃，其重要意义在于揭示现实所不具备的各种可能性，通过这种虚拟技术的运用，做出更加科学的选择。因此，数字政府场景化系统构建的意义，就是基于技术构建的真实性场景和预设的规则体系，尽可能反映出政务活动真实事物的特点和规律。通过这种具有可设计性和可操作性的技术环境，更好地实现计算机数据空间环境的构建和应用。

（三）数字孪生政府的再入性意义

从本质上理解，选择和创设出具有内在一致性的理论世界，按照不同的抽取获得现实世界的模型化构建，现实世界和理论世界之间存在着信息传统和结构约束关系。通过共相的描述，不是简单的反映论，而是具有结构性特征的建构论，利用这个关系网络影响和调整事物的性质。[③]因此，数字孪生

---

① 张楠，等. 政策信息学：大数据驱动的公共政策分析[M]. 北京：清华大学出版社，2019：18.

② 霍洛克斯. 麦克卢汉与虚拟实在[M]. 刘千立，译. 北京：北京大学出版社，2005：28—29.

③ 张华夏. 实在与过程——本体论哲学的探索与反思[M]. 广州：广东人民出版社，1997：179.

政府的形成依据，是通过可计算化的逻辑设计，将管理流程转换成计算机语言来进行形式化表达，最终实现行政管理活动可计算化，并经由数学建模来进行逻辑推理和智能分析，而人工智能、区块链技术和大数据等的飞速发展，恰好为行政管理的这一发展趋势提供了基础和可能。通过对系统过去和现在信息进行分析模型处理，得出未来行为的可预测性结论。因此，可以看到当前随着数字孪生政府理念的不断深化发展，行政管理科学研究的实体性信息交换空间逐渐被虚拟的信息交换空间取代，网络信息空间的出现让我们能够重新审视公共领域的实践场所。①正如有学者指出："社会系统建立在公共信息的'网状'结构之上。"②政府作为公共信息的主要提供者和管理者，通过公共内容提供和信息流向、分配等环节作用实现对社会信息运转的控制。通过对组织结构和体制的改变，进而对组织行为方式产生影响。数字孪生政府建设的根本目的不是创设一个与原有行政管理模型相一致的镜像政府，也不是实现"行政信息管理"对政务信息流提取③的理论和技术路径的创新，而是要将数据阐释为信息，合理使用信息以推动知识生成和决策，推动组织学习和进步。政务信息的传递通过服从于组织系统的目标和规范，适应组织系统的结构和制度，实现公共信息治理转变。也就是说，以量化视角去设计、模拟预测政策环境和政策效果的治理现代化方式，利用大数据分析工具，建立数据分析模型，将多元的数据进行交叉利用，从而在监测、分析、预警、预测、决策等方面得到综合应用。

---

① 陆阳，等. 公共信息空间的历史变迁研究[M]. 上海：上海大学出版社，2019：189.

② 陆阳，等. 公共信息空间的历史变迁研究[M]. 上海：上海大学出版社，2019：189.

③ 周庆行. 行政信息管理学[M]. 重庆：重庆大学出版社，2003：78.

结　论　政治学理性主义传统与计算政治学沿革

理性主义是西方思想具有悠久历史和传承的传统，受其影响，西方政治思想史的特点整体呈现出由抽象理性思维向实证理性思维演变的过程，即由着重关注政治制度向着重关注政府运作转变的过程。[①]并在此基础上，把政治科学扩而充之，使之成为关于社会历史中的人之存在的科学和关于一般的秩序原理的科学。[②]理性主义者认为，一切人类活动中所含有的唯一知识要素是技术知识[③],而数学式思想方法的出现则是其发展的根源。这种“科学主义”的核心就是采用自然科学的方法和手段从事社会科学的研究[④],其中尤以量化为特点的“计算政治学”研究最为突出。但在政治学思想体系架构中，基于传统政治哲学的“人文主义”思想则认为“政治世界可能似乎最经不起理性主义的检验的——政治总是深深布满了传统、偶然和短暂的东西”[⑤]。西方哲学的科学理性与人文精神，一直贯穿在西方哲学的历史发展中，对以后各个时代包括当代的西方政治学理论研究都有深刻影响。可以看出，在科学与人文的两种思想之间，交织着对于政治学理论发展路径的不同认知轨迹与方法论研究思路，而这种争论的起点则聚集于古希腊政治理论主义思想的

① 徐大同，王乐理. 西方政治思想史(第1卷):古希腊罗马［M］. 天津:天津人民出版社,2005:7.

② 沃格林. 新政治科学[M]. 段保良,译. 北京:商务印书馆,2018:9.

③ 沃格林. 新政治科学[M]. 段保良,译. 北京:商务印书馆,2018:9.

④ 王沪宁. 当代西方政治学分析[M]. 成都:四川人民出版社,1988:302.

⑤ 欧克肖特. 政治中的理性主义[M]. 张汝伦,译. 上海:上海译文出版社,2007:3.

滥觞与渊源。

与政治哲学偏重于价值性研究不同，政治科学主要偏重于规范性研究，而且也强调用科学的方法研究政治现象。“政治和科学”之间的关系从某种意义上理解，直接决定了政治科学这门学科领域的界限界定和问题判断。“科学”本身涉及政治科学的方法，而这种方法在一定意义上关系到政治科学的内容或政治科学研究的结构和对象，以及政治科学的范围和界限的确立问题。特别是随着自然科学的突飞猛进，政治学领域日益弥漫着浓厚的“科学主义”的思潮。因此，如何深入思考西方政治学思想中诞生于古希腊时期的哲学传统以及西方哲学思想漫长历史中蕴含的深刻理性主义背景与传承，是认知和辨析现代西方政治学理论“科学主义”与“人文主义”思想争论焦点的基础性理论问题，同时也是从方法论层面深刻把握计算政治学方法论研究的重要理论切入点。

一、缘起：古希腊政治理性主义溯源与计算政治学方法论的奠基

理性主义是希腊哲学与政治哲学的鲜明特点。①从某种意义上解读，理性等同于逻辑性。而以逻格斯为中心主义的传统，则奠定了西方理性主义的基础。“寻求逻格斯”是古希腊思想达到较高的抽象思维的重要标志。从本质上看，理性在西方一直被当作一种思辨能力、一种把握规律的能力，理性与规律、逻辑等属于同一序列的概念。②希腊古典哲学的影响深远与希腊哲学的理性思维传统具有非常紧密的关系，体现出的希腊古典文明的基本文化精神就是科学理性与人文精神，这成为贯穿西方哲学的优秀传承。这种以科学文化的整体发展作为其知识基础的，在数学、天文学思想中实现了神话与发展，并凭借理性自然观将科学思想发展到理论的高度，升华为探求自然本

① 徐大同，王乐理. 西方政治思想史（第 1 卷）：古希腊罗马［M］. 天津：天津人民出版社，2005：119.

② 叶秀山. 西方哲学史（第 5 卷）：启蒙时代的法国哲学［M］. 南京：凤凰出版社，2005：510.

原的哲学。其基本文化精神集中表现在哲学理论形态的进展中，并通过它的影响渗透在人文社会知识、文艺、宗教等其他文化样式中。

（一）“万物皆数”与理性主义的本体论传统

在毕达哥拉斯及其创立的学派中，其“万物皆数”的理论根基，从数量和空间的几何结构形式来说明自然的本性，从而使得数和数字之间的关系第一次获得了本体论上的意义。其核心含义在于强调与逻格斯把事物归置于其中并据以对事物进行解释的关系结构本体论意义。受上述思想影响，在数学、天文学等方面取得多种开创性的成就，在科学史上有深远的影响。它的一个基本特征是在尚未建立逻辑学的背景下，已运用缜密的理性分析确定数学的概念与命题，运用严密的演绎方法证明了一些几何定理，并试图将这种数理方法运用于自然科学和社会科学研究领域。这就促使早期希腊主要以零散经验观察为根据的科学思想向着一种理智的证明科学的方向发展。他们认为数为宇宙的本原，是数学的本原。算术是数学的基础，而运算数的算术和几何又有内在的同一性。他认为这种本原即原理是万物和世界内在固有的、体现空间几何形式结构的数，是这种“几何数”决定和支配了万物的运变、规定性以及世界的结构与秩序，并力图用这种数的哲学来解释伦理与社会生活。其方法论意义在于通过分析支配、决定这种自然现象的事物的内在本性或本质，将世界的本原归结为某种确定的结构或原则。这种将数作为宇宙本原或原理的哲学思想，突出了理性认识在把握事物的本质（数的逻格斯）中的重要作用，这对西方科学史与哲学史的科学理性传统的发展是有积极意义的。具体到政治学研究领域中，从政治学思想发展历史来看，“万物皆数”的思想引申了正义观念，主张平方数是和谐完美的体现，从而进一步引申为国家的正义也是建立在相互平等的各部分基础之上的思想，成了政治理性主义发展的渊源。①

（二）古希腊政治学理性传统的起源

苏格拉底从寻求普遍性定义出发，探求世界存在的最普遍的原因，提出

① 叶秀山. 西方哲学史(第1卷):总论[M]. 南京:凤凰出版社,2005:77.

“善”是世界万物最高、最普遍的本质，是一切事物的最好的范型。这种世界的终极原因的善，实质上是一种精神本体，是唯一的理性神，是依凭人的理性探究世界终极原因与目的的结果。[①]而作为其理论的传承者，柏拉图的理性思想吸取了早期希腊自然哲学的许多成果，并概括、吸纳了当时的科学成就，特别是吸收了毕达哥拉斯学派关于天文学和几何学的成果。在哲学上也强调以理智的沉思从数量关系与空间的几何形式结构去把握事物本身内在的本性亦即一种原理，并且用这种“有定形”（有限或有限定）和“无定形”（无限或无限定）的基本对立去解释万物的生成与规定、宇宙的“和谐”，甚至力图用这种哲学纲领去解释灵魂和社会生活的基本价值。[②]强调数理科学不是产生于制造具体事物的实用性技艺，而是具有理念指导和分析层面的重要方法论价值。在政治理性思想传承中，柏拉图强调政治、哲学研究的自然科学基础，认为自然科学与社会科学的交融与交叉，特别明确提出了治国者所应当具有的自然科学思维和理性思想传承。在柏拉图为理想城邦国家设计的教学课程中，把握抽象理念的数理科学知识的教育是灵魂转向的提升力。例如在《国家篇》中，柏拉图特别强调统治者要学习算术与几何学，要着重研讨纯粹的数本身，深入把握数的理念，从而实现用自己的纯粹理性看到数的本质，提升进入“辩证法”的境界，这样才能通过推理与逻辑论证认识事物的本质，最终把握理念世界的顶峰——“善”。与柏拉图注重抽象思维不同，亚里士多德更加注重经验。理性主义强调逻辑的重要性，经验主义则强调观察的重要性。在近代科学之前，理性的和经验的传统在不同的文化体系中得以彰显。亚里士多德将对个人道德的研究归为伦理学，将对神的解释归于天象学和宇宙学，将对理性的探究归为形而上学，而不是像柏拉图那样将它们混为一谈。[③]因此，正是亚里士多德所开创的形而上学传统，即对目的因的探讨，致力于动力因的追寻，追究事物发生的动因，并求助于实验和归

① 叶秀山，王树人．西方哲学史（第1卷）：总论[M]．南京：凤凰出版社，2005:487.

② 叶秀山，王树人．西方哲学史（第1卷）：总论[M]．南京：凤凰出版社，2005:173.

③ 叶秀山，王树人．西方哲学史（第1卷）：总论[M]．南京：凤凰出版社，2005:总序7.

纳法的推理。这直接引发了数学在逻辑分析中的作用发挥，其所具有的独特的创造分析事物在数学中显示出一种关系，而这种关系则是人类理性思维最为集中的关系体现。

（三）计算政治学方法论的理论起点

在此阶段，整个古希腊政治思想所呈现的理性主义传统，本质在强调所体现出正确的理性与宇宙的本性是和谐的。但这样的理性只能以自身为对象，因为它所想的乃是纯粹的形式和本质，是完全的现实性，这些都是出于理性与思想是善的。这种理性思想以最完善的东西为对象，参与了思想对象而思想它自身，当它和思想对象接触并且想到思想对象时，也就成为思想对象。因此，基于这种思想传承，理性和思想对象是同一的，因为能够接受思想对象即事物的本质的只有理性。政治科学原本意指的东西即卓越的治邦者或政治家所拥有的技艺，亦即作为一门本质上可教的技能，并且这种技能的通俗德行或政治德行需通过习惯培养并根据推理或计算来获得。而在自然和人性的两个历史发展阶段中，人们自然期望理性是正确的，神圣的理性就是正确的。而此时人们只有用这一理性塑造自己，理性才能指导我们的行为。① 正是以柏拉图为代表的古希腊哲学家所构建的精致理念论哲学体系，扩展了研究全体存在的知识，深化了希腊古典文明的理性传统与人文精神。这些思想理论不仅深入探索并解答自然、社会与人生现实中的问题，同时也对国家学说、法哲学思想、艺术哲学思想等产生了深刻影响。

二、传承：计算政治学发展的科学主义的方法表达

随着自然科学发展对社会科学的深入影响，社会科学领域兴起了一股科学主义的思潮。而从自然科学发展经验可以看出，一门科学形成的标志是数学标准，即将计算的精确性引入该学科之中，实现哲学的原则与数学计算的精确性相结合。作为科学主义的一个重要表现，在政治学研究的领域里，科学的精神在一定程度上得到了发扬，这更多地体现为政治学同其他学科的综

① 叶秀山，王树人. 西方哲学史（第 1 卷）：总论[M]. 南京：凤凰出版社，2005：376.

合。[①]正是基于自然科学以观察实验和数学方法相结合的机械论体系，其巨大成功使得广大社会科学研究者将其运用到任何学术领域都是天然合理的，而它对哲学的影响更具有深刻的、根本的意义。人们开始把一般的社会现象，特别是各种政治关系看作自然现象，或本身即是整个物质自然世界秩序性存在的一部分，并用研究自然的方法来研究人类社会与政治。在此时期，“自然法则或自然规律论证方法的盛行、自然状态的预设、人性自然的实验观察，纷纷被思想家们运用于政治学研究之中。从格劳秀斯开始，到霍布斯、斯宾诺莎、普芬道夫、洛克等17世纪一大批重要思想家，无不如此”[②]。这一阶段哲学思想的一个突出特点在于以数学为核心的科学和以理性为本质特征的哲学都奠基在科学理性之中，在科学的理性与理性的科学之间有一种内在的本质联系。

（一）从自然科学到人文科学的计算范式延伸

正如西方哲学史所公认的，培根第一个发布了“新科学”的宣言；而笛卡尔则如黑格尔所说，近代哲学是从他的思辨形而上学开始的。[③]随着这一时期对自然现象研究的深入和自然科学知识趋向系统化，特别是随着科学知识中逻辑思想的逻辑学、数学理论的广泛应用，自然哲学中形成了非常强烈的理性传统，体现出具有分析建构特征的科学方法论。伴随着自然科学的进步，科学精神成为近代人类历史发展的时代精神。自然科学的每一次胜利都是理性的胜利，近代自然科学为人类理性提供了一个成功的方法论发展的“模型”或“范式”。而正是这种思想萌芽的不断扎根，使得这种源于自然科学研究的方法体系在哲学层面不断概括、分解、抽象，成为近代哲学的最重大进展——机械论的宇宙观和经验主义、理性主义的认识论的重要发展方

① 周晓亮. 西方哲学史(第4卷):近代:理性主义和经验主义,英国哲学[M]. 南京:凤凰出版社,2004:594.

② 徐大同,丛日云. 西方政治思想史(第2卷):中世纪[M]. 天津:天津人民出版社,2005:107—108.

③ 黄裕生. 西方哲学史(第3卷):中世纪哲学[M]. 南京:凤凰出版社,2005:3.

向。正是随着17世纪，当伽利略把受控实验和数学方法有机地结合起来，并由牛顿运用这一方法建立严密的经典力学科学体系，才宣告近代意义上方法论研究实验方法和理性逻辑分析的整合起点。从此，在自然科学领域中科学知识体系兼备了可检验性和抽象性，但其本质是理性的运用，是对客观世界的理性把握。① 从此，西方传统文化中产生出来以理论为标志的近代科学走上了正确的方向。

在伽利略看来，大自然这本书是用数学的语言写成的，正是基于伽利略的方法论创新，数学在自然科学中获得了越来越广泛的成功应用。而追根溯源，古希腊毕达哥拉斯学派的传承，把自然之书由数学写成的说法的隐去，本质依然是一种关于世界的本体论主张。在探索过程中，广大自然科学研究者直觉地意识到数学化的理论结构与实在之间定有某种特殊的关系，使得数学化的科学理论能够经常且成功地预言经验上发现新事物的模型。当把数学应用到具体的自然科学中时，人们是把它作为表征具体事物和事物之间关系的符号，也就是这样一种抽象的数学形式，表示的是关于事物的某些信息而并非指涉该事物本身。正如笛卡尔从自然科学发展中所得到的启示，认为数学推理及其处理经验材料具有精确性和可靠性，将此作为“新科学”的本质特征，并把它当作哲学追求的目标。他认为数学推理的精确性和可靠性在于使得知识的大厦必须像数学那样建立在“清楚明白”的基础上。这个前提的本性是它的“自明性”，它是“最简单”“最清晰”的。这一过程完全是在科学的旗帜下进行的，“科学理性”成为研究自然的基础工具。

培根提倡的新方法不仅适用于自然哲学的研究，而且适用于政治学的研究。培根认为，自然的规律和真正的政治规律有吻合之处。前者是治世之理，后者是治国之道，他主张将政治学当作自然科学一样来研究。霍布斯认为正是通过这种数学方法的应用，政治学方能摆脱激情和偏见。政治学第一次被提升到科学的高度，成为理性知识的一个部类。可以说，霍布斯思想的发展历程契合了这种历史发展的必然趋势，在政治理性主义思想传承和发展

---

① 黄裕生. 西方哲学史(第3卷):中世纪哲学[M]. 南京:凤凰出版社,2005:9.

过程中发挥了重要作用。与霍布斯的政治“机械”隐喻方向不同，莱布尼茨则站在与形式科学同样的立场上从另一个方向理解语言的思想表达功能，试图通过引进必要的人工符号和演算规则，创造出与日常语言不同的可以普遍适用于一切科学的“普遍的符号语言”，即“普遍数学”思想。这种语言不但有利于思想的表达和交流，而且有利于思想自身的发展。莱布尼茨认为数学和几何学能做逻辑学的处理，好像它们是一门数学的逻辑。作为一门普遍的或逻辑的数学，实际上与数学的逻辑是一致的。这种逻辑学所形成的数学分析传统，直接奠定了现代逻辑实证主义思想的理论基础。

（二）政治学理性主义发展与实证主义产生

霍布斯认为哲学采取的推理方法是计算，即加和减。他认为所谓的推理本质就是计算。既然计算或者是把许多东西加在一起，得到它们的总数，或者是把一件东西从另一件东西中取出，得知还剩下什么，所以，推理与加和减是同样的。这种加减计算是广义的，不只限于数字方面，还可以用于与推理有关的一切方面。对几何学家研究的线、形、角可以进行加减计算，对物理学家研究的速度和力可以进行加减计算，对逻辑学家研究的语词、断言、三段论、证明、命题、结论等之间的联结关系可以进行计算，而对政治学家研究的契约和义务关系也可以进行计算。因此，霍布斯的目标就是让政治学成为像几何学一样精确的科学，将用几何学的方法，即逻辑的推演，构建出一整套政治学的理论体系。霍布斯把“国家”看作是跟自然人一样的“人造的人”或虚拟人，看作像钟表一样用发条和齿轮运行的“自动机械结构”，“政理”“人理”与“物理”一样可以用物理学与几何学的方法来探求，就是一个突出的例子。正是通过对人性、对人与人之间关系的简化，把政治学变成一门现代意义上的科学。[1]这也直接影响了诸多思想家的理论观点，其中以斯宾诺莎的政治理性的方法构建最为突出，斯宾诺莎把数学的分析运用于人类秩序，通过可靠和无可争辩的推理，从人的真正本性去确立和推论最符合实际的原则和制度。把一切政治观念整理为一个秩序，控制社会中似乎无法

① 唐士其.理性主义的政治学：流变、困境与超越[M].北京：北京大学出版社，2020：57.

控制的各种政治因素，把本来并不协调的政治力量设想为协调的。正是基于上述思考，斯宾诺莎按照几何学的方法来表述，把数学中所表现的自然法则引入他的哲学观之中，试图在其政治体制的研究和设计中把宇宙天体的布局当作一个参照系。而边沁功利主义对快乐和痛苦进行了划分，设计了不同类型的快乐和不同类型的痛苦，并提出人们在计算痛苦和快乐的同时实现了对政治行为价值合理性的判断。因此，基于西方政治理性传统而发展起来的功利主义思想，其基本目的就是让人们通过这些方面的计算去实现最大的快乐、减少痛苦。而这种思想引导政治学中理性选择理论思路对政治学发展产生了深远影响，甚至可以说直接引发了现代政治学“行为主义”革命的渊源。这使得理性不再仅仅意味着哲学层面的抽象理智分析，而更加关注于现实要素间合理、合算的分析方法。功利主义以快乐和痛苦为依据对人的各种情感反应进行还原并加以赋值之后，就可以对它们进行简单的加减。正是随着经济学中的“理性人”的流行，优化、均衡等概念也进入政治分析，与政治学中政策、行政等新术语结合，使得计算政治学方法论发展步入了新的轨道。

（三）计算政治学理论的诞生与意义

政治学要成为实证科学，科学政治家或科学家阶级的任务就是构成意见以调节人们之间的关系。孔德所提出的观点为他以后的实证政治思想奠定了基础。孔德明确提出“实证哲学”把认识和把握社会规律作为其理论研究的主要内容，认为实证哲学的基本性质就是要发现规律。在政治思想领域中，抽象的权力取代了神学的神圣权力，自由、平等和人民主权学说取代了神权和专制权力，这些对于长远的改革来说是必要的。然而，由于形而上学的精神注重的是一种批判精神，这就使它在破坏了旧的同时，没有创立新的。它所宣传的基本教条，不能给人们提供一个明确的原则。所有这些力量演化出相应的物质秩序、知识秩序和道德秩序，它们之间是相互联系的，从而构成了政治社会的基础。实证阶段的政治制度是一种适合“工业生活方式”的社会政治制度。[①]

① 徐大同，吴春华. 西方政治思想史（第 4 卷）：19 世纪至二战[M]. 天津：天津人民出版社，2005：157.

在此期间孔多塞所发动的一场社会领域的革命，将人类社会的状况作为科学探讨的对象，首开近代人文社会科学理论研究的先河。孔多塞开创的“社会数学”思想，其目的就是将数学分析引入社会科学逻辑分析的范畴，通过数量的分析可以使事物变得简单，从而把这样的方法运用于社会时，有助于解决其中复杂的问题，比如把事物加以分类，隔离出简单的事实而加以观察。孔多塞不仅仅是一名数学家，更重要的是其以科学或者数学的精确性为基础观察社会及其发展所创造的“社会数学”概念，成为影响政治理性思想发展的重要理论体系，从而成为社会科学摆脱传统形而上学方法的一个标志性概念。“社会数学”在孔多塞那里的最初形式是“政治算术”，不是纯粹逻辑的或者先验的观念，而是强调面向人的社会本身，从数量方面分析对象的事实性与历史性传承。孔多塞认为，作为一种社会性的存在，人的社会属性应当也可以通过数学方式加以科学的衡量。数学或自然科学与人或社会科学之间的差异虽然明显，但依然具有相通之处。即自然科学往往分析可以重复的自然现象，分析自然现象即一定的条件一定会产生一定的结果，通常可以做到清晰精确的数理化建模。而后者的研究对象是人和人在社会中的活动，因为人的意识行为的多样性和自主性，使得其分析对象比前者要复杂得多。即使社会是由有无数复杂意向的人构成的，而社会事件又具有偶然性、不可重复性的特点，但社会科学研究中依然与自然科学领域一样存在可分析和可预判的因果关系。

从上述分析可以看出，孔多塞引进的方法是对传统哲学的或者先验逻辑的辩证否定，更是对社会科学精密性取向的重要探索。在这之前，社会科学领域的内容是以柏拉图和亚里士多德以来的哲学为理论基础的。古典政治学理论的方法如历史方法、法律方法和机构方法，带有浓郁的道德和哲学色彩。而从政治学理性主义的发展趋势来看，以政治学为代表的社会科学要想成为一门与自然科学地位相匹敌的“科学”，必须抛弃这种传统研究方法的束缚，对政治现象做系统的、经验的和因果的解释，以便使政治学能够成为一门真正具有分析价值的科学。区别自然科学与“道德科学”是为了它们的统一，使道德科学和物理学一样成为可以计算的科学。因此，现代社会科学研究始终坚持要像物理学需要掌握物理语言一样，社会科学研究也要熟悉自己的“科学语言”，因为它的交流不能依靠那些模糊的日常语言。而在方法论层面，理性主义的思想传承在近代哲学思想发展浪潮中，逐渐被逻辑实证主义、逻辑原子论、语义哲学、分析哲学等实证主义哲学思想包裹，从而使新实证主义成为理性主义发展的新的形式。这种基于分析哲学思想的理论方法，主要观点在于反对用人本主义的观点来认识和解决现代化发展带来的一系列问题，主张把科学的方法和手段应用于人类活动的各个领域，以便帮助人们摆脱虚幻的和主观妄想的思想方法，进而实现对社会生活的合理安排。①

三、聚焦：计算政治学的行为主义特征与反思

“社会学家的最基本的自变量（即原因、决定因素）是社会结构，而政治科学家最基本的自变量则是政治结构”，换言之，“政治社会学是一个跨学科的杂化领域，旨在把社会和政治的解释变量（即社会学家和政治学家所提出的各种输入因素）综合起来”②。科学分析的概念结构自然越简单越有效越好。然而，在分析当代各种政治形势时，人们目前可能还不能建立一个既简单又有效的分析框架。因此，比较分析政治形势，应当从多层次、多构造的角度入手。比较政治形势分析应当考察构成政治形势的各个变量③，它们总是与政治背后的一系列因素相互联系。很多非政治因素被用来解释政治。这也是政治科学同其他社会科学相互交织的一个主要原因。因此，作为一门形式科学，由于政治学在不断地取得各项主要成果理论化、建模和数学化成果的同时，政治学学科研究领域已经被基于量化分析的工具和方法占领。正如哈贝马斯所认为：“科学的物化模式变成了社会文化的生活世界，并且通过自我理解赢得了客观的力量。”①这种思想的聚焦，则是理性主义发展的

① 徐大同，马德普. 西方政治思想史（第5卷）：二战以来[M]. 天津：天津人民出版社，2005:271.

② 古丁，克林格曼. 政治科学新手册[M]. 钟开斌，等译. 北京：生活·读书·新知三联书店，2006:165.

③ 王沪宁. 比较政治分析[M]. 上海：上海人民出版社，1987:71.

必然趋势，此时人在目的理性活动范畴中以及在有适应能力的行为范畴中自我具体化或自我对象化。

（一）行为主义政治学的兴起与计算政治学方法论的革命

随着自然科学的蓬勃发展，社会科学思想家普遍认为有必要建立一门可以与社会科学匹敌的有关政治的科学，与有关物理现象的科学对立的、真正的实体科学，与此同时，它也是一门可以与令人难忘的自然科学相匹敌的政治科学。② 20世纪二三十年代出现的政治学研究科学化行为主义思想运动，即要求在研究中排除价值判断，把重点放在制度背后可以观察和描述的人的行为上的行为主义。③政治学研究的科学化体现在广泛政策科学研究中，也体现在政治学与其他学科相结合的跨学科研究中，如开始寻找新的研究领域、研究路径和理论启示，使得以数学方法为主要工具的自然科学、力图借助新的工具使研究科学化的学术运动，正是“在纯科学观念的主导下，行为主义政治学应运而生”④。政治科学可能相信，通过拒斥或摆脱政治哲学，其学科就能够以最直接的方式与政治生活相联系。之所以能够实现政治分析方法与分析对象政治生活相关，“凭借的中介是现代自然科学”⑤。行为主义是从以柏拉图为代表的思辨方法中彻底分离出来的一种新方法，或者说是对以亚里士多德为鼻祖的经验方法的一种恢复。其实，行为主义的方法论和孔德以来的实证主义一脉相承。⑥

以人文精神来对待社会科学，意味着从科学主义社会科学的种种抽象或

① 哈贝马斯. 作为“意识形态”的技术与科学[M]. 李黎，等译. 上海：学林出版社，1999:71.

② 沃格林. 政治观念史稿（第6卷）：革命与新科学[M]. 谢华育，译. 上海：华东师范大学出版社，2009:22.

③ 徐大同，马德普. 西方政治思想史（第5卷）：二战以来[M]. 天津：天津人民出版社，2005:导言5.

④ 达尔. 现代政治分析[M]. 王沪宁，等译. 上海：上海译文出版社，1987:1.

⑤ 施特劳斯. 古典政治理性主义的重生：施特劳斯思想入门[M]. 郭振华，等译. 北京：华夏出版社，2011:98.

⑥ 王沪宁. 当代西方政治学分析[M]. 成都：四川人民出版社，1988:48.

构想回归到社会现实。[①]站在行为主义政治科学研究者视角，从表面现象来看，政治学中的行为主义与人的实际行为以及他们赋予行为的意义有关。但从深层次理解，行为主义根据观察到和观察的行为来谋求解释政治现象。政治科学的思维特点是一种基于逻辑性分析模式的方法，其分析过程和最终成果是一种基于将对象进行系统性分析，并以逻辑推理为基本方式而实现的一种综合性分析方法。也就是说，是在对分析对象的不同特征进行分析的基础上，经过重复、联系和验证，将那些有内在联系的、逻辑上连贯一致的论断，抽象集合为普遍的一般性理论。而这个过程的特征，也集中体现为具有数理逻辑特点的方法论应用。在诸多方法中，借鉴统计方法和技术不仅使得许多运用定量方法的政治科学家扩大了政治方法论的适用对象和范畴，同时也在思维底层影响了政治学研究的走向，从而将行为主义研究从定性分析导向定量分析的时代。“数表显示、图解演示、合计、可变性测量、比例、等级、抽样分布、统计推理、区位谬误、二元加速、多元回归、线性关系、概率、因子分析，等等，政治科学家从未设想过这些方法。所有这些都是从外面引进来的，其中的一些方法经过改良还以精确的形式被引入到政治科学中。”[②]这种自然科学的本质方法就是数学的方法，本质属于概念“构造”的方法，它依据普遍性的概念来构造个别性的直观，其中数学知识是出自概念的构造的理性知识。因此，理论构造一个概念就意味着把与它相应的直观先天地展现出来。数量确定是一切可望而不可即的目标，不可确定的数量、不可测量的数据是没有办法确定和测量的。政治学目前还不具备定量所需的绝对精确的概念和模型。而通过“数量确定”或定量方法，想用严格的测量和数据处理过程代替不精确的数量判断。在他们眼中，只有“数量确定”可以达到政治学研究所追求的目的，得出关于政治数据的准确和精密的认识。[③]正是基于这种理论，行为主义政治学是作为与传统政治学研究方法相对立的

① 王沪宁. 当代西方政治学分析[M]. 成都：四川人民出版社，1988：48.

② 古丁，克林格曼. 政治科学新手册[M]. 北京：生活·读书·新知三联书店，2006：157.

③ 王沪宁. 当代西方政治学分析[M]. 成都：四川人民出版社，1988：55.

学派出现的，它的基本命题是政治学最终可以成为一门能对政治现象加以解释和预测的科学。

正如韦伯所认为，在社会科学中并不存在所谓神秘莫测、无法计算的力量，人们可以通过计算掌握一切，此时“人们不必再像相信这种神秘力量存在的野蛮人那样，为了控制或祈求神灵而求助于魔法。技术和计算在发挥着这样的功效，而这比任何其他事情更明确地意味着理智化”。因此，以韦伯为代表的社会学者运用现代社会学分析方法，不断深化对社会科学研究的新的视域探索，从而开启了计算政治学发展的新时代。通过方法论的继续扩展和渗透，进入更多的政治学研究领域，以纯粹化、严格的方法论为工具形式，不仅体现在概念、理论和方法在不同的学科和子学科之间的交换，也体现在信息、物质、指标、统计数据以及实证研究的日常实践之间的深度整合，从而实现重组和整合政治学研究体系，进而获得学术发展的结构化成果。对于政治行为的分析不再局限于以行为主义心理学的方法论作为主要逻辑推理工具，而是将对行为的分析更加深入到理性的本质原因，即把正式的秩序和数学的严密性充分结合起来加以综合利用。根据其理性的效用最大化的行为假设，能够证明个体不可能自动选择通过合作解决公共问题的行为。其认为理性的、追逐自我利益的个体不可能通过合作行动寻求公共目标的达成。

因此，区别于古典政治科学充斥着大量规范层面的感性概念（公正、民族、权利、爱国主义、社会、美德、暴政等）[①]的分析范式，在行为主义分析模式中，基于结构功能主义、系统分析方法，将政治过程的解释简化为社会、经济或文化等变量，使得对于政治生活的制度形式和组织形式分析以量化的形态进行处置和解读，从而使分析的过程尽可能避免受到研究者个人主观思想的影响。而政治学研究的方法日益增多，定量分析成为基本的研究方法。行为主义的一项基本原则是，政治学最终可以成为一门能对政治现象加以解释和预测的科学，因此研究资料应经过严格的定量分析，以便精确地说

① 古丁，克林格曼. 政治科学新手册[M]. 北京：生活·读书·新知三联书店，2006：203.

明政治活动中的各种关系和规律。对这些关系和规律的分析，应当采用数学处理方法。在这种思想的指导下，各种力图达到这一目的的新方法便应运而生，如多变量分析法、抽样调查法、数学模拟、计算机模拟、个案分析、实地调查、直接访问。可以说狭义理解，计算政治学就是政治计量，即政治学与统计学和其他手段的结合，在数据的收集和定量方面各种各样的统计程序被应用或者将要被应用于政治数据的分析。通过统计学的各种方法，如数据的因素分析、结构测量、理由分析、情境和结构测量等实现政治分析的量化目标。统计分析方法的使用，其目的和意义在于减少与所观察到的事实间的相关关系进行因果解释的数量，在于通过工具的中介在量化指标和分析对象之间建立合理的表征途径和方式，也可能依据其他研究已经得出的判断，依据变量间关系取得认知模式的进步。

（二）计算政治学方法论的反思与扬弃

有学者质疑这种分析范式的科学合理性，他们认为人类社会生活中充满了各种各样的不确定性，使我们无法做出一定如此的判断，事件的结果总是模糊的。现代自然科学甚至数学已经证明，模糊性或不确定性是绝对的，精确性或清晰性却是相对的，只是在特定的条件和范围之内才有“必然如此”的现象。在社会科学领域里，模糊性与精确性的这种关系则更加明显。因此，从数学化科学的理想转变到了有关社会中的人的问题是一种非理性的表达。这是因为一旦科学离开抽象的层面而陷入具体事物中，确定性就减弱了。从数学开始，经由力学和物理学，一直到道德，道德科学的确定性最低。[①]特别是随着“量化”科学方法的引入和广泛使用，从某种意义上阻碍了政治学者探讨政治活动的重大历史意义和社会意义，使研究人员把注意力集中在对繁多和具体的数据的分析上，热衷于设计精巧的公式和模式，结果陷于一些枯燥而庞杂的具体数据中不能自拔。数学的规定性是机械论原理的灵魂，根据定量规则区分原始性质和次生性质的实在性是机械论最简便、最易行的办

① 沃格林. 政治观念史稿(第6卷):革命与新科学[M]. 谢华育,译. 上海:华东师范大学出版社,2009:112.

法。上述思想存在的主要问题，在于把人类的理性活动仅仅当作简单的数量关系，抹杀了人类思维特有的抽象思辨功能，从而陷入了17世纪以来机械论的思维方式。人们有一种强烈倾向，即把力学法则错误地当成了世界的架构。在数学化物理学的体系中确立一种外在世界的结构，从而否定社会发展与自然科学之间的界限，忽视彼此的本质不同而孤立地认为两者具有相同的本体论意义上的世界架构。特别是一些研究者不仅把政治行为简化行为主体基于某种价值判断的计算过程，同时刻意淡化和忽视人们的价值和准则、个体之间的关联性以及一个民族的历史和制度所起的作用，从而成为一种基于"纯粹"量化意义的分析方法和模式。行为学派反对纠缠于因果关系，反对用思辨和价值分析，对政治现象进行解读，热衷于用分析、解释和论证构成理论，提倡所谓"纯科学"的方法，认为科学的研究只应为解决社会问题提供逻辑上的基础，研究本身不针对哪一个特殊的社会问题，都只能越发使得政治学研究脱离现实政治问题的具体框架而陷入抽象逻辑体系游戏，这也就埋下了行为主义自身走向危机的种子。也正因如此，这种带有强烈"数学分析"色彩的政治科学研究受到了越来越多的抵触和反对，其根本原因就在于这种基于"工具理性"思维的分析方法完全脱离了"价值理性"的约束，将出现更为极端和严重的社会问题。人文科学常常试图模仿自然科学在其理论中成功地排斥任何与背景的联系。人文科学的实践者们希望寻求关于什么是相关的一致看法和发展共有的观察技巧，社会科学家的背景实践能够被认为是理所当然以及能够被忽视，就像自然科学家的背景被忽视一样。因此，提出只要一门实体科学竟然追求着一门现象科学的理想，政治科学就是不可能的。政治科学得以成立的前提，过去是（现在依然也是）对现象科学的理想展开批判性的攻击，只有批判性地破坏掉物理学的方法论理想，政治科学才能有开端。

与此同时，在批判政治理性主义方法论过程中，非理性主义的研究理念也在逐步抬头。非理性主义在19世纪中后期的表现异常活跃，对西方政治思想和西方社会产生了重要影响。其思想认为，人并不像理性主义思想家所说的那样是"理性的动物"，实际上人是各种感情的、意志的、欲望的实体。

如尼采把人看成是意志的实体，柏格森将人看成是直觉的动物。非理性主义在批判西方古代特别是近代启蒙运动以来的理性主义传统的基础上，把与人的理性相对立的非理性的心理现象，如意志、欲望、情感、情绪，与人的非理性认识形式，如人的直觉、灵感、顿悟等作为社会和政治的基础。在他们的思想中，尽管他们也承认人有理智，有思维，但理智不过是人的非理性，诸如意志、生存欲望的奴隶。正如胡塞尔所言，人们越来越依赖于“科学技术”。为改变这种状况，胡塞尔提出“直接面对事物自身”，要对事物进行“本质还原”和“先验还原”，不仅要达到一种“本质直观”，认识事物的真相，而且要对经验科学予以超越，返璞归真。而哈耶克则进一步认为，过分相信和崇拜理性从而滥用理性的结果，是笛卡尔的建构论理性主义的产物。这种理性主义建构的秩序不仅必然是低效率的，而且必然要破坏个人的自由，毁灭人类的文明。[①]因此，为避免社会科学特别是政治科学成为自然科学的简单延伸或者附属品，政治科学研究出现的基于古典理性主义的复兴作为拯救理性主义传统的思想，其原理也是基于“现代理性主义被证明为不过是一种表面上的理性主义”。[②]正因为忽视价值问题的政治研究又受到人们的质疑，于是重新强调规范性问题和宏观政治问题的后行为主义政治学兴起。

（三）计算政治学方法论的发展与探索

正如行为主义思想巨匠达尔所认为，行为主义是对传统政治学极为不满的一场反抗运动。而这种不满所聚集的焦点在于行为主义期待自己的使命能够取代传统政治学基于价值分析的理论传承。这种传统思想不仅基于亚里士多德提出的现实主义方法论取代传统的哲学推理逻辑方法，同时随着自然科学发展早期资产阶级政治思想家从“科学主义”到“行为主义”的种种方法论则都是这种基于建立一门“精确科学”来清除“意识形态的作用”的共同

① 徐大同，马德普. 西方政治思想史（第5卷）：二战以来[M]. 天津：天津人民出版社，2005：79.

② 唐士其. 理性主义的政治学：流变、困境与超越[M]. 北京：北京大学出版社，2020：111.

信念。从马克思主义哲学思想角度理解，虽然数学家用各种数字或符号进行演算，但究其本质，这些数字或符号归根结底代表着我们要计算其数量的具体事物，对数字或记号的演算实际上是对事物的数量分配关系的计算。由于在计算中我们只处理数字或记号，不涉及具体的事物，将会导致人们误以为这里的数字或记号所代表的是“抽象的”观念。对于政治科学发展“就像几何学一样发展，几何学根据自己的诸要素建构了一个量的世界，而这种科学比几何学包含更多的实在，因为人的秩序比点和线更加实在”①。正是基于西方数学方法论的理性主义传统，存在的一个根本问题在于人们以为普遍的“数”只是基于抽象的普遍观念的标记。如果人们忘记了数字所标记的特殊事物，只是就这些记号而计算，那就等于忘记了语言的真正功用和原始目的，使分析问题的出发点背离了理性主义的原初使命，从而陷入词语的无谓争论之中。因此，行为主义学派在研究人的行为的基础上分析人类共同体的行为的思想符合马克思主义基本分析方法的理论范式。

因此，面对计算政治学发展的历史和现实问题，我们不能简单地认为“一个方程式中包含的各种意义实际上是找不到的，它们只是抽象计算和精确计算的工具”②，特别是不能只把这种数学化物理学的方法简单地理解成一种有关现象式自然的科学研究方法的趋向。但也同样要警惕行为主义政治学研究将个人的行为置于一种抽象数学化分析范式的解决思想，过于理想化，结果导致了“对自然科学技术的一种狂热的崇拜”的结果。这两种倾向都背离了理性传统所蕴含的人文精神传承，正如哈贝马斯所言，技术本身就是对自然和人而言的，是方法的、科学的、筹划好了和正在筹划着的一种规制与调整，是一种具有既定目的和利益的探索方式，“不是后来追加的和从技术之外强加的；它们早已包含在技术设备的结构中”①。因此，计算政治

① 沃格林．政治观念史稿（第6卷）：革命与新科学[M]．谢华育，译．上海：华东师范大学出版社，2009：151.

② 沃格林．政治观念史稿（第6卷）：革命与新科学[M]．谢华育，译．上海：华东师范大学出版社，2009：241.

学发展的本质就是“使社会活动的自我理解同交往活动的坐标系以及以同一符号为中介的相互作用的概念相分离，并且能够被科学的模式代替”②。这不单是研究方法的差异，而且表明了西方政治学用纯科学方法研究政治现象，未能解决社会冲突和人类社会理想模式的困境。这一转变并不意味着技术手段将被废弃，而是说除了精密科学的手段之外，政治学更应阐明人类社会政治生活的性质和目的。

从西方政治学理论与理性主义传统的传承分析可以看出，社会科学发展的本质，犹如古希腊哲学那样寻找自然界的秩序，而且要寻找社会中隐藏的秩序，从我们表面感觉到的无序中洞察到我们看不见的秩序，这种秩序来自对社会事实的分析。而自然科学的力量根源于简单性或简单化，即通过一种方法和解释范式的转换，科学获得了一种特有的抽象性。正如社会物理学开创者孔德所认为的，真正容易量化的社会现象领域开始与另一个领域相分离，通过运用数学化的方法来发展社会科学。而孔多塞则进一步明确了政治中的问题本质是科学问题，是一个选举程序和结果统计的合理化问题、一个概率论问题，是每一个人的偏见和意见都应该服从的问题。17 世纪以来，自然科学中用力学和数学的观点来解释一切的倾向，即只承认可以计量的东西是科学的，认为只有数学化的研究方法才是最严密的科学。而随着这种自然科学方法论对社会科学研究的渗透性不断深化，政治研究科学化的这一趋势逐渐走向高峰，促成了基于行为主义背景下计算政治学理论的最终形成。从 20 世纪中期在西方政治学界掀起所谓行为主义革命以来，政治学思想开始强调规范性研究方法和抽象性研究对象的分离，而以描述性分析为重点的政治科学的政治学方法论“革命”。以行为主义为特征的政治科学学科体系建立，是相对于政治哲学而言的一场方法论的本质革命。行为研究离不开测量和定

---

① 哈贝马斯. 作为“意识形态”的技术与科学[M]. 李黎，等译. 上海：学林出版社，1999：40.

② 哈贝马斯. 作为“意识形态”的技术与科学[M]. 李黎，等译. 上海：学林出版社，1999：63.

量，要准确无误地认识千变万化的政治事实，政治学就必须用严格的测量和数据处理过程代替不精确的数量判断。采用的数据应当像其他科学一样被定性，同时一切发现又必须建立在确定数量的数据。在这场“革命”中，各种现代技术手段在政治学方法体系中被广泛应用，并不断在各个传统研究领域开花结果。为了确保得出的结论具有普遍性，能够以科学方法加以检验或证实，许多政治分析的手段使社会科学各门学科或者综合性学科实现融合发展。以社会学方法为对象，在政治学研究中广泛采用搜集事实、社会调查的形式，通过实地调查、信函问询、受控实地试验、抽样问卷等方式获取研究对象的第一手分析资料。在数据分析领域，统计模型方法不断得到广泛应用，使得政治模型分析在内容和群组分析、量图和因素分析以及多元分析和计算机程序建模等方面得到广泛适用。在政策科学分析方面，围绕国家的权力和权威性决策这个核心内容，观察分析同个人、团体、政党等政治行为体相关的政治活动或政治参与现象，以心理学、行为科学为手段对行为对象行为产生的原因从微观到宏观不同层次进行理论分析。而伊斯顿式的“系统”模型则潜在地包含了所有需要考虑的行为主义者相关方面和互动结构。这类模型不同的子系统或类别可以用变量来填充，它们按照理论或历史顺序排列（就像观察法一样）。借用统计学和计算机技术等先进的数量分析和信息处理手段分析的过程中，不仅为政治学引进了一套崭新的思维方法、分析路径和解释模式，而且带来了政治学理性主义发展的新的历史阶段，从而使政治科学迥然不同于过去偏重于价值观探讨和抽象思辨的政治思想或政治哲学。人类社会正处在一个新的政治时代的变革之中，面对这场历史的变革，我们相信计算政治学所体现的方法论革命最终会使得“政治学必须科学地预见人类社会的去向”。[①]

四、构想：计算政治学方法论发展趋势与展望

---

① 王沪宁. 比较政治分析[M]. 上海：上海人民出版社，1987：315.

通过上文的分析可以看出，工具空间的存在以其表征作用实现了现实空间所进行的模拟和分析，那么其是否能够进一步对现实空间的运行产生能动性的影响呢？其答案是必然的，因为工具空间的抽象性结果可以被认为是一个独立于现实空间的领域，不管这种工具基于的是抽象的文本性还是数字性，其本质在于强调不同工具对象以在不同的抽象水平上进行“编码”活动，从而赋予具体对象以结构、形式和稳定性、控制性改变。“如果模型的构建是正确的，那么就可以解释它们所据以建立起来的事实，如果模型包含任何全新的因素，那么它们就可做出有关未来的预测。”①因此，以工具为中介所形成的表征形态，是根据抽象的原理（包括定律、规则、程序等）对客观的、与语境无关的元素（特征、属性、因素、数据点、线索）之间的关系进行系统阐述的。从现实角度看，就是大量现实世界的问题是如何与我们用以解决它们的符号系统的能力发生关系的。因此，“人们过去的行为还原为因果关系，再经过理性的加工，就可以使这种因果关系成为未来行为的准则，人们所说的我的实证主义，不外是这种理性主义的一个结果”②。这种情况也许会改变，但是在它改变之前，我们必须依赖工具空间体系，通过工具空间所形成的要素体系分析和编码，使用我们知道如何建立最佳问题求解程序，从而进一步达到对现实问题进行有效性处理的目的。

（一）政治学方法论的信息空间转向

从某种意义上理解将传统哲学相关概念和方法简单直接平移或比附延伸到信息哲学的方法是对这种信息哲学全新革命性世界观范式的转换。在自然客观世界中普遍存在着储存在物质要素之间种种特定关系的特定编码结构，间接存在是由直接存在派生出来的，以直接存在为根据和条件的。信息是依赖于信息符号而存在的，也就是说，以信息为符号形态是人们交往过程中经

① 凯梅尼，斯内尔. 社会科学中的数学模型[M]. 向宁杰，译. 杭州：浙江人民出版社，1988：6.

② 迪尔凯姆. 社会学方法的准则[M]. 狄玉明，译. 北京：商务印书馆，1995：4.

过共同约定而成的用以指称、标志某一对象，传达某种信息的有意义的媒介物。所以信息符号是信息的指称和表征，是信息的载体和存在形式。而随着信息技术的发展，新型信息技术使我们能以巨大的规模和前所未有的信息深度解读、感知世界。对信息流及其制度化的分析为在有形的对象研究和对语义空间的研究之间架起了一个联系渠道。由于以数据为基础的社会的来到和迅速发展，对于建立一个分析框架来处理信息的产生和交换问题的需要已经变得非常紧迫。在此背景下，行为政治学研究中，重要的研究模型是把一个政治系统想象成一个巨大的通信网络，信息以要求的形式流入其中，从中产生出被称为决策的种种不同信息。如果系统能够生产这种输出，那就肯定存在着各种中间过程，这些过程的作用是允许进入系统的信息通过、分离、组合和再组合，以便使它们在数量上和种类上都适宜决策者加以处理。基于信息分析的政治学方法研究的主要任务是考察和弄清这些转换过程是怎样把这些信息从进入点输送到生存点，又是怎样调节系统对信息的处理模式与方式。

以信息为对象进行的政治学研究方法转换，关键是要把关信息的分析对象看作转化的一种符号性运作，这种运作把对某个问题的一种具体界定，转化为对另外一个问题的具体陈述。这是因为，当信息场在某物的基础上所形成，就成为信息空间特殊的运动形态。当原始的自在信息通过自身的演化历程创造出一个高度自组织的调控能力的信息体时，信息便会借助于这个异化的过程，从自发性达到自为性。随着工具形态的转换，一个由我们的系统所产生的信息和我们反馈到系统中的信息所构成的世界便出现了。虚拟空间——相对于自然的实体空间——包含着各种事物的信息等价物的表征形态，正在影响政治学研究的方向。[1]所谓信息转向，其含义在于强调知识表征是通过“锚定”和“具化”这两个概念来实现的。所谓锚定，是指通过一种新的认知概念模式整合原有的知识、内容和意义，通过一种规约化和约定化的认知过程，使用已有的概念、术语、名称或规则及方法，让新发现的事

① 海姆. 从界面到网络空间：虚拟实在的形而上学[M]. 金吾伦，刘钢，译. 上海：上海科学普及出版社，2000：137.

物和事实被人们熟悉起来，并在此基础上实现已有的框架和图式来掌握和分析新事物。而具化则是将各种元素形成的框架，整合到表征的不同元素中，从而使得新的概念所要处理的那些模糊和抽象的观念变得具体化和具象化。从哲学的层面上看，信息视角往往与本体论上的现象主义相关联，这是因为，如果一种科学理论仅作为解释和预测的工具，则与它直接相关联的就是各种现象。因此，信息观强调表征（模型、理论、图解、模拟等）与目标系统（真实现象、客体）之间的相似、同构、同态客观关系。这种逻辑化的过程通过工具空间的相互作用来实现，即物体相互作用通过物体自身或反射的中介场来完成，这个中介场就是负载自身信息存在方式和状态的信息。某种物质存在与他物的关系中所揭示出来的某种物的规定性就是信息，而其作用过程以物的外化形式所表现。换言之，信息承载结构即表征的发生、转化和储存构成。当表征的每一部分符合被表征的客体部分时，被表征的客体部分之间的相对距离就被保存在表征部分之中。信息关系依赖表征关系而不是相反，表征具有了组合的或角色论证结构，这种结构能够促进概念的组合。

（二）政治学方法论的控制空间转向

正如从控制论的观点理解，认识主体与认识客体相互作用的实质在于对信息的控制。可观察变量和可控制变量反映了人类实践活动的深度和广度。“控制论是这个世界赖以建立的基础。物质仅仅是冻结的信息”①，这种普遍意义上的信息视角，使得“信息与通信技术引发的深层转变关系到如何解决这个世界”②。掌握的可控制变量越多，表示人们改造世界的能力越大。也就是说，认识过程是主体和客体之间的双向信息控制的过程，这也是主体的一种自我控制过程。通过对信息的控制来认识和改造外部世界，是当今人类所能达到的最有效的控制方式。在认识论基础上，工具的可控制性意义在于强调控制就是对信息的控制，就是信息加工处理和使用过程，同时控制过程

① 瑞德. 机器崛起：遗失的控制论历史[M]. 王飞跃，等译. 北京：机械工业出版社，2017：200.

② 弗洛里迪. 第四次革命[M]. 王文革，译. 杭州：浙江人民出版社，2017：3.

具有能动性。在工具表征后的空间形态中，这种不确定性表现在事物的发展存在多种可能、多个方向，即它处于多种可能性空间，正是事物处于多种可能性空间之中，才有必要选择。要实现控制，认识主体对多种可能性空间进行分析，然后根据自己确定的目的，在多种可能性空间中选择其状态或某一状态目标，以便把可能性空间缩小到一定的范围，从概率较大的状态引向概率较小的状态。在这个过程中，可能性空间的缩小，标志着认识主体能动性的发挥和控制能力的提高，标志着人们的认识更加接近客观真理。通过选择，缩小可能性空间，排除干扰，消除混乱，明确方向，系统从不确定达到比较确定状态，是控制目的性的表现。因此，在工具空间与实体空间相互作用的过程中，参数估计、构建客体的各种统计模型等统计认识方法，都是在客体的所有可能性空间中，不断通过信息的反馈，逐步缩小可能性空间，使认识主体可以在更小的可能性空间范围内对客体做出概率性认识。在客体被认识和改造的同时，主体的精神活动也被认识和改造。当客体信息能被同化时，原有的认识图式只需进行局部修补、完善或微小调整就能完成认识任务，达到认识目的。而在控制过程中，更为重要的可控性在于其反馈机制与耦合性作用过程。控制过程中信息反馈又是主控者对受控者施行控制的重要手段和环节，通过主体和客体的反馈耦合，人们根据获取的信息，编制出适宜的指令，通过反馈调节，保持系统的外部环境的平衡状态，同时人们通过掌握干扰信息或系统的状态信息，并把它转换成抵消或纠正偏差的控制指令，并排除噪声形态干扰，以保证系统目的的实现。通过可控制变量，人们对客体实行控制，创造使客体变化的条件，改造客体。主体和客体之间的反馈耦合，都可以用可观察变量和可控制变量来描述。在主体对客体信息进行思维操作的反馈、变换的相互作用中，主体就要发挥自我调节、自我控制的功能，修改更新原有认知模式，实现原有认知结构向新的认知结构的变换，建构新的认知结构。

这种工具空间结构的修正、变换、重建是通过认识主体自我调节功能来实现的，其重要意义在于对实验政治学基本原理具有重要指导性。主体是一个自组织系统，具有自我调节、自我控制的功能，首先表现为自我调节认知结构。当一个抽象的工具空间意义使原型系统产生影响，或者达到响应某种内部或外部状态改变时。而控制论发展历程证明，人类对自然界认识的每一个划时代进展都跟开拓一批新的可观察变量和可控制变量有关，即对于信息变量的可控性。它们反映在客体的信息输入中，可以用一组变量来表示，这被称为这个客体的可控制变量。通过可观察变量，人们对客体进行观察，了解客体的存在及其变化，认识客体，只有通过可控性的干预性方法能把这两个在结果中结合在一起的信息要素分割开来。而在进行基于实验性对象的重构时，构造理论必须通过抽象的分析或现实性的表征工具，在非自然条件下实现对个别要素的功能控制，从而达到对整体对象进行本质分析，从而实现一种外在性的实验手段的运用。即通过一种“符号给予”的方式，我们构造一种“他人的世界”。

（三）政治学方法论的虚拟空间转向

基于信息技术发展背景下的现代空间体系的构建，已经不再局限于物质层面个体与社会生产活动的关系，并且脱离开人的艺术与技术层面的精神交流与融合，而是一种带有现实性与抽象性相互交织融合的复杂空间体系。这种基于客体、主体空间“中介”的信息空间，作为一种独立的空间存在形式，可以说是一种被信息技术的原理、方法，特别是数据技术不断浸染并逐步外化的一种空间形态。正如卡西尔认为文化科学教我们去诠释符号，以使将其中隐藏的意义揭示出来，使这些符号原先从中产生的那种生活得以再现。① 符号关系包含着一定程度上所能表达情感意义的一切内容，精神存在于物质之中，而普遍存在于具体之中，这种包含在符号中的活动是一切文化形式的基础。正如前文所述，空间是由诸多符号化了的空间要素构成的复杂的表象系统，各种空间符号按照某种逻辑、结构形成了不同的空间文本，人们与这样的空间文本相互作用，从而领会到空间的多重语义。正如列斐伏尔在第三空间理论中强调指出，句法维度关涉符号之间的形式联系，语义维度关涉所指定的功能与符号的意义，实用维度关涉符号与使用者之间的联系。波普尔

① 卡西尔.人文科学的逻辑[M].关子尹,译.北京:中国人民大学出版社,2004:69.

认为，三个世界划分中，“世界一”是物质世界，其中包括生物和非生物，是以牛顿力学为基础，用物理学规律所确定的力场而构成的空间结构和状态。“世界二”是一切意识构成的世界，是以人的思想认知所表现出来的概念认知为特征的世界体系。而“世界三”则是人的知识所构成的特殊空间体系，虽然具有和精神相同的思想思维形态，但因为其所具有的对于现实实体的反作用性，使得在实践过程中其特殊的结构体系对现实空间即世界一和世界二的活动产生重大影响，从而更加具有了相对独立的基本特征。列斐伏尔认为的这种世界三所兼具的主客观特征空间的混合体，在苏贾的理论体系中被定义为“第三空间”，即一种基于信息形态而存在的空间形态。

数据信息的出现首先被限制在所指涉的功能，其外部性意义在于对现实空间的指导性功能的实现。空间的结构特征隐蔽而复杂，为了梳理清楚，需要把关注的焦点集中到空间要素的关系集界定上。通过一定的简化与抽象，现实的空间因素及其诸多关系特征能够得到清晰的显现并予以界定，在此基础上呈现空间的结构关系。数据空间对于社会规范的建立具有非常重要的意义，这不仅在于规范的作用总是依赖于一定的空间基础，而且在于空间本身就体现了一种基本的规范。数据空间的改变不是复制和再造社会的各个方面，而是创造知识的新的信息文化空间和人类社会生活空间。数据空间的产生是在思维和符号空间基础上形成的一种革命性的中介空间体系。通过模型、符码等形式所形成的一种符号化的社会秩序，从形式上看其本身独立于原有实体性对象，是一种基于模型化的超真实性的存在。并且这种超越现实性的存在对于社会运行而言不仅是一种形象的拟合性，更重要意义在于其能够对社会有效运行发挥规制和调整作用。现代信息技术的本质是用计算机的语言为现实世界建立模型，将现实世界的物质和事物及其运动建模后存储到计算机系统中。电子信息技术的机器特性能够在人的编程处理下，将所触及的任何事物都从空间和时间组构上加以解构与重构，甚至将人及其行为抽象建模后存储到计算机系统中。当这些关系将自身投射到空间中，在空间中固化，这一空间因此而形成特定的含义，这种含义往往是多重的，即多重符码化的，从而使得空间多样性能够映射和调整特定社会关系和多重符码化的空间形态。网络化的技术实现使得数据处理更加呈现出虚拟化特点，数据化的分装和传递在自然人眼中已经无法意识到运行的存在，虚拟实在用于描述大量且不断增长的由计算机生成并作为媒介的环境和体验式活动。随着技术的发展，虚拟实在空间是由计算机生成的具有有序化逻辑的可编辑的空间结构。通过空间模型产生真实，形象拟合与模型的关系被突破，基于技术构建的真实性场景，通过预设的规则体系，尽可能反映出事物的特点和规律，这种具有可设计性和可操作性的技术环境，能够获得更好的服务与特定的技能和知识体验，更好地实现计算机虚拟环境的构建，降低分析的难度，提升预测的精度。

参考文献

［1］马克思恩格斯选集:第1卷［M］. 北京:人民出版社,1995.

［2］马克思恩格斯选集:第3卷［M］. 北京:人民出版社,1972.

［3］马克思恩格斯选集:第4卷［M］. 北京:人民出版社,1995.

［4］马克思恩格斯全集:第20卷［M］. 北京:人民出版社,1965.

［5］马克思恩格斯全集:第25卷［M］. 北京:人民出版社,1974.

［6］马克思恩格斯全集:第30卷［M］. 北京:人民出版社,1995.

［7］列宁全集:第55卷［M］. 北京:人民出版社,1990.

［8］王沪宁. 当代西方政治学分析［M］. 成都:四川人民出版社,1988.

［9］王沪宁. 比较政治分析［M］. 上海:上海人民出版社,1987.

［10］徐大同,王乐理. 西方政治思想史:第1卷——古希腊罗马［M］. 天津:天津人民出版社,2005.

［11］徐大同,丛日云. 西方政治思想史:第2卷——中世纪［M］. 天津:天津人民出版社,2005.

［12］徐大同, 吴春华. 西方政治思想史: 第4卷——19世纪至二战［M］. 天津:天津人民出版社,2005.

［13］徐大同,马德普. 西方政治思想史:第5卷——二战以来［M］. 天津:天津人民出版社,2005.

［14］叶秀山,王树人. 西方哲学史:第1卷——总论［M］. 南京:凤凰出版社,2005.

［15］黄裕生. 西方哲学史:第3卷——中世纪哲学［M］. 南京:凤凰出版社,2005.

［16］周晓亮. 西方哲学史:第4卷——近代:理性主义和经验主义,英国哲学［M］. 南京:凤凰出版社,2004.

［17］叶秀山，王树人．西方哲学史：第 5 卷——启蒙时代的法国哲学［M］．南京：凤凰出版社，2005.

［18］江怡．西方哲学史：第 8 卷——现代英美分析哲学［M］．南京：凤凰出版社，2005.

［19］唐士其．理性主义的政治学：流变、困境与超越［M］．北京：北京大学出版社，2020.

［20］蒋中一．数理经济学的基本方法［M］北京：商务印书馆，2003.

［21］梁芳．计算机引起的数学哲学反思［M］．北京：中国质检出版社，中国标准出版社，2014.

［22］山西大学科学技术哲学研究中心．爱思唯尔科学哲学手册：信息哲学［M］．北京：北京师范大学出版社，2015.

［23］康仕慧．语境论的数学哲学：一种对数学本质和实在性研究的新范式［M］．北京：科学出版社，2016.

［24］朴昌根．系统学基础［M］．上海：上海辞书出版社，2005.

［25］魏屹东．科学表征：从结构解析到语境建构［M］．北京：科学出版社，2018.

［26］杜骏飞．弥漫的传播［M］．北京：中国社会科学出版社，2002.

［27］邬琨．信息哲学——理论、体系、方法［M］．北京：商务印书馆，2005.

［28］李勇．大数据时代的统计思想［M］．北京：经济科学出版社，2017.

［29］天善智能．数据实践之美：31 位大数据专家的方法、技术与思想［M］．北京：机械工业出版社，2017.

［30］李建会，等．计算主义——一种新的世界观［M］．北京：中国社会科学出版社，2012.

［31］北京大学《数学手稿》编译组．数学手稿［M］．北京：人民出版社，1975.

［32］孙周兴．海德格尔选集：下册［M］．上海：上海三联书店，1996.

［33］郑雨．从工具到机器——技术人工物个体化式微的追问 ［M］．南京：河海大学出版社，2012.

［34］张一兵．斯蒂格勒《技术与时间》构境论解读［M］．上海：上海人民出

版社,2018.

［35］曾国屏,等. 赛博空间的哲学探讨［M］. 北京:清华大学出版社,2002.

［36］张楠等. 政策信息学:大数据驱动的公共政策分析［M］. 北京:清华大学出版社,2019.

［37］谢俊贵. 公共信息学［M］. 长沙:湖南师范大学出版社,2004.

［38］陈光. 科学技术哲学:理论与方法［M］. 成都:西南交通大学出版社,2003.

［39］郭贵春. 走向语境论的世界观:当代科学哲学研究范式的反思与重构［M］. 北京:北京师范大学出版社,2012.

［40］崔子修. 网络空间的哲学维度［M］. 北京:中国财富出版社,2018.

［41］张楠,等. 政策信息学:大数据驱动的公共政策分析［M］. 北京:清华大学出版社,2019.

［42］张华夏. 实在与过程——本体论哲学的探索与反思［M］. 广州:广东人民出版社,1997.

［43］陆阳,等. 公共信息空间的历史变迁研究［M］. 上海:上海大学出版社,2019.

［44］王国成. 计算社会科学引论:从微观行为到宏观涌现［M］. 北京:中国社会科学出版社,2015.

［45］高奇琦. 比较政治学的质性与量化之争［M］. 北京:中央编译出版社,2015.

［46］臧雷振. 政治科学分析的艺术:方法论的分野、实验及融合［M］. 北京:中央编译出版社,2018.

［47］李瑛. 现代政治学计量方法［M］. 天津:天津人民出版社,2002.

［48］谢宇. 社会学方法与定量研究［M］. 北京:社会科学文献出版社,2006.

［49］张绥. 数学与哲学［M］. 上海:学林出版社,1988.

［50］张景中. 数学与哲学［M］. 长沙:湖南教育出版社,1990.

［51］周立斌. 卢卡奇的物化理论及其演变［M］. 北京:中国社会科学出版社,2012.

［52］施雁飞. 科学解释学［M］. 长沙：湖南出版社，1991.

［53］张铭，等. 政治学方法论［M］. 苏州：苏州大学出版社，2002.

［54］哈贝马斯. 作为“意识形态”的技术与科学［M］. 李黎，等译. 上海：学林出版社，1999.

［55］艾萨克. 政治学：范围与方法［M］. 郑永年，等译. 杭州：浙江人民出版社，1987.

［56］加里金，等. 社会科学中的研究设计［M］. 陈硕，译. 上海：上海人民出版社，2014.

［57］皮尔斯. 政治学研究方法：实践指南［M］. 张睿壮，等译. 重庆：重庆大学出版社，2014：序言 1.

［58］伊斯顿. 政治生活的系统分析［M］. 王浦劬，等译. 北京：华夏出版社，1999.

［59］福格尔. 政治算术：西蒙·库兹涅茨与经济学的实证传统［M］. 胡永健，译. 北京：机械工业出版社，2015.

［60］里豪克斯. QCA 设计原理与应用：超越定性与定量研究的新方法［M］. 杜运周，译. 北京：机械工业出版社，2017.

［61］古丁，克林格曼. 政治科学新手册［M］. 钟开斌，译. 北京：生活·读书·新知三联书店，2006.

［62］韦伯. 社会科学方法论［M］. 韩水法，莫茜，译. 北京：中央编译出版社，2012.

［63］卢卡斯. 政治及有关模型［M］. 北京：国防科技大学出版社，1996.

［64］皮亚杰. 人文科学认识论［M］. 郑文彬，译. 北京：中央编译出版社，2002.

［65］拉金. 重新设计社会科学研究［M］. 杜运周，等译. 北京：机械工业出版社，2019.

［66］范埃弗拉. 政治学研究方法指南［M］. 陈琪，译. 北京：北京大学出版社，2005.

［67］哈维. 正义、自然和差异的地理学［M］. 胡大平，译. 上海：上海人民出

版社,2010.

[68] 苏贾. 第三空间[M]. 陆扬,等译. 上海:上海教育出版社,2005.

[69] 列斐伏尔. 空间与政治[M]. 李春,译. 上海:上海教育出版社,2005.

[70] 肖特. 城市秩序[M]. 郑娟,等译. 上海:上海人民出版社,2011.

[71] 苏贾. 后现代地理学[M]. 王文斌,译. 北京:商务印书馆,2004.

[72] 卡斯特. 网络社会的崛起[M]. 夏铸九,等译. 北京:社会科学文献出版社,2003.

[73] 卡斯特. 网络社会:跨文化的视角[M]. 周凯,译. 北京:社会科学文献出版社,2009.

[74] 密尔. 精神科学的逻辑 [M]. 李涤非, 译. 杭州: 浙江大学出版社, 2009:105.

[75] 黑格尔. 历史哲学[M]. 王造时,译. 北京:商务印书馆,1963.

[76] 塔西奇. 后现代思想的数学根源[M]. 蔡仲,等译. 上海:复旦大学出版社,2005.

[77] 霍尔顿. 科学思想史论集[M]. 许良英,译. 石家庄:河北教育出版社,1990.

[78] 韦伯. 论经济与社会中的法律[M]. 张乃根,译. 北京:中国大百科全书出版社,1998.

[79] 卢卡奇. 历史与阶级意识[M]. 杜章智,等译. 北京:商务印书馆,1992.

[80] 马尔库塞. 单向度的人[M]. 张峰,等译. 重庆:重庆出版社,2001.

[81] 洪堡. 论国家的作用[M]. 林荣远,等译. 北京:中国社会科学出版社,1998.

[82] 克罗齐. 维柯的哲学[M]. 陶秀璈,译. 郑州:河南教育出版社,2009.

[83] 桑巴特. 奢侈与资本主义[M]. 王燕平,译. 上海:上海人民出版社,2000:232.

[84] 阿道尔诺,等. 启蒙辩证法:哲学断片[M]. 渠敬东,译. 重庆:重庆出版社,1990.

[85] 韦伯. 经济与社会:下册[M]. 阎克文,译. 北京:商务印书馆,1997.

[86] 韦伯. 新教伦理与资本主义精神[M]. 于晓,译. 西安:陕西师范大学出版社,2002.

[87] 库恩. 科学革命的结构[M]. 金吾伦,等译. 北京:北京大学出版社,2003.

[88] 内格尔. 科学的结构——科学说明的逻辑问题 [M]. 徐向东, 译. 上海:上海译文出版社,2002.

[89] 卡尔纳普. 世界的逻辑构造[M]. 陈启伟,译. 上海:上海译文出版社,2008.

[90] 哈金. 表征与干预:自然科学哲学主题导论[M]. 王巍,等译. 北京:科学出版社,2011.

[91] 汉森. 发现的模式[M]. 邢新力,译. 北京:中国国际广播出版社,1988.

[92] 塞蒂纳. 制造知识:建构主义与科学的与境性[M]. 王善博,译. 北京:东方出版,2001.

[93] 夏佩尔. 理由与求知[M]. 褚平,等译. 上海:上海译文出版社,1990.

[94] 皮尔斯. 政治学研究方法:实践指南[M]. 张睿壮,等译. 重庆:重庆大学出版社,2014.

[95] 怀特. 文化的科学——人类与文明研究[M]. 沈原,等译. 济南:山东人民出版社,2006.

[96] 皮克林. 作为实践和文化的科学[M]. 柯文,等译. 北京:中国人民大学出版社,2006.

[97] 李凯尔特. 文化科学和自然科学[M]. 涂纪亮,译. 北京:商务印书馆,1991.

[98] 福轲. 词与物:人文科学的考古学[M]. 莫伟民,译. 上海:上海三联书店出版社,2001.

[99] 卡西尔. 人文科学的逻辑[M]. 关子尹,译. 北京:中国人民大学出版社,2004.

[100] 巴什拉. 科学精神的形成[M]. 钱培鑫,译. 南京:江苏教育出版社,2006.

[101] 劳斯. 知识与权力:走向科学的政治哲学[M]. 盛晓明,译. 北京:北京大学出版社,2004.

[102] 博克斯－史蒂芬斯迈埃尔,等. 牛津政治学研究方法手册[M]. 臧雷振,等译. 北京:人民出版社,2019.

[103] 卡尔霍恩. 变革时代的社会科学[M]. 李述一,译. 北京:社会科学文献出版社,1989.

[104] 约翰逊,等. 政治科学研究方法:第五版[M]. 燕继荣,等译. 北京:中国人民大学出版社,2016.

[105] 派利夏恩. 计算与认知:认知科学的基础[M]. 任晓明,等译. 北京:中国人民大学出版社,2007.

[106] 伽达默尔. 真理与方法 [M]. 洪汉鼎, 译. 上海: 上海译文出版社, 2004.

[107] 戈定. 牛津比较政治学手册:上[M]. 唐士其,等译. 北京:人民出版社,2016.

[108] 吉登斯. 社会学方法的新规则——一种对解释社会学的建设性批判[M]. 田佑中,译. 北京:社会科学文献出版社,2003.

[109] 贝尔德. 器物知识 [M]. 安维复, 译. 桂林: 广西师范大学出版社, 2020.

[110] 凯梅尼,斯内尔. 社会科学中的数学模型[M]. 向宁杰,译. 杭州:浙江人民出版社,1988.

[111] 萨尔加尼克. 计算社会学[M]. 赵红梅,等译. 北京:中信出版集团, 2019.

[112] 怀特海. 科学与近代世界[M]. 何钦,译. 北京:商务印书馆,1959.

[113] 拉德. 科学实验哲学[M]. 吴彤,等译. 北京:科学出版社,2015.

[114] 舍普. 技术帝国 [M]. 刘莉, 译. 北京: 生活·读书·新知三联书店, 2004:78.

[115] 柏拉图. 理想国[M]. 郭斌和,张竹明,译. 北京:商务印书馆,1995.

[116] 德雷福斯. 人工智能的极限——计算机不能做什么 [M]. 宁春岩,

译. 北京:生活·读书·新知三联书店,1986.

[117] 索托伊. 天才与算法:人脑与 AI 的数学思维[M]. 王晓燕,等译. 北京:机械工业出版社,2020.

[118] 列维 – 布留尔. 原始思维[M]. 丁由,译. 北京:商务印书馆,1981.

[119] 芬伯格. 技术体系:理性的社会生活[M]. 上海社会科学院科学技术哲学创新团队,译. 上海:上海社会科学院出版社,2018.

[120] 温纳. 自主性技术:作为政治思想主题的失控技术[M]. 杨海燕,译. 北京:北京大学出版社,2014.

[121] 伊德. 技术哲学导论 [M]. 骆月明, 等译. 上海: 上海大学出版社 2017.

[122] 伊德. 让事物“说话”:后现象学与技术科学[M]. 韩连庆,译. 北京:北京大学出版社,2008.

[123] 皮特. 技术思考:技术哲学的基础[M]. 马会端,等译. 沈阳:辽宁人民出版社,2008.

[124] 芒福德. 机器的神话:上——技术与人类进化[M]. 宋俊岭,译. 北京:中国建筑工业出版社,2015.

[125] 奥尔斯瓦尔德. 代码经济: 从远古食谱、城市到区块链、人工智能[M]. 高子平,等译. 上海:上海社会科学院出版社,2019.

[126] 斯蒂格勒. 技术与时间 1:爱比米修斯的过失[M]. 裴程,译. 南京:译林出版社,2012.

[127] 斯蒂格勒. 技术与时间 2:迷失方向[M]. 赵和平,等译. 南京:译林出版社,2010.

[128] 斯蒂格勒. 技术与时间 3:电影的时间与存在之痛的问题[M]. 方尔平,译. 南京:译林出版社,2012.

[129] 斯蒂格勒. 南京课程:从《德意志意识形态》到《自然辩证法》:在人类纪时代阅读马克思和恩格斯[M]. 张福公,译. 南京:南京大学出版社,2019.

[130] 柯武刚. 制度经济学——社会秩序与公共政策[M]. 韩朝华,等译. 北京:商务印书馆,2000.

［131］达尔. 现代政治分析 ［M］. 王沪宁，等译. 上海：上海译文出版社，1987:192

［132］卡斯蒂. 虚实世界:计算机仿真改变科学的疆域［M］. 王千祥,译. 上海:上海科技教育出版社,1998.

［133］格拉伯. 沟通的力量:公共组织信息管理［M］. 张熹珂,译. 上海:复旦大学出版社,2007.

［134］波斯特. 信息方式——后结构主义与社会语境［M］. 范静哗,译. 北京:商务印书馆,2000.

［135］霍洛克斯. 麦克卢汉与虚拟实在［M］. 刘千立,译. 北京:北京大学出版社,2005.

［136］沃格林. 新政治科学［M］. 段保良,译. 北京:商务印书馆,2018.

［137］欧克肖特. 政治中的理性主义［M］. 张汝伦,译. 上海:上海译文出版社,2007.

［138］沃格林. 政治观念史稿:第 6 卷——革命与新科学［M］. 谢华育,译. 上海:华东师范大学出版社,2009.

［139］施特劳斯. 古典政治理性主义的重生:施特劳斯思想入门［M］. 郭振华,等译. 北京:华夏出版社,2011.

［140］古丁,克林格曼. 政治科学新手册［M］. 钟开斌,等译. 北京:生活·读书·新知三联书店,2006.

［141］迪尔凯姆. 社会学方法的准则［M］. 狄玉明,译. 北京:商务印书馆,1995.

［142］瑞德. 机器崛起:遗失的控制论历史［M］. 王飞跃,等译. 北京:机械工业出版社,2017.

［143］弗洛里迪. 第四次革命 ［M］. 王文革，译. 杭州：浙江人民出版社，2017.

［144］卡西尔. 人文科学的逻辑［M］. 关子尹,译. 北京:中国人民大学出版社,2004.

后　记

本书系 2021 年度教育部人文社会科学规划基金项目“从表征到实验：计算政治学的空间范式演进研究”（21YJA810002）的最终研究成果。在本课题研究和本书出版过程中，特别感谢天津师范大学高建教授和山西大学赵宇霞教授的指导和帮助，同时也由衷感谢山西经济出版社解荣慧编辑的认真负责工作。

在本书出版之时，党的二十大胜利召开。党的二十大报告指出：“从现在起，中国共产党的中心任务就是团结带领全国各族人民全面建成社会主义现代化强国、实现第二个百年奋斗目标，以中国式现代化全面推进中华民族伟大复兴。”正如习近平总书记指出：“牢牢把握以中国式现代化推进中华民族伟大复兴的使命任务”，就是要科学理解中国式现代化的历史渊源、主要特征、本质要求、世界贡献、战略安排、实践逻辑，向着中国式现代化的美好前景勇毅前行。作为中国式现代化建设的重要组成方面，政治学理论发展和研究的现代化将为中国特色社会主义政治文明建设提供理论支撑。在此背景下，希望计算政治学研究能够为我们伟大祖国的现代化建设，为中华民族的伟大复兴贡尽绵薄力量。

在中国式现代化建设的重要时代背景下，选择计算政治学研究就是要从理论上探讨政治学研究“数字化”转型的可能与路径。从现代分析哲学视角看，“计算”已经不再是一个数学的专门概念，而已上升为一个具有普遍方法论意义的哲学分析范畴，成为在信息时代认识事物、研究问题的一种新视角、新观念和新方法。在这种新的社会研究范式中，不仅对自然观、生命观、科学观和科学方法论产生重大的影响，而且对社会科学研究领域产生深远影响。因此，在研究过程中，本书研究从政治学研究的历史传承路径分析展开，通过分析政治学传统“本质主义”的研究范式所依托的运用语言逻辑的演绎和推理，通过不断提出问题和解决问题，锲而不舍地追问政治学的本质性“元问题”，从而实现“定性”研究范畴的体系化构建的路径。随着“行为主义”研究范式的兴起，基于模型化的统计方法被广泛应用于政治学研究之中，实现了定性研究与定量分析不断融合的研究路径转换的思路。着重论述了近年来计算政治学研究思想的发展，侧重于“机制主义”的视角，在方法论层面围绕将复杂的政治关系“化约”为清晰、严谨、确定的“数量关系”，通过“量化”的分析、判断，以实现认知和把握未知规律的新的研究范式体系雏形特征。特别是大数据信息技术的跨越式发展，使得政治学研究呈现出新技术手段不断渗透的新趋势。正是在这种背景下，计算政治学研究正是依托于信息技术手段的不断发展进步，实现了从传统政治学研究体系中渐进独立的发展过程，经历了从线性演绎推理、非线性量化分析到系统模型构建的方法论历史进程。这种新型学科研究正处于学科体系构建的关键历史时期，不仅需要从传统政治学理论体系中分析探讨“计算范式”形成和发展的历史脉络，更加重要的是明晰作为一种基于量化简约处理的模式，如何成功解决社会复杂系统进行数学分析研究的难题，从而构建起学科体系的坚实根基，成为理论研究的基础新问题。在此基础上，从学科发展的角度看，如何进一步彰显计算政治学作为一种“实验方法”，通过对研究对象的模型化与数据化处理，从而实现对实验变量的介入性操作，进一步达到政治学研究从描述性到验证性学科属性的根本性转换，进一步明确了当前计算政治学研究的关键领域和方向。因此，本书从历史发展脉络和现实发展需要两个相互交织的维度中，剖析计算政治学的学科理论特质、明晰学科方法体系、夯实学科发展根基，对于相关学科发展建构提出了理论的初步设想。也期待本书的出版能够为政治学理论界探索政治学的现代化研究道路提供参考和借鉴。

褚尔康

2022 年 10 月于天津南开华苑天华里